RIN TIN TIN

Most Faithfully
Rin-tin-tin
Lee Duncan
master and friend 1931

RIN TIN TIN

A VIDA E A LENDA

SUSAN ORLEAN

Tradução
Pedro Jorgensen Jr.

valentina
Rio de Janeiro, 2014
2ª Edição

TÍTULO ORIGINAL
Rin Tin Tin: the life and the legend

CAPA
Raul Fernandes

FOTO DA AUTORA
Gasper Tringale

DIAGRAMAÇÃO
FA studio

Impresso no Brasil
Printed in Brazil
2013

CIP-BRASIL. CATALOGAÇÃO NA FONTE
SINDICATO NACIONAL DOS EDITORES DE LIVROS, RJ

O71r Orlean, Susan
2. ed. Rin Tin Tin: a vida e a lenda / Susan Orlean; tradução de Pedro Jorgensen Jr.
— 2. ed. — Rio de Janeiro: Valentina, 2014.
296p. : 23 cm

Tradução de: Rin Tin Tin: the life and the legend

ISBN 978-85-65859-06-6

1. Rin Tin Tin (Cão). 2. Pastor-alemão (Cão) — Estados Unidos — Biografia.
3. Pastor-alemão (Cão) — História — Séc. XX. I. Título.

CDD: 926.3673

Todos os livros da Editora Valentina estão em conformidade com
o novo Acordo Ortográfico da Língua Portuguesa.

EDITORA VALENTINA
Rua Santa Clara 50/1107 – Copacabana
Rio de Janeiro – 22041-012
Tel/Fax: (21) 3208-8777
www.editoravalentina.com.br

Para John e Austin, meus humanos

e

Para Molly, Cooper e Ivy, meus cães

SUMÁRIO

PARA SEMPRE

Ele achava que o cão era imortal. "Sempre haverá um Rin Tin Tin", disse Lee Duncan, repetidas vezes, a repórteres, visitantes, revistas de fã-clubes, vizinhos, familiares e amigos. No começo, devia soar absurdo — uma doce ilusão a respeito do animal que amenizara a sua solidão e o fizera famoso em todo o mundo. Mas Lee estava certo: sempre houve um Rin Tin Tin. O segundo Rin Tin Tin não tinha o talento do pai, mas era assim mesmo Rin Tin Tin, levando adiante o que o primeiro começara. Depois de Rin Tin Tin Jr. houve Rin Tin Tin III, depois outro Rin Tin Tin, depois outro e mais outro: sempre houve mais um. E Rin Tin Tin sempre foi mais do que um cão: foi uma ideia e um ideal — um herói, mas também um amigo, guerreiro zeloso, gênio sem fala, ermitão sociável. Foi ao mesmo tempo um cão e muitos cães, animal de verdade e personagem inventado, cachorro de estimação e celebridade internacional. Nasceu em 1918 e nunca morreu.

Houve, é certo, reveses e momentos ruins, em que Lee chegou a duvidar de si próprio e de Rin Tin Tin. O inverno de 1952 foi um deles. Lee estava na lona. Fora enxotado de Hollywood e morava num vale árido e calorento a leste de Los Angeles, vivendo do salário que a esposa ganhava numa encaixotadora de laranjas, ao passo que Rin Tin Tin sobrevivia da ração fornecida pela Ken-L-Ration por conta de um antigo acordo de patrocínio. Os dias eram longos. À tarde, Lee costumava se refugiar num pequeno anexo de seu celeiro, o Quarto das Recordações, para escarafunchar artigos de jornal e fotografias amarelecidas dos dias de glória, uma forma de cobrir-se com a colcha macia das lembranças — do que realmente fora, do que ele recordava e do que gostaria que tivesse sido — por sobre as arestas vivas da vida.

Vinte anos antes, a morte do primeiro Rin Tin Tin fora tão momentosa que estações de rádio de várias partes do país interromperam a programação para dar a notícia e levar ao ar um especial de uma hora em tributo ao ilustre falecido. Rumores davam conta de que os últimos momentos de Rin Tin Tin haviam sido tão extraordinários quanto a sua vida — ele teria morrido como um astro, nos pálidos e glamorosos braços da atriz Jean Harlow, que morava perto de Lee, em Beverly Hills. Agora, porém, a situação era outra. Até a Ken-L-Ration duvidava. "As atividades cinematográficas de Rin Tin Tin não evoluíram como o senhor esperava", censuraram os executivos da empresa numa carta a Lee, em que advertiam estar planejando cortar o fornecimento gratuito de ração. Lee ficou aturdido. A ração era importante, mas o que mais doía era a rejeição: ele acreditava que Rin Tin Tin III, tanto quanto seus antepassados, estava destinado a ser um astro. Em resposta, fez um apelo à companhia dizendo que o cão tinha "a vida inteira pela frente" e que novas oportunidades estavam a caminho. O pai e o avô eram mundialmente conhecidos por participações em filmes mudos, filmes falados, programas de rádio, *vaudevilles*, livros e histórias em quadrinhos; esse novo Rin Tin Tin, insistiu Lee, estava pronto para conquistar a televisão, "a mídia que vem por aí", como ele dizia.

Na verdade, Lee não tinha contrato nem contato com a TV, e pior, acreditava que ela fosse mais uma mania efêmera. Ameaçado, porém, pela perda iminente da Ken-L-Ration, saiu em busca de um produtor interessado em montar um programa televisivo estrelado por Rin Tin Tin. Mas não podia ser qualquer um; Lee queria alguém que entendesse o cão e sua profunda ligação com ele.

O inverno passou em branco; a primavera e o verão também. Até que, numa tarde de setembro de 1953, um dublê conhecido de Lee dos tempos de Hollywood foi visitá-lo acompanhado por um jovem gerente de produção chamado Herbert "Bert" Leonard. O dublê sabia que Lee estava à procura de um produtor e Bert, de um projeto. Era um casamento improvável: Lee era um cara do Oeste, um caubói excêntrico que só se sentia à vontade entre seus cães e cavalos; Bert, um nova-iorquino jovem e tonitruante que praticava tênis fumando charuto, adorava apostar em cavalos e ser o centro das atenções, mas não tinha qualquer interesse por cães. Contra toda lógica, a conexão foi instantânea. Bert decidiu montar um programa de TV tendo Rin Tin Tin como astro.

Na época, Bert estava à frente da produção de um thriller barato chamado *Slaves of Babylon*. Foi no intervalo para almoço do dia seguinte que ele redigiu o esboço de um programa chamado *As Aventuras de Rin Tin Tin*, estrelado pelo cão e por um pequeno órfão, ambos adotados por um soldado da cavalaria dos Estados Unidos durante a guerra com os apaches, no Arizona de fins do século 19. Bert recordou mais tarde: "Lee ficou louco pelo projeto." A história era fictícia, mas tocava a essência da natureza do cão e de seu relacionamento com o menino — uma afeição pura, polpa de bravura e independência ao redor de um cerne de vulnerabilidade. O programa estreou três anos depois, registrando a mais meteórica subida dos índices de audiência da história da TV. Quase quatro décadas depois de Lee ter conhecido Rin Tin Tin, o cão mais famoso do mundo renascia uma vez mais. Lee nunca deixou de acreditar que seu cão era imortal. Agora, Bert também se convencera. Ele costumava dizer: "Parece que Rin Tin Tin viverá para sempre."

Certo dia, já no início do século 21, Daphne Hereford atrelou seu Cadillac conversível El Dorado Biarritz à traseira de um caminhão U-Haul e saiu bamboleando da garagem de sua casa, no Texas, para uma turnê de 11 meses pelos Estados Unidos com três de seus pastores-alemães: Gayle, Joanne e Rin Tin Tin VIII, cujo nome de registro era Rin Tin Tins Oooh-Ahhh, mas que ela costumava chamar de Old Man. Gayle estava prenha e precisava de atenção, Joanne era uma boa companhia e Old Man, a joia da Coroa. Daphne nunca fora a lugar algum sem ele. Em casa, os outros cães passavam a maior parte do tempo no canil do quintal; só Old Man tinha o privilégio de entrar na casa. Ela planejava empalhá-lo quando ele morresse para tê-lo sempre por perto.

O propósito da viagem pelo país não era divertir-se, mas apresentar Old Man em exposições de pastores-alemães e eventos de colecionismo hollywoodiano. Daphne não era de luxos. Ela lidava bem com os riscos da vida na estrada, como uma ocasião em que um amigo com quem estava hospedada tentou matá-la: ela sacudiu a poeira da tentativa de assassinato como fazia com todas as demais atribulações da jornada. "Eu nunca desisto", disse-me ela quando a visitei no Texas não faz muito tempo.

"Em hipótese alguma." A persistência é um traço da família. Sua avó, que se apaixonou por Rin Tin Tin ao ver seus primeiros filmes, estava tão decidida a ter um herdeiro dele que em 1956 descobriu o endereço de Lee Duncan e enviou-lhe uma carta pedindo um filhote. "Toda a vida eu quis ter um Rin Tin Tin", ela escreveu, acrescentando, antes de perguntar o preço: "Eu não sou uma dessas texanas ricas que tem por aí. Sou uma mulher simples, criada num sítio." Disse que queria começar "um legado vivo de Rin Tin Tins em Houston", e prometeu que se Lee lhe enviasse um filhote, ela devolveria imediatamente a caixa de transporte por correio. Impressionado com tanta determinação, Lee concordou em ceder-lhe um filhote de Rin Tin Tin IV, "de excelente qualidade".

Quando a avó morreu, em 1988, Daphne assumiu a tutela do legado. Ressuscitou o Fã-Clube Rin Tin Tin e registrou todas as patentes que pôde, relativas a Rin Tin Tin. Todo o seu dinheiro ia para os cães, o fã-clube e outros projetos relacionados. Morava numa pequena casa de cômodos em Latexo, Texas, e se virava como podia com as despesas. Para Daphne, tratava-se de preservar a estirpe dos Rin Tin Tins, que se podia traçar passado adentro — cão após cão, geração após geração, com um ou outro percalço, mas jamais interrompida — de Old Man até o primeiro Rin Tin Tin e, o mais importante, a ideia original: aquilo que você ama de verdade nunca morre.

A lembrança mais clara que tenho de Rin Tin Tin não é a de um animal de verdade, mas um cachorro de plástico de cerca de 20cm de altura — estoico, de olhos brilhantes e língua caída sobre os dentes inferiores. Meu avô mantinha o bibelô sobre sua escrivaninha, irritantemente fora de alcance. Um contador um tanto rígido e formal, ele não era afetuoso nem espontâneo com crianças. Estranhamente, porém, adorava brinquedos. Na verdade, os colecionava. Alguns ficavam sempre à mostra no cômodo da casa que usava como escritório, com destaque para a miniatura de Rin Tin Tin, aquele cão especial, astro do programa de TV que eu mais amava.

Naquela época, a década de 1950, Rin Tin Tin era universal: estava em toda a parte, como que impregnado no próprio ar. Eu tinha só 4 anos por ocasião da sua primeira temporada na TV, de modo que a minha lembrança se resume a alguns rabiscos esmaecidos. Como, porém, meu irmão e minha irmã assistiam ao programa religiosamente, o mais provável é que eu me aboletasse ao lado deles para assistir também. Quando se é tão pequena, coisas assim são simplesmente absorvidas: elas se tornam parte de você. A sensação que trago em mim é a de ter conhecido Rin Tin Tin a vida inteira, como que por osmose. Ele é parte do meu ser, como uma cantiga de ninar que sou capaz de repetir sem saber de onde tirei. Sobre o ruído de fundo da minha primeira infância, eu percebo nitidamente um toque de corneta, um menino chamando "*Yo Rinty*" e um cachorrão saltando de um lado para o outro da tela, sempre a postos para salvar a pátria.

Foi por isso que eu sempre quis ter, dentre todos os cães, um pastor-alemão; e continuei querendo até bem depois de passado o momento em que ficou perfeitamente claro que eu não iria ganhá-lo — para meu infortúnio, minha mãe tinha medo de cachorro. Como muitas paixões infantis, essa acabou cedendo, mas nunca morreu. Há alguns anos, lendo um artigo sobre animais em Hollywood, topei com Rin Tin Tin — um nome que havia décadas não me chegava à mente ou aos ouvidos. O reconhecimento foi um choque, que fez eu me empertigar na cadeira como se tivesse encostado numa pedra de gelo.

Instantaneamente lembrei-me da miniatura e do ardente desejo — nunca satisfeito — de tê-la para mim. Meu avô às vezes nos deixava pegar um ou dois de seus brinquedos, mas nunca Rin Tin Tin. Era um tesouro em que não podíamos tocar e eu não entendia por quê; não tinha nenhum mecanismo delicado e não era mais frágil do que os demais. Não havia explicação; ele simplesmente não era para nós.

Nossas visitas ao escritório tinham algo de mágico — o vulto do meu avô assomando sobre a mesa, a mão pairando sobre o risque-e-rabisque para escolher, sob os nossos olhos atentos, o brinquedo que nos deixaria pegar; atiçando as nossas esperanças ao passar perto de Rin Tin Tin e frustrando-as ao pousar noutro brinquedo qualquer, que nos entregava e nos punha porta afora. O tempo passou, as pessoas mudaram, mas o cachorro de plástico permaneceu ali, imóvel e tentador. Ao me deparar com Rin Tin Tin depois de décadas de esquecimento, a primeira lembrança, doída e profunda, foi aquela misteriosa e imortal miniatura.

ENJEITADOS

1

Rin Tin Tin nasceu num campo de batalha do Leste da França em setembro de 1918. Não se sabe o dia exato, já que nenhuma testemunha do nascimento a registrou, mas quando Lee achou os filhotes, em 15 de setembro, eles ainda mamavam sem ter aberto os olhos e não tinham pelo algum. Deviam ter poucos dias de nascidos.

Em 1918, o vale do Meuse, na França, era um lugar horrível para se nascer. Em outras circunstâncias, o vale — uma colcha de retalhos de fazendas leiteiras com textura de pelúcia verde e ondeante — seria um lugar muito convidativo, mas sua localização ao longo da fronteira com a Alemanha fez dele o foco dos combates da Primeira Guerra Mundial. Esmagadas pelo avanço da artilharia alemã para o oeste, as aldeias do Meuse já não se distinguiam no oceano de lama em que se convertera o terreno. Barreiras de arame farpado se estendiam por centenas de quilômetros e os soldados combatiam em trincheiras, onde a luta era lenta, implacável e brutal, muitas vezes corpo a corpo. As armas eram toscas. O gás de cloro, altamente tóxico, e o gás de mostarda, que provoca queimaduras e bolhas terríveis na pele e nas mucosas respiratórias, faziam a sua estreia como armas de guerra. As baixas eram quase medievais. Foram tantas as vítimas com ferimentos faciais graves que surgiu na França uma organização chamada Union des Blessés de la Face.* A morte estava em

* Associação dos Feridos no Rosto. (N.T.)

toda a parte. Quando Rin Tin Tin nasceu, em 1918, o país tinha mais de 1 milhão de órfãos de guerra.

Ao contrário do Rin Tin Tin que conheci quando criança, o filhote que veio a se tornar um astro do cinema tinha manto escuro e focinho afilado, patas inusitadamente delicadas e o ar resignado e solene de um existencialista. Em sua foto mais popular — tirada na década de 1920 e reproduzida às dezenas de milhares com a dedicatória "*Most Faithfully, Rin-Tin-Tin*"* na caligrafia retilínea de Lee —, ele aparece com a mandíbula cerrada e os olhos voltados para baixo, como que pensando em algo muito triste. Mesmo quando fotografado fazendo coisas divertidas, como esquiar na água, refestelar-se ao sol, cavalgar, fazer as unhas, caminhar na neve com candidatas a estrela ou tomar leite junto com as crianças, tinha um olhar pensativo, preocupado, como se carregasse um peso na alma.

2

Leland Duncan era um garoto do interior, californiano de terceira geração. Uma de suas avós era índia cherokee, e um dos avôs foi para o Oeste com o pioneiro mórmon Brigham Young e acabou se estabelecendo em algum ponto da vastidão do sul da Califórnia. A família criava animais, plantava, suava sangue para sobreviver, mas se virava. Era gente simples e despretensiosa. A mãe de Lee, Elizabeth, apaixonou-se aos 16 anos. Pouco se sabe sobre o seu eleito além do fato de chamar-se Grant Duncan e ser um sonhador. Embora a família de Grant tivesse mais recursos que a de Elizabeth, os pais da moça não gostavam dele e ficaram furiosos quando eles se casaram em 1891.

Lee Duncan nasceu em 1893, quando Elizabeth tinha apenas 18 anos. Augurando um futuro brilhante para o filho, batizou-o com o nome do magnata californiano das ferrovias Leland Stanford. Três anos depois, Elizabeth deu à luz uma menina, Marjorie. Passados mais dois anos, quando Lee era

---

* "Fielmente, Rin-Tin-Tin." (N.T.)

um menino de 5, o sonhador Grant Duncan deu no pé. Nunca mais se soube dele. Mais tarde, quando Lee se tornou um personagem de Hollywood, as agências de publicidade se encarregaram de transformar magicamente o seu desaparecimento, de abandono de esposa e filhos em "trágica morte prematura decorrente de uma apendicite". Lee nunca corrigiu essa versão nem ofereceu qualquer explicação sobre o assunto.

Lee era um grande colecionador de anotações, bilhetes, cartas e documentos, hoje arquivados no Museu Metropolitano de Riverside. Mas nesses milhares de páginas de detalhadas memórias — material bruto para uma autobiografia que planejara escrever e um filme sobre a sua vida que almejava ver realizado —, só há uma única referência ao pai, quase uma nota de rodapé. Lee escreve que "perdeu o pai" na mesma época em que o irmão de Elizabeth morreu de uma picada de cascavel e relata, então, que Elizabeth pegou seu cavalo e saiu numa longa e penosa jornada para exorcizar a dor da perda do irmão. Lee descreve o cavalo em pormenores, mas não diz uma palavra adicional sobre o pai.

Sem instrução nem qualificação profissional e compelida a sustentar duas crianças pequenas sem a ajuda de seus pais — com quem estava rompida — ou outros parentes, Elizabeth tomou o trem para Oakland com Lee e Marjorie decidida a interná-los no Fred Finch Children's Home, um orfanato de East Bay Hills.

Era o ano de 1898. Uma década antes, os Estados Unidos haviam desfrutado um período de forte crescimento econômico e significativa melhora do nível de vida, até que, em 1893, a quebra de algumas grandes empresas desencadeou um pânico financeiro. O país mergulhou na depressão. Bancos e ferrovias faliram. Houve um surto de cólera e outro de varíola, alentados pela atmosfera sufocante dos cortiços e favelas. Foi uma época particularmente difícil para milhares de crianças, privadas de suas famílias fosse porque os pais haviam morrido, fosse porque não tinham como sustentá-las. Em Nova York, onde gangues de crianças abandonadas viviam pelas ruas, mais de 200 mil foram mandadas para o Oeste em "trens de órfãos", que as largavam pelo caminho com famílias de pioneiros, ora como adotivas, ora como quase escravas.

O Fred Finch Children's Home era uma instituição beneficente, metodista, reconhecidamente séria. Seus fundadores tinham orgulho do asseio e ordem da casa, especialmente se comparada aos orfanatos frios, úmidos e insalubres das grandes cidades. Um antigo folheto propagandeava que nem mesmo uma única criança havia morrido no Fred Finch em seus cinco primeiros anos de funcionamento.

Tal como a maioria dos orfanatos da época, o Fred Finch era um abrigo não só para autênticos órfãos, mas também para crianças cujos pais passavam por situações adversas. Elas podiam ficar lá até atingir a idade de 14 anos, quando cessavam os pagamentos do governo para a sua manutenção. O orfanato funcionava como um tipo singular de casa de penhores. Os pais podiam resgatar seus filhos quando a situação melhorava — a menos que, nesse ínterim, elas fossem adotadas por outros casais, a que se facultavam consultar os registros e solicitar a adoção das crianças que lhes caíam nas graças.

Elizabeth solicitou a internação de Lee e Marjorie no Fred Finch respondendo laconicamente às perguntas do formulário:

> *Reputação e conduta dos pais?*
> Boas.
>
> *Caso o pai ou a mãe tenha abandonado a criança, informe quando.*
> O pai as abandonou em 8 de janeiro de 1897.
>
> *A criança herdará dos pais algum bem ou seguro? Se sim, informe quanto.*
> Não que eu saiba.
>
> *O pai é falecido?*
> Eu não sei.

Depois dos exames médicos de praxe, Elizabeth assinou os papéis e deu adeus a Lee e Marjorie. "O beijo de despedida na varanda e a mamãe descendo o longo caminho de acesso até a rua são cenas que eu nunca vou esquecer", escreveu Lee em seu caderno. "Os dias seguintes foram solitários e tristes demais; quando anoitecia, era como se minha cama estivesse caindo num cânion, ou num poço escuro."

No transcurso dos três anos seguintes, muitos casais estiveram a ponto de adotar a graciosa Marjorie, a dos cabelos encaracolados, mas só uma família cogitou seriamente em adotar Lee, que os pretendentes examinavam com a cautela devida a um gato de rua perdido num abrigo de animais. Em geral eles achavam que suas orelhas eram grandes demais e iam ver outras crianças.

Lee e Marjorie passaram três anos no orfanato. Um bocado de tempo para uma criança: Lee era um menino de 6 anos quando chegou e um garoto de 9 quando saiu. Tecnicamente não era órfão, dado que sua mãe era viva, mas em certo sentido chegou à maioridade no orfanato; foi moldado por essa experiência. Tornou-se um grande solitário para o resto da vida, refugiando-se na solidão como se ela fosse um cômodo da sua casa. A única companhia admissível viria a ser o seu cão; sua ligação com os animais se tornaria mais profunda do que com qualquer ser humano.

Surpreendentemente, Lee nunca pretendeu esquecer o Fred Finch e os anos em que lá viveu, preferindo, ao que parece, encará-los não como um pesadelo a que sobreviveu, mas como um período doloroso de que acabou resgatado. Mesmo na época em que Rin Tin Tin lhe dava fama e riqueza, Lee não perdia oportunidade de mencionar publicamente que passara boa parte da infância num orfanato. Até morrer, sempre trouxe consigo uma cópia do documento de admissão no Fred Finch. Nas turnês publicitárias com Rin Tin Tin, a primeira parada era sempre no orfanato local — uma visita convencional para muitas figuras públicas, mas que para Lee era como ir em casa. Suas frequentes visitas ao Fred Finch transformaram-no numa celebridade da instituição. Em 1934, por ocasião de uma peça sobre a sua vida encenada pelas crianças, um funcionário do orfanato lhe escreveu: "Os meninos e meninas já andam com a cabeça um pouco mais erguida. Dizem, com uma ponta de orgulho: 'Eu vim de lá também — do mesmo lugar de onde veio o Sr. Lee Duncan!' A sua visita nos colocou num pedestal."

O Fred Finch Children's Home, que hoje se chama Fred Finch Youth Center, fica na subida de uma colina dominada por um enorme templo mórmon em Oakland. Não faz muito tempo eu fui até lá, na esperança de conhecer o dormitório onde Lee se sentia cair num poço escuro. Mas a maior parte dos edifícios da época em que Lee e Marjorie lá viveram já não existe: muitos foram destruídos num incêndio há anos, outros demolidos na década de 1960 devido ao mau estado. As novas construções são quadradas em todos os sentidos, típicas das instituições beneficentes, e o campus mais parece um *office park*. O antigo alojamento das crianças está hoje ocupado pela administração; um quarto que pode ter sido o de Lee abriga o departamento de contabilidade. Eu dei umas voltas pelo campus e, no último minuto, decidi entrar em outro edifício original ainda em uso. Percorri um longo corredor de paredes verdes e lustrosas e, ao virar em outro, topei com um quadro com a foto de Lee, sorrindo para uma multidão de crianças extasiadas, numa de suas muitas visitas ao Fred Finch acompanhado de Rin Tin Tin.

Por que será que os sem pai e sem mãe se sentiam atraídos por Rin Tin Tin? Mero acaso? Algum motivo especial? Uma mistura dos dois? Lee não conheceu o pai e não teve mãe durante três anos críticos da sua vida. Bert Leonard, com aquele jeito tenso e arisco de animal desgarrado, teve um relacionamento apenas passageiro com o pai, sempre ausente quando o filho mais precisava dele. Daphne Hereford foi abandonada pela mãe e passava a maior parte do tempo com os cachorros da avó que a criou. Rin Tin Tin foi amado, é verdade, no mundo inteiro, por milhões de pessoas com famílias incólumes e nenhuma lacuna em sua felicidade, mas significa algo de especial para os portadores de ausências persistentes. No fim das contas, ele foi uma grande companhia para os que não tinham companhia.

3 🐾

Em 1901, Elizabeth fez as pazes com seus pais. Eles cuidavam de um sítio na periferia de San Diego e ofereceram-lhe ir morar lá com as crianças. Elizabeth retornou, então, ao Fred Finch para resgatar Lee e Marjorie, que lá haviam passado três anos sem saber se esse dia iria chegar. Ela pôs as crianças no trem e rumou para o Sul.

"E foi assim que retornei ao campo, à vida de que mais gostava", escreveu Lee. Num único dia, ele saiu do Fred Finch, onde vivia junto com trezentas crianças, para um sítio cujos vizinhos mais próximos estavam a 14 quilômetros de distância. O único amigo de Lee no sítio era um cavalinho de pau em que montava dia e noite. Seu avô tinha vários cães, mas Lee não podia nem tocá-los, que dirá tratá-los como amigos. Eram cães de fazenda que serviam para pastorear o rebanho. Seu avô, um homem rígido e severo, dizia que o adestramento iria por água abaixo se Lee brincasse com eles. A única coisa que Lee podia fazer era "admirá-los a distância".

Lee acabou ganhando um cordeiro como mascote. Ele o adorava. Ensinava-lhe brincadeiras, levava-o para todo lugar — a sua cama, inclusive, sempre que conseguia contrabandeá-lo para dentro de casa. Um dia, porém, num momento de distração de Lee, o carneiro comeu a roseira favorita do avô. Furioso, o velho mandou estripá-lo. "Nesse momento, ele matou alguma coisa dentro de mim", escreveu Lee em seu caderno. "Levei muito tempo para superar esse trauma."

Vários anos depois, Lee ganhou o seu primeiro cachorro, um pequeno terrier, a que deu o nome de Jack. Adestrá-lo passou a ser o seu maior prazer — passava horas com ele, todo dia, praticando num curral atrás da casa. Lee logo percebeu que tinha jeito para a coisa. Apesar de ter sempre creditado essa capacidade menos ao talento do que à diligência e, principalmente, à paciência e dedicação, ele sempre soube que tinha uma aptidão especial para lidar com cães.

Um belo dia, porém, Elizabeth decidiu ir embora do sítio com as crianças. O motivo não se sabe ao certo, mas o fato é que ela foi com Lee e Marjorie para Los Angeles, morar com um tio de Grant Duncan — o marido que a abandonara —, o que sugere que talvez tenha novamente brigado com os pais. Ela disse a Lee que Jack teria de ficar no sítio até eles se instalarem e prometeu mandar buscá-lo logo que possível. Lee sentiu tanta falta do cachorro que passou dez dias na cama, prostrado. Elizabeth acabou tendo de lhe dizer que Jack não viria, que fora dado a amigos dela e que não seria bom para ele visitá-lo. Perder Jack foi uma das piores experiências da vida de Lee, mas ele prometeu à mãe tirá-lo da cabeça. "Daí em diante", escreveu, "Jack passou a ser somente uma lembrança". Ele nunca mais o viu.

Elizabeth casou-se novamente, com um homem chamado Oscar Sampson. Foi então que a família trocou Los Angeles por Burbank, provavelmente a casa de Sampson. Apesar de ter morado com a mãe e a irmã até já bem adulto e escrito copiosamente em seus cadernos sobre a sua vida juntos, Lee não fez uma única referência a Sampson. Jamais mencionou também que Elizabeth e Oscar tiveram uma filha. Parecia resolvido a ser órfão para sempre — como se fosse mais confortável, ou estivesse simplesmente acostumado a ser um garoto solitário que não tinha pai.

Encontrava prazer em muitas coisas e lugares, mas não na companhia de outras pessoas. Gostava de estar só, de preferência fora de casa. Um dos primos de Elizabeth era capataz de um sítio de 140 mil hectares perto de Los Angeles e Lee ia para lá sempre que podia, passar dias solitários pescando, caçando e excursionando. Durante o secundário, arranjou um emprego na seção de armas da Bernal Dyas Sporting Goods, onde permaneceu, em tempo integral, depois de concluir o curso. Não tinha qualquer ideia definida do que fazer na vida, mas sabia que queria trabalhar ao ar livre. Pensava em se tornar guarda-florestal ou brigadista de incêndio e queria aprender a pilotar aviões por acreditar que seria útil em ambos os casos.

O que quer que tenha motivado Elizabeth a deixar Jack para trás, a essa altura a sua lembrança se dissipara. Lee arranjou outra mascote, uma cadela, a que deu o nome de Firefly.* Não era uma mestiça de fazenda como Jack, mas uma airedale com excelente pedigree. No início do século 20, não era usual possuir um cão de raça. Criar e exibir cães de raça era um esporte da classe A, quase tão exclusivo quanto criar cavalos de corrida. Para um garoto de classe média-baixa como Lee, aquilo era inusitado. Ele começou a levar Firefly a exposições caninas e, assim que a cadela se tornou uma campeã, tratou de cruzá-la para vender os filhotes. Lee a adorava. Ao entrar para o Exército, em 1917, na esperança de ter aulas gratuitas de pilotagem, foi com grande pesar que deixou Firefly para trás.

---

* Vaga-lume. (N.T.)

❧ ❧ ❧

Os primeiros norte-americanos na Primeira Guerra Mundial eram pilotos ricos e instruídos que se alistaram ainda antes de os Estados Unidos se juntarem ao esforço de guerra Aliado. A maioria voava num esquadrão francês chamado Lafayette Escadrille, um grupo de elite que tinha como mascotes dois filhotes de leão, chamados Whiskey e Soda, parceiros regulares dos pilotos em suas missões. Whiskey e Soda não eram os únicos. Blair Thaw, herdeiro de uma grande companhia de trens e navios, não decolava sem ter a bordo o seu grande terrier irlandês e adorava mostrar que o treinara a recusar comida quando lhe dizia ter sido mandada pelo cáiser. William, irmão de Blair, o primeiro norte-americano a sair em missão na guerra, costumava levar a sua gambá de estimação no assento do copiloto.

A despeito de suas extravagâncias, os pilotos da Lafayette Escadrille eram capazes e resolutos: voaram numa grande quantidade de missões bem-sucedidas e conquistaram dezenas de medalhas, dentre as quais a Croix de Guerre. Morriam, também, a uma taxa impressionante. Sua aura de impetuosos e indômitos os tornou populares nos cinejornais que os cinemas exibiam antes dos filmes. Suas mascotes eram as parceiras ideais para dar ao combate o aspecto informal — quase esportivo — de prelúdio a uma brincadeira de "vai buscar". Quando as notícias da Europa eram desalentadoras, um cinejornal trazendo um garboso jovem a deslizar pelo céu na companhia de um filhote de leão de olhos arregalados fazia aquela guerra repugnante parecer quase divertida.

Com sua versão excitante e descontraída do conflito, os cinejornais deviam incendiar a imaginação dos rapazes como Lee Duncan, que nunca tinham visto algo tão glamoroso. Quando os Estados unidos finalmente entraram na guerra, esses rapazes saíram direto do secundário, ou da fazenda, para as Forças Armadas, que os enviaram em morosas viagens pelo oceano a ver de perto a impiedosa reconfiguração do mundo.

4

Naquela época, os Estados Unidos tinham menos de 200 mil soldados preparados para lutar, razão pela qual o treinamento dos recém-alistados como Lee era sumário — duas semanas num campo do Texas, seguidas da viagem para a Europa, junto com milhares de recrutas e centenas de cavalos num velho e vagaroso navio britânico de transporte de tropas. A viagem de Lee levou 17 dias em mar agitado. A maioria dos homens ficou desesperadamente mareada. Três adoeceram e morreram. A mais vívida lembrança que lhe ficou da viagem foi, no entanto, a dos terríveis lamentos dos cavalos, infelizes e enjoados em suas baias nos conveses inferiores.

Desembarcaram em Glasgow e foram colocados num trem para a Inglaterra. Lee se sentiu totalmente perdido. Impavidamente, ele descreveu em seu caderno a experiência como "interessante". "Até a comida era novidade", disse, observando ser a primeira vez que tomava chá e que comia coelho com as orelhas ainda no lugar. Tudo na Inglaterra era motivo de espanto. Ao ler seus cadernos pela primeira vez, fiquei surpresa de quão surpreso ele ficou até lembrar que, em 1917, a maioria dos norte-americanos não fazia a menor ideia de como eram os outros países — da mesma forma como a maioria dos europeus nunca havia colocado os olhos nos Estados Unidos.

Lee foi designado para o 135º Esquadrão Aéreo. Tinha uma modesta patente de cabo de artilharia, embora, com o tempo, a sua biografia hollywoodiana e o seu jeito suave de se autoengrandecer o tenham transformado em oficial — ora tenente, ora capitão — ou aviador. Seu esquadrão tinha 19 soldados e um avião chamado *What the Hell Bill.* Os militares acreditavam que *What the Hell Bill* era uma amuleto, mas a realidade é que a maioria dos oficiais do esquadrão acabou morrendo em combate. Lee se alistara na expectativa de voar, mas não saía da terra. Graças ao seu emprego na Bernal Dyas, tornara-se um hábil mecânico de armas de fogo e foi, por essa razão, destacado para a artilharia. Depois de chegar à Inglaterra, o esquadrão ficou semanas aguardando a ordem de dirigir-se à frente de batalha. Durante as licenças, Lee não passeava por Londres nem flertava com as garotas locais: viajava pelo interior do país em busca de um cão de raça para levar para casa.

Todavia, o campo estava silencioso. Não havia nenhum cão. Mais tarde Lee ficou sabendo que, devido ao racionamento de comida, muitos haviam se livrado de seus animais de estimação e outros tantos os haviam doado ao Exército britânico para serem utilizados na guerra.

Estima-se que 16 milhões de animais foram empregados na Primeira Guerra Mundial. Sua presença ao lado do equipamento de guerra sugere uma fusão surreal de rusticidade arcaica e perversidade moderna. Muitas espécies estiveram envolvidas. O Imperial Camel Corps, na Grã-Bretanha, tinha milhares de camelos rabugentos, e a cavalaria, cerca de 1 milhão de animais de montaria. Robustos cavalos de carga puxavam artilharia e canhões, ao passo que milhares de mulas arrastavam carroças e cargas embaladas, cabendo aos bois os carroções de equipamentos mais pesados. Centenas de milhares de pombos-correio reforçavam as comunicações. Havia cães por toda a parte. A Alemanha, que criara a primeira escola militar de treinamento de cães em 1884, tinha 30 mil animais em serviço ativo contra pelo menos 20 mil dos exércitos britânico e francês, dos quais 7 mil eram mascotes doadas por seus cidadãos. (Quando um cão era avaliado como imprestável para treinamento, os britânicos punham uma etiqueta "USELESS" em seu pescoço. A maioria era levada embora e sacrificada.) Todos os países em guerra usaram cães, exceto os Estados Unidos. Quando as Forças Armadas norte-americanas se deram conta de seu valor, já era tarde demais para desenvolver um corpo canino próprio, razão pela qual os Estados Unidos, sempre que necessário, pediam cães emprestados aos exércitos francês e britânico.

Os cães eram empregados em todas as tarefas imagináveis; nas inimagináveis também. Muitos serviam de mensageiros, levando bilhetes entre tropas em terreno disputado — um trabalho perigoso, atribuído aos soldados de menor hierarquia quando não havia cães disponíveis (Adolf Hitler foi mensageiro no exército do cáiser). Animais da Cruz Vermelha conhecidos como cães "sanitários", ou "humanitários", eram mandados ao campo depois das batalhas para circular entre os caídos com alforjes de suprimentos médicos. O soldado que estivesse ferido, mas consciente, podia chamar um cão e se servir de bandagens e água; se mortalmente ferido, podia morrer abraçado a ele. Alguns cães eram treinados para ajudar os médicos. Cessada a luta, enviavam-se ao campo animais conhecidos como "cães de cadáveres", capazes de distinguir pelo olfato se um homem estava vivo ou morto. Eles eram treinados para indicar, latindo ou puxando a roupa do soldado, quais caídos no campo de batalha ainda viviam. Quando havia centenas ou milhares de corpos espalhados pelo campo, a inspeção desses cães poupava aos médicos uma enorme quantidade de tempo.

Havia tarefas para todo tipo de cão. Os de grande porte puxavam carroças de equipamentos e munições; os pequenos eliminavam roedores das trincheiras. Cães agressivos eram empregados como sentinelas e em patrulhas. Os menos afortunados, chamados de "lobos de demolição", eram granadeiros suicidas largados em território inimigo com explosivos amarrados ao corpo. Os mais bem-vindos eram, provavelmente, os "cigarreiros", terriers equipados com alforjes cheios de cigarros e treinados para distribuí-los às tropas.

O cão oficial do Exército britânico era o airedale: alto e ágil, útil em quase todas as funções; a Inglaterra fizera um apelo público à doação de airedales ao Exército, razão pela qual Lee não conseguiu achar nenhum para levar para casa. O Exército belga tinha várias raças de enormes cães trabalhadores; acostumados a puxar carroças de leite em tempos de paz, esses cães foram facilmente aproveitados na guerra para puxar metralhadoras. Cães de trenó, retrievers, collies e buldogues também eram empregados. Até os vira-latas, se fossem fortes e espertos — e de preferência de cor escura, para dificultar a identificação noturna —, eram postos a trabalhar. Qualquer cão, desde que não fosse arisco ou estúpido, tinha chance de tomar parte na guerra.

Circularam histórias de cães responsáveis por feitos extraordinários. Prince, do Regimento North Staffordshire, percorreu 350 quilômetros desde sua casa em Hammersmith, Inglaterra, até encontrar o dono numa trincheira de Armentières, França; Sergeant-Major Mac, um mestiço que sabia distinguir aviões Aliados de inimigos pelo som, serviu como sistema de primeiro alerta na 449ª Bateria de Assalto britânica; Crump, um griffon de Bruxelas, que era fumante inveterado, acompanhou um general britânico em serviço ativo até o Armistício; Stubby the Hero Dog, um cão sarnento e sem dono, tornou-se mascote do 102º Regimento de Infantaria do Exército dos Estados Unidos e acompanhou as tropas em 17 grandes batalhas; depois da guerra, Stubby foi cumprimentado pelos presidentes Woodrow Wilson, Warren Harding e Calvin Coolidge, e, ao morrer, empalhado para exibição no Instituto Smithsonian.

A maioria das pessoas viu um pastor-alemão pela primeira vez durante a guerra. Foi uma sensação. A raça fora desenvolvida 15 anos antes, em 1899, por um oficial de cavalaria alemão chamado Max Emil Friedrich von Stephanitz, aristocrata de maxilar pouco definido, basto bigode negro e grande interesse por cães. Às vésperas de ser promovido, ele cometeu o erro estratégico de casar-se com uma atriz. Pelos padrões da arrogante Alemanha do século 19, uma mulher do meio teatral era, para todos os efeitos, uma prostituta. O escândalo causado pelo casamento obrigou Von Stephanitz a renunciar ao posto, mas ele pareceu satisfeito com o fato de poder dispor de tempo para frequentar exposições caninas. Por essa época, havia na Alemanha diferentes tipos de cães pastores. Von Stephanitz, que trazia em si o entusiasmo germânico pela genética e passara uma curta temporada na faculdade de veterinária, estava convencido de que uma criteriosa seleção de linhagens poderia fazer surgir um cão de tipo distinto e superior, capaz de tornar-se a raça nacional da Alemanha. Ele preferia cães musculosos com orelhas eretas a cães peludos de orelhas caídas e, como escreveu em *The German Shepherd Dog*, apreciava animais "solícitos, vigilantes, inabaláveis, tratáveis, confiáveis e incorruptíveis, além de corajosos, resistentes e tenazes na luta". Von Stephanitz sonhava com um cão trabalhador, apto ao pastoreio de rebanhos e guarda de fazendas, mas que fosse também inteligente, atlético, sumamente leal e, o mais importante, dotado de uma singular capacidade de se afeiçoar aos humanos.

Em 1899, depois de meses de busca por todo o país, Von Stephanitz encontrou um cão com o aspecto e o temperamento que tinha em mente. Chamava-se Hektor. De acordo com Von Stephanitz, ele era "um vulcão

(...) possuía um caráter à altura de suas qualidades exteriores (...) a franqueza inata de um cavalheiro e um ilimitado gosto pela vida". A julgar pela descrição, Hektor era, para dizê-lo polidamente, um animal não amestrado. "Deixado por conta própria", admitia Von Stephanitz, "ele é um grande cafajeste: desordeiro contumaz e brigão incorrigível; nunca fica parado, está sempre em ação; é afetuoso com pessoas inofensivas, mas não bajulador; louco por crianças e sempre apaixonado".

Von Stephanitz mudou o nome de Hektor para Horand e começou a cruzá-lo com fêmeas adequadas na expectativa de desenvolver o que chamava de seu "grandioso projeto". Logo que obteve um número suficiente de filhotes de Horand dotados das qualidades requeridas, Von Stephanitz fundou a Verein für Deutsche Schäferhunde — o Clube do Pastor-alemão, conhecido como SV — e estabeleceu parâmetros de raça como altura, peso, cor, estrutura óssea e manto.

A nova raça criada por Von Stephanitz revelou-se popular. Os filhotes de Horand foram logo vendidos e o clube cresceu rapidamente. Von Stephanitz mantinha o estrito controle da raça mediante a aprovação do cruzamento de cães e a inspeção das novas ninhadas pelos agentes do clube, que decidia até quantos filhotes de cada uma o criador poderia conservar em seu poder. O American Kennel Club só reconheceu o pastor-alemão como raça em 1908, quando registrou uma fêmea chamada Queen of Switzerland. Durante anos, os pastores-alemães foram raros e caros nos Estados Unidos: um pastor macho da exposição do Westminster Kennel Club de 1913 foi vendido por 10 mil dólares, valor equivalente a 215 mil dólares atuais. Na Alemanha, porém, eram tantos os cães que atendiam aos parâmetros da raça que em 1914 Von Stephanitz se dirigiu ao alto-comando militar para sugerir a adoção do pastor-alemão como cão oficial do Exército do país.

Os cães já eram bastante valorizados pelas Forças Armadas alemãs, que os classificavam como "importantes auxiliares". O *New York Times* noticiou que a primeira escola militar de treinamento de cães, inaugurada em Berlim, em 1884, fizera "incríveis progressos" no adestramento de animais para auxiliar no campo de batalha. A maioria dos cães utilizados pelo Exército alemão era um confuso ajuntamento de pastores de todo tipo, ao passo que Von Stephanitz sonhava com um exército unificado e padronizado de pastores-alemães, filhos, filhas, primos e primas de Horand. De início, os militares ignoraram a proposta. Von Stephanitz doou, então, certo número de seus cães a departamentos de polícia locais, onde rapidamente eles provaram o seu valor. Percebendo-o, os militares reconsideraram e, em pouco tempo, centenas e depois milhares de pastores-alemães ingressaram nas fileiras do Exército.

5

Depois de meses de espera, o esquadrão de Lee foi transferido da Inglaterra para a França e aquartelado nas imediações de Toul, uma cidade gótica às margens do rio Mosela que, no passado, fora saqueada por Átila, o Huno. Até então, Toul permanecera intocada pela guerra, apesar de localizada a apenas 80 quilômetros da cidade fortificada de Verdun, onde dois anos antes fora travada uma sangrenta batalha. Verdun, um importante ponto intermediário da estrada dita "sagrada" por ser a principal rota de suprimentos de Paris à frente de batalha, era um objetivo supremo dos exércitos beligerantes. Alemães e franceses vinham medindo forças em Verdun havia quase um ano, um embate que alternava momentos de terrível ferocidade e de entorpecente pasmaceira. Sessenta milhões de obuses haviam esburacado as colinas e arrasado os campos a ponto de transformar a região num imenso atoleiro. Entre os assaltos, nada se movia, nada acontecia. Uma pesada sombra de monotonia e terror caía sobre os soldados entrincheirados. Muitos usavam o tempo ocioso para fazer "arte das trincheiras" — minúsculas estatuetas de animais esculpidas em cartuchos detonados, cenas de guerra gravadas em invólucros de obuses, carrinhos e caminhõezinhos entalhados em pedaços de osso e madeira. Era como se o fato de estarem encalacrados naquele lugar horroroso inspirasse os soldados a fazer coisas belas e lúdicas. Depois de 11 meses de conflito, era a vez de os franceses avançarem e os alemães recuarem abandonando canhões, artilharia, veículos e animais nos lamacentos campos de batalha de Verdun. A essa altura, a guerra já deixara um saldo de 250 mil soldados mortos e mais de 500 mil feridos.

Um dos heróis da Batalha de Verdun foi Satan, um cão mestiço acinzentado, pequeno e robusto. É difícil saber como era Satan porque a única fotografia disponível o exibe portando uma máscara de gás, que lhe esconde tudo, salvo a base das orelhas. Durante uma batalha, Satan foi enviado para procurar um contingente de soldados franceses que recebera ordens de avançar e se perdera na confusão. Abrindo caminho por entre as linhas inimigas, Satan levou dois tiros, mas seguiu em frente até localizar os homens e se juntar a eles. De acordo com os soldados, ele pareceu ter-se materializado da fumaça do campo de batalha. Com sua mochila e máscara de gases, alguns chegaram a confundi-lo com um anjinho de asas grandes.

Em Toul, os norte-americanos viviam a angústia da iminente convocação para a linha de frente, onde as baixas se multiplicavam. Haviam sido saudados na cidade como libertadores, mas também como uma fonte inesgotável de chocolate e goma de mascar. À tarde, as crianças das vizinhanças se dirigiam ao rancho dos soldados em busca de prendas e curiosidades. Os soldados apreciavam a sua companhia. Um menino de 9 anos que ficara órfão num ataque aéreo foi adotado como mascote do esquadrão. Os soldados fizeram para ele um uniforme americano e lhe ensinaram um pouco de inglês. Ele morava na base e ajudava na cozinha.

Um dia, as autoridades francesas levaram embora o garoto e o mandaram para um orfanato. Os soldados nunca mais o viram. "Todos sentimos a perda", escreveu Duncan em seu caderno. "Mas acho que o nosso sargento do rancho foi o que mais sentiu. Para esquecer seu companheirinho, ele ia rotineiramente a Toul, afogar as mágoas em conhaque."

6

Em setembro de 1918, o general John Pershing lançou a ofensiva Saint-Mihiel, um dos primeiros grandes assaltos norte-americanos na guerra. Era uma tentativa de empurrar os alemães para o leste, fora do vale do Meuse. Todavia, os alemães se entrincheiraram e o avanço Aliado agonizava. O ar estava pesado de chuva, ventava demais, e o terreno era um lamaçal à altura dos quadris. Lee fora designado para o arsenal, mas com tantos pilotos mortos e feridos, os militares de baixa patente estavam sendo constantemente informados de que poderiam ser chamados para voar quando começasse o grande ataque da ofensiva.

O relato desse momento sombrio no caderno de Lee é contido, militar. Relaciona quais pilotos voaram em quais missões, quem voltou e quem não voltou. Os maiores detalhes são reservados aos aviões e equipamentos utilizados. Se aquilo não era bem o que ele imaginara ao se alistar, no sul da Califórnia, no ano anterior, sequer uma palavra é dita. O que Lee recorda, no entanto — de maneira vívida, obsessiva até —, é a manhã de 15 de setembro, quando foi enviado a inspecionar as ruínas de um acampamento alemão em Fluiry, a noroeste de Toul, para determinar se o lugar era propício à instalação de um campo de pouso. Fluiry era uma pequena aldeia rural historicamente castigada. Fora destruída duas vezes em guerras anteriores, reconstruída e agora destruída outra vez. Na Primeira Guerra Mundial, já mudara de mãos várias vezes. Quando Lee foi enviado à inspeção, os alemães haviam acabado de se retirar deixando atrás de si uma vila em ruínas.

Lee dá a entender em suas anotações que foi sozinho a Fluiry. Todavia, é surpreendente que um soldado tenha sido mandado só, ao limiar da linha de frente. Devia estar com uma patrulha, ou pode ter ido lá com George Bryant, capitão de outro esquadrão, seu conhecido. É difícil saber — impossível, na verdade. Seu relato nos garante que ele caminhou pelo campo inventariando o lugar e caçando as lembranças de guerra mais cobiçadas pelos militares do esquadrão — as pequenas peças dos robustos aviões Fokker alemães identificadas como "magnetos Bosch". Familiarizado com cães, ele notou que a construção de concreto, longa e baixa, localizada na margem do campo era um canil, provavelmente construído pelos alemães para seus soldados caninos.

Lee foi até lá dar uma espiada. Quando seus olhos se adaptaram à escuridão, o que viu foi uma carnificina infernal: vinte e poucos cães mortos por bombas de artilharia. Entrou no canil, passando por entre os corpos. Eram claramente cães militares. Um deles tinha uma gaiola de pombo-correio amarrada às costas, com dois pombos ainda vivos. Lee os libertou. Em meio ao silêncio, escutou ganidos. Seguindo o som até o fundo do canil, encontrou, no canto mais afastado daquela ruína sinistra, uma desesperada fêmea de pastor-alemão com uma ninhada de cinco filhotes.

Levou uma hora — uma "luta árdua", em suas palavras — para colocar a agitada fêmea em segurança dentro do veículo. Feito isso, recolheu os filhotes e retornou à base. Era, com toda certeza, como se por um momento a própria guerra se tivesse desvanecido. Ele encheu de palha um barril de combustível vazio e instalou-o ao seu lado como uma casa de cachorro. "Assim começou", anotou em seu diário, "a vida doméstica da nossa pequena família". Sabendo que não teria como cuidar de todos os cães, Lee espalhou a notícia da descoberta e acabou dando a cadela para George Bryant e três dos filhotes para outros soldados, guardando para si os dois mais bonitos — um macho e uma fêmea.

Do momento em que encontrou os filhotes, Lee passou a se considerar um homem de sorte — apesar da ausência do pai, da implacável solidão da infância, dos anos dificílimos no orfanato e da perda de suas adoradas mascotes. Pelo resto da vida, ele se admirou de sua fortuna por ter achado os filhotes, virando essa história de um lado para o outro, vezes sem conta, como uma pedra preciosa, para vê-la brilhar.

Lee pensou em sua boa sorte ao dar nome aos filhotes. Na ocasião, o amuleto mais popular eram dois bonequinhos do tamanho de um dedo, feitos de lã ou seda, um menino e uma menina toscos como bonecos de palitos, com um pontinho à guisa de nariz, um tracinho como boca, bracinhos e perninhas disformes e olhos tristes — nas palavras de um soldado — "como pontos finais feitos com a ponta de um lápis sobre o qual o escritor se deteve, pesaroso". Os bonequinhos se chamavam Rin Tin Tin e Nanette, em homenagem a um casal de namorados que sobrevivera a um bombardeio numa estação ferroviária de Paris no começo da guerra. Eles tinham sorte e trariam sorte; como dizia uma propaganda: "*Avec nous rien à craindre*" — Conosco, não há o que temer. Nanette era um nome comum de menina, ao contrário de Rin Tin Tin, cuja pronúncia e forma de escrever ninguém sabia ao certo: às vezes era Rintintin, às vezes Rin Tin Tin, e por vezes até Ran-Tan-Tan. Tampouco a sua origem era conhecida. Não parecia um diminutivo, porque nenhum nome próprio soa sequer parecido com Rin Tin Tin. Parecia menos um nome do que um modo de estalar a língua, um ritmo, quem sabe o estribilho de alguma cantiga infantil: Rin Tin Tin, Rin Tin Tin, Rin Tin Tin.

Muitas meninas francesas faziam à mão bonecos Nanette e Rin Tin Tin para doar e algumas instituições de caridade francesas os vendiam para levantar fundos para orfanatos. Os soldados norte-americanos eram ávidos fregueses. Se, no esquadrão de Lee, até então os amuletos preferidos eram pés de coelho, insígnias da sorte pintadas no avião e nomes de garotas rabiscados na cabine do piloto, com a nova mania os soldados começaram a usar bonecos Rin Tin Tin e Nanette pendurados no pescoço, no capacete e até no cano da arma. Lee comprou seus amuletos Rin Tin Tin e Nanette de uma menina, em Toul, e os usou pelo resto da vida. Foi assim que decidiu dar aos filhotes esses nomes da sorte — Rin Tin Tin e Nanette.

A marcha da guerra era implacável. Não bastasse, uma epidemia de gripe se alastrou entre os soldados como um rastilho de pólvora. Lee se sentia aliviado por ter os filhotes a distraí-lo. "A cada dia eu os achava mais interessantes", escreveu. "Mantinham a minha mente afastada do ciclo malsão que estávamos vivendo." O esquadrão de Lee foi, então, designado para um campo em Colombey-les-Belles, várias horas ao norte de Toul. O capitão Bryant e sua cadela Betty, mãe dos filhotes, ficariam por lá. Como os filhotes ainda mamavam, Lee teve de optar entre deixá-los com Betty ou levá-los consigo. Desgostoso com a ideia de ficar sem eles, só conseguiu imaginar uma maneira de alimentá-los: até o desmame dos filhotes, arranjaria um jeito de ir diariamente a Toul nos aviões do esquadrão — transgressão que poderia tê-lo levado à Corte Marcial.

Inapelavelmente dedicado aos seus filhotes, Lee queria aprender o máximo sobre a nova raça. Por fortuna, havia no campo de Colombey-les-Belles um sargento alemão, prisioneiro de guerra, que era não apenas fluente em inglês como filho do treinador dos cães encontrados no canil de Fluiry — uma coincidência bastante improvável, mas, em todo caso, sustentada por Lee. Absorvidos em sua mútua obsessão, captor e prisioneiro passavam horas conversando sobre pastores-alemães enquanto a guerra corria solta.

Em novembro de 1918, Lee teve a sua oportunidade de voar, mas foi ferido no braço logo na primeira missão. Passou meses hospitalizado — e levou consigo os filhotes. Em face da queixa de um funcionário contra a presença de cães no hospital, Lee fez para eles um canil do lado de fora, num galpão de ferramentas. Quando restabelecido e apto a se reunir à sua unidade em Bordeaux, os filhotes já eram grandes e indóceis e nem todos os soldados se divertiam com suas gracinhas. Lee, o eterno solitário que não participava das habituais bebedeiras e farras do esquadrão, mudou-se com os cães para um velho celeiro perto do alojamento. Dormir no celeiro limpo e bem-cuidado do sítio de seu avô sempre fora um grande prazer. Esse, porém, era uma ruína, uma toca de rato. Mesmo assim, Lee ficava feliz longe dos camaradas de armas, sozinho com seus protegidos, já grandes o bastante para serem treinados. Lee usava o silvo de uma boneca de borracha para atrair a sua atenção e os deixava brincar com ela como recompensa por bom comportamento. Adorava ambos os filhotes, mas achava que Nanette era especial, um pouco mais esperta que seu irmão. Odiava ficar longe deles. Ao obter uma licença de nove dias para visitar Paris, deixou-os com um soldado, mas logo percebeu que não saberia se divertir sem eles. No dia seguinte, retornou ao campo.

7

Lee planejava levá-los para casa, embora a maioria dos animais envolvidos na guerra não sobrevivesse. Transportar animais para os Estados Unidos, cavalos e mulas em particular, era excessivamente caro. Readestrar cães de guerra era tido como impossível: os militares franceses sacrificaram a maior parte quando a guerra já caminhava para o fim; britânicos, alemães, italianos e russos provavelmente fizeram o mesmo. Os cavalos e mulas do Exército dos Estados Unidos foram vendidos aos franceses, que deram cabo da maioria deles.

Em julho de 1919, depois do Armistício, o esquadrão de Lee foi transferido para Brest, França, onde os homens aguardaram ordens. Foi um período tenso e caótico: havia em Brest milhares de soldados loucos para voltar para casa, mas ninguém sabia quando isso iria acontecer. Finalmente, chegou a notícia: o esquadrão de Lee embarcaria no *F. J. Luckenbach* com destino a Nova York e os militares tinham somente algumas horas para se aprontar. Contudo, ao tentar embarcar com seus pertences e seus cães, Lee foi barrado por um oficial, que lhe disse ser necessária uma permissão do Army Remount Service para levar animais a bordo e o advertiu que o capitão do navio tinha autoridade — e geralmente a usava — para lançar ao mar qualquer animal não autorizado. Aflito, Lee dirigiu-se prontamente ao ARS, mas o oficial em serviço o dispensou alegando não ter tempo para um caso isolado diante dos milhares de animais à espera de serem despachados.

Mais de 2 mil soldados estavam voltando para casa naquele dia, cada um com seus problemas e necessidades; ninguém tinha tempo para nada além das urgências do momento, que dirá para a atribulação de Lee. Em meio à desordem do fim da guerra — o cansaço, o atropelo, as montanhas de equipamentos a despachar, a louca dispersão de foco depois de cinco anos de atenção absoluta e desesperada, dramas de todo tipo, rupturas amorosas, amizades a reatar, planos de viagem — lá estava Lee Duncan embalando seus órfãos de guerra, como gostava de chamá-los, acotovelando-se na multidão à procura de alguém que pudesse dar uma força, cansado da batalha, mas assustado com a perspectiva de ter de deixar para trás, uma vez mais, aquilo que mais amava. Teria sido mais fácil dar os filhotes a algum jovem francês, mas não teve coragem. Rin Tin Tin e Nanette haviam se tornado importantes demais para ele. "Eu achava que a vida deles tinha algo em comum com a minha", escreveu. "Eles se haviam alojado num escaninho solitário da minha vida e se tornado parte de mim."

Lee acabou embarcando com os filhotes. O seu próprio comandante, Otto Sandman, interveio, ajudando-o a encontrar no ARS um oficial mais acessível, que expediu os papéis necessários. Em agradecimento, o encantado Lee disse a Sandman que se um dia cruzasse os animais lhe daria um filhote. Além de Rin Tin Tin e Nanette, Lee levou com ele, como troféus de guerra, seus magnetos Bosch, duas pequenas pistolas de duelo presenteadas pela senhora que lavara a sua roupa durante a guerra em Toul, uma hélice e um relógio tirados de um Fokker alemão.

O extraordinário da vida de Rin Tin Tin não foi tanto as coisas terem acontecido como aconteceram, mas o fato de terem estado, muitas vezes, a ponto de acontecer de outra maneira. Ele nasceu da única sobrevivente de um bombardeio, foi achado por um soldado ansioso por cuidar dele e, contra todas as probabilidades, não foi abandonado na França. Para Lee, nada disso era acaso. Acreditava que aquele cão tinha um destino grandioso e que o afortunado era ele, por ser o seu guia e companheiro.

8

Não faz muito tempo, fui ao vale do Meuse e passei uma semana perambulando por Toul, Verdun e Fluiry na esperança de conhecer o que sobrou do canil onde Rin Tin Tin nasceu. Não tenho o costume de visitar o lugar de nascimento de astros e celebridades e nunca entendi por que tanta gente se interessa por eles. Presumo que acreditam poder recolher pistas a respeito de quem era e quem se tornou a pessoa em questão; ou quem sabe se trata de um impulso ainda mais primitivo — o desejo de absorver alguma coisa no ar, como se o lugar de nascimento exalasse a essência profunda da pessoa como um vulcão expele a essência profunda da Terra. Pode ter a ver, também, com a ideia de um começo, a prova de que algo grande e plenamente realizado foi um dia um minúsculo detalhe de um acontecimento. Ver o começo é como encolher o tempo, e eu quis experimentá-lo com Rin Tin Tin porque ainda estava me ajustando à ideia de que ele havia sido um cachorro de verdade, e não simplesmente o personagem que eu conhecera a vida toda. Topar com a sua verdadeira história me trouxe um desejo irresistível de conhecer cada detalhe dos lugares onde ele havia nascido, vivido e morrido.

Antes, porém, de ir à França, achei prudente procurar Fluiry no mapa. Precisava saber aonde estava indo. Mas não consegui encontrá-la. Procurei no Google, no Mapquest e até num autêntico mapa de papel, mas por mais de perto que eu examinasse o denso emaranhado de estradas primárias e secundárias da França, com sua confusão de letras, números e cidadezinhas com longos nomes cheios de hifens... nada. A guerra havia redesenhado o mapa da região: muitos povoados e até vilas comerciais, como Beaumont, Bezonvaux e Ornes, com seus telhados vermelhos, haviam sido tão arruinadas pelos ataques alemães que foram consignadas à história — para não serem jamais reconstruídas. O governo proclamou que essas localidades haviam "morrido pela França". Uma lei francesa de 1919 concedeu a cada uma delas um comitê e uma presidência, equivalentes a uma câmara e um prefeito. Mas Fluiry não estava na lista. Sendo assim, só me restava ir ao vale do Meuse tentar a sorte.

Era fim de verão, quando a luz se torna líquida e tudo o que é verde fica marcado de ouro. Peguei um trem para Nancy, uma antiquíssima e elegante cidade cheia de fontes e lojas de estatuetas, e daí de carro até Toul, a poucos quilômetros de distância, na suposição de que lá conseguiria orientação. Era meio da tarde, meio da semana, meio do mês. Toul estava silenciosa somo um set de filmagem: todos os acessórios da vida em seus lugares, mas portas e janelas devidamente fechadas. Parei num café junto a uma pequena praça com uma fonte. Meia dúzia de indivíduos tomava vinho e café ao redor de uma mesinha redonda, espargindo a alegre e impetuosa embriaguez de empregados que acabaram de ganhar uma tarde de folga. Fumavam tão furiosamente que era como se estivessem sentados ao redor de uma fogueira. Instalei-me numa mesa vizinha e pedi um expresso. Passado um minuto, juntei minha coragem ao francês da escola e inclinei-me para perguntar se algum deles sabia me dizer como chegar a Fluiry.

Todos resfolegaram em uníssono e franziram o cenho para mim.

— Fluiry? — repetiu um deles.

— Sim, Fluiry — assenti, esforçando-me ao máximo no *r*, tarefa difícil para quem vem de Ohio. Eu trazia comigo uma cópia das anotações de Lee. Peguei as páginas e li a parte em que ele diz: "Eu fui enviado a Fluiry na manhã do dia 15."

— Fluiry. Fluiry?

Eles balançaram a cabeça. Meu coração deu um pulo. Silêncio absoluto. A fonte gotejava. Finalmente, um dos fumantes baixou o cigarro e sorriu para mim.

— Ah — disse ele, triunfante —, *Flirey*, você quer dizer!

Um colega ofegou. — Ah, oui, oui! *Flirey*! — Eu não via diferença alguma, mas agora eles se congratulavam como se tivessem decifrado um código asteca. Então, todos acenderam novos cigarros, serviram mais vinho e continuaram com seu recesso vespertino.

— Desculpem — disse eu, depois de um momento, pronunciando as palavras com o máximo cuidado. — Os senhores saberiam dizer-me como chegar a *Flirey*?

A estrada para Flirey serpeava pela crista de uma pequena serra, com campos descendo suavemente em todas as direções. Aqui e ali assomavam imensas igrejas, melancólicas e sombrias. Logo ao sair de Toul, passei por um casal hippie que caminhava pelo acostamento levando um mafuá de bolsas, pacotes, cestas e caixas — parecia um carro alegórico. Um cachorro meio maltratado os seguia; difícil dizer, a princípio, de que raça era, mas, ao olhar pelo retrovisor, vi que ele tinha a testa alta e as orelhas eretas de um pastor. Um minuto depois, desacelerei para observar um velho e curtido fazendeiro acompanhado de um cão: era também um pastor-alemão, forte e lustroso, que caminhava batendo com o grande rabo na perna do dono.

Era mera coincidência, eu sabia — desde que começara a pensar em Rin Tin Tin eu o via em toda a parte, mesmo depois de tantos anos com a impressão de nunca mais ter visto um pastor-alemão. Era como se a pura força do pensamento o fizesse materializar-se, como se eu tivesse semeado as nuvens com lembranças de Rin Tin Tin e agora começasse a chover.

Uma rádio alemã tocava Bruce Springsteen enquanto eu percorria a estrada ladeada de plácidos campos, uma e outra casa, de vez em quando uma vaca. De repente, estava em Flirey.

Era um quase nada — um agrupamento de casas cor de barro, o monumento ao Exército do general Pershing, o pátio da escola, uma placa PARE. No centro da vila, um painel informativo contava a história de suas periódicas devastações e mudanças de nome. Como que para fugir de seus infortúnios, a cidade se rebatizara várias vezes — Fleury, Fleury-aux-Bois, Fluirey, Fluiry —, por isso era tão difícil encontrá-la nos mapas.

Saí da estrada principal e peguei uma ruela. O casario se estendia por algumas dezenas de metros, a ruela se estreitava e era tudo. À minha direita havia um grande campo aberto, vazio, salvo por uma baliza de futebol carcomida, um palhaço de plástico em tamanho natural oscilando suavemente sobre uma mola enferrujada e um grande carneiro branco aparando diligentemente a relva ao redor. Mesmo que esse fosse o lugar certo — o campo que Lee fora encarregado de inspecionar —, os vestígios do canil deviam estar soterrados debaixo de noventa anos de terra, pedras e mato acumulados. Sentei-me por alguns momentos e fiquei a imaginar, inutilmente, que aspecto teria aquele lugar em 1918, à espera de algum passante que me levasse a um lugar e dissesse: "Isto aconteceu aqui" — como se fosse suficiente para fazer o passado voltar à vida.

Dois escolares atravessaram a viela e sumiram por um portal escuro, ligeiros como camundongos, sem deixar à sua passagem nem sequer um rastro de perturbação molecular. Aquele espaço verde e sedoso da pequena cidade devia ter sido o começo de tudo, o lugar onde o filhote fora encontrado; num canil há muito desaparecido, ali começara o desenrolar da vida, da história e das lendas de Rin Tin Tin. Quando o carneiro deu por terminado o seu repasto e ergueu a cabeça, eu já estava no carro, a caminho de Verdun.

Eu fora conhecer o lugar onde nasceu Rin Tin Tin, mas o que mais me chamou a atenção no vale do Meuse, para além dos aglomerados de casas, das antigas e sedutoras fazendas e da colcha de campos cultivados, foi a imensa quantidade de cemitérios. Todos os mortos eram soldados que lutaram na Primeira Guerra Mundial. Em Andilly, passei por um cemitério alemão com 33 mil túmulos, e em Choloy-Ménillot, vi um campo-santo franco-britânico com muitos milhares mais. O Ossuário de Douaumont, em Verdun, um sinistro edifício cinzento que mais parece um jumbo mergulhado de nariz no chão, guarda os restos de 130 mil soldados não identificados, pilhas de ossos de jovens franceses e alemães arrumados de acordo com o lugar onde foram encontrados no campo de batalha, seus restos mortais misturados e então distribuídos, como um mapa comentado dos mortos. Nas imediações de Flirey, encostei o carro no acostamento para esticar as pernas. Ao sair e olhar em volta, percebi que tinha parado na frente de outro cemitério, a Necropolis Nationale, uma fatia de terra verdoenga na encosta de uma colina com 4.379 túmulos de soldados franceses. Depois de ler algumas lápides, concluí que muitos daqueles soldados haviam caído no mesmo dia do ano de 1918.

Poucos quilômetros depois, passei por um portão de ferro fundido ornado com medalhões dourados, tão surpreendente e singular no meio daqueles campos que tive de voltar para ver mais de perto, pensando tratar-se de uma grande propriedade ou um clube de campo. Era o Cemitério Americano de St. Mihiel, administrado pela Comissão Americana para Monumentos de Guerra, responsável pela supervisão dos cemitérios militares norte-americanos no estrangeiro. Existem oito deles na Europa; St. Mihiel é o terceiro maior, com 16 hectares e 4 mil túmulos. O diretor, um sujeito corpulento e faceiro chamado Bobby Bell, saiu do escritório para me receber. Disse-me que havia trabalhado em vários cemitérios norte-americanos na Europa — dois outros na França, um na Inglaterra e um na Holanda —, mas que o seu preferido era St. Mihiel. Mostrou-me o lugar com tanto entusiasmo que mais parecia estar tentando me vender uma vaga.

A presença constante da morte em minha busca pelo lugar onde nascera Rin Tin Tin começava a me deprimir, mas o cemitério de St. Mihiel era, de fato, um dos lugares mais bonitos que eu já conhecera. As cruzes dos túmulos eram de um branco luminoso, alinhadas com simetria quase marroquina contra a geometria da grama recém-cortada, das sebes cuidadosamente aparadas e das tílias enfileiradas com o rigor de uma guarda de honra. As inscrições nos túmulos exibiam outro tipo de simetria, com os nomes dos rapazes associados aos seus estados de origem: Howard Lewis, do Colorado;Vincenzo Brandolini, Connecticut; Jens Larsen, Iowa; Pinckney Rouse, Carolina do Norte; Stanley Stubensz, Michigan. Caminhar pelas alas verdes com a luz da tarde projetando longas linhas de sombra sobre o campo absolutamente plano, dois túmulos a cada passada, cinquenta passadas por fileira, criava uma sensação de perfeição matemática, repetida e hipnotizante como um rufar de tambores. Eu seguia em frente lendo cada nome, aquietada pelo ritmo dos meus próprios passos sobre o terreno esponjoso, pelo branco fulgurante das cruzes e pelo rumor do vento agitando teatralmente as folhas das tílias do jeito como fazem as mocinhas com o cabelo. Parei no fim de uma fileira, em frente à estátua de um jovem oficial do Exército em farda de combate e com o capacete de trincheira na mão. Sobre a figura estava gravado: "Il dort loin des siens dans la douce terre de France" — *Ele dorme longe de sua família na terra acolhedora da França.* Embaixo, num pedestal, lia-se:

ABENÇOADOS OS QUE TÊM SAUDADE DE CASA, POIS PARA CASA VOLTARÃO

9

Já no carro, à luz do crepúsculo, eu ainda podia ver a distância, sobre a grama aveludada de St. Mihiel, as perfeitas fileiras dos túmulos dos jovens desafortunados que ali repousarão para sempre, minúsculos relicários de histórias de que ninguém mais se lembra. Quase cem anos é tempo bastante para o esquecimento. O espaço por eles deixado foi preenchido pelas vidas dos que continuaram e coberto com o verniz cristalizado, liso e uniforme, quase invisível, da ausência.

O que é que permanece? O que é que dura? O que é que fica agarrado à sarça do tempo e o que é que passa sem deixar vestígios? O que é que só deixa uma pequena marca no mundo, um túmulo sob a relva verde, um rabisco num pedaço de papel, uma lembrança que o tempo desbota pouco a pouco até apagar?

Será que preenchemos as nossas vidas, vivemos tudo o que vivemos para simplesmente deixarmos este mundo e sermos esquecidos? Eu não suporto pensar que a existência é tão destituída de substância, uma pedra atirada num lago sem formar nenhuma onda. Tudo o que fazemos na vida, quem sabe, é apenas uma corrida contra a perspectiva de desaparecer. Ter filhos, ganhar dinheiro, fazer o bem, nos apaixonar, construir algo, descobrir coisas, aprender — é o que nos faz sentir que nossas vidas não são efêmeras, são histórias de coisas realizadas, desenvolvidas, encontradas, construídas, amadas, ou mesmo perdidas.

Graças a Lee Duncan, Rin Tin Tin nos deixou um legado — no museu municipal de Riverside, Califórnia, por exemplo. Quando eu o visitei pela primeira vez, três anos antes de minha viagem a Flirey, fiquei estarrecida de descobrir, praticamente intocadas, não menos de 14 caixas de papéis de Lee Duncan e *memorabilia* de Rin Tin Tin meticulosamente arquivadas e indexadas. Era como encontrar um presente que ganhei há quase meio século e só agora tive oportunidade de abrir.

Naquele dia em St. Mihiel, eu me pus a pensar por que razão fora atraída para esta história em particular quando havia tantas outras à minha escolha. E concluí que amava a história de Rin Tin Tin por conter muitas histórias dentro de si: de famílias perdidas, de identidade e da nossa convivência com os animais; de boa e má fortuna e das reviravoltas que a vida nos reserva o tempo todo; do horror da guerra e do bom divertimento de heróis que criamos e do que deles esperamos. A história de Rin Tin Tin continha todas as formas de devoção — a devoção a uma ideia, a devoção a um amigo e a devoção quase mágica de um animal a um ser humano.

E era também a história de uma extraordinária jornada — por terra e mar, na guerra e na paz, da pobreza à riqueza e de volta à pobreza, da obscuridade à fama e daí ao mundo obscuro do que já foi famoso e hoje é quase ignorado. Era também uma viagem no tempo. A história de Rin Tin Tin me permitia jogar o anzol na lagoa das minhas memórias de infância, projeto tanto mais urgente quanto mais eu me distanciava da margem. Comecei a história de Rin Tin Tin logo depois do falecimento de meu pai e do nascimento de meu filho; de repente, a ideia da continuidade se me afigurou como absolutamente real. Trazer Rin Tin Tin para o presente não apenas faria reviver a sua história, como me ajudaria a esclarecer a minha — a história de quem sou e de como me tornei a pessoa que pareço ser.

Essa busca não começou, é certo, com uma história, tampouco com uma ideia, mas com uma sensação. Ao topar quase por acaso com uma menção a Rin Tin Tin quando pesquisava outra história, minha reação foi tão forte que me deu a sensação de ter passado décadas à espera de que ele ressurgisse em minha vida. E depois da visita a St. Mihiel, um monumento a algo que em outras circunstâncias talvez não me dissesse grande coisa, comecei a entender que o que me levou a Rin Tin Tin foi, mais que tudo, a sua constante presença — o fato de ele ter ficado na cabeça de tanta gente durante tanto tempo num mundo em que tantas outras coisas cintilam por um instante e desaparecem sem deixar rastro. Era algo com que se podia sonhar. Ele podia saltar mais do que 3 metros; podia saltar no tempo.

O CINEMA

1

A travessia do Atlântico levou 15 dias. Logo ao desembarcar, os soldados foram levados a um campo de reentrada para receber atendimento médico e instruções. Muitas mulheres da comunidade trabalhavam nesses campos como recepcionistas, dando boas-vindas aos soldados e cuidando de suas necessidades menores. Lee e seus colegas de navio foram levados ao campo de Hempstead, Long Island, onde uma das recepcionistas era a Sra. Leo Wanner, esposa do xerife substituto de Nassau County, por coincidência um criador de pastores-alemães. Poucos meses antes da chegada do navio de Lee, uma das alas do canil de Wanner, Meadowbrook, se incendiara. Sete cães morreram, dentre eles o seu campeão, Filax, que fora emprestado ao Exército belga e retornara a Long Island depois de ferido.

A Sra. Wanner conheceu Lee na recepção aos soldados e ambos logo descobriram, como era de esperar, sua mútua afeição pelos pastores-alemães. Os soldados ficariam internados no campo por dez dias. Como Lee não tinha onde deixar os filhotes, a Sra. Wanner se ofereceu para cuidar deles até o seu desligamento. Quando, porém, Lee estava prestes a tomar o trem de volta à Califórnia, notícias de Meadowbrook deram conta que Nanette contraíra pneumonia e estava fraca demais para a longa viagem. Relutante, Lee aceitou deixá-la em Meadowbrook com a promessa de que o canil a devolveria assim que sarasse. Um filhote de Meadowbrook oferecido por Wanner faria companhia a Rin Tin Tin na viagem para casa.

Em seu caderno, Lee escreveu que o gerente do canil Meadowbrook era "ninguém menos do que o famoso B.B.B., de Hollywood e do cinema". Eu jamais consegui descobrir em Hollywood um treinador de cães com essas iniciais, mas, quem quer que fosse, deixara Lee claramente impressionado. Essa deve ter sido a primeira vez que a ideia de treinar um cão para o cinema passou pela sua cabeça.

Rin Tin Tin — Rinty, como Lee o chamava — era um cão jovem e dominante. Ao ser apresentado à nova cadela de Meadowbrook, ele a mordeu na orelha, deixando-a com uma cicatriz permanente. A despeito da rude apresentação, ela veio a ser sua companheira e fêmea. A irmã de Rinty, Nanette, morreu pouco depois que Lee deixou Long Island; em sua homenagem, Lee deu à nova cadela o nome Nanette II. Quando Rin Tin Tin se tornou um astro internacional, Nanette II costumava ser mencionada como sua esposa.

A viagem de trem para a Califórnia foi revigorante. Em várias estações os soldados foram recebidos com festa, banda marcial e garotas da Cruz Vermelha oferecendo sorvetes. Lee deu o seu a Rin Tin Tin, daí nascendo uma paixão por sorvete que durou pelo resto da vida.

Lee estava voltando para casa, mas não sabia muito bem o que iria fazer. Aos 28 anos de idade, ainda exalava o viço e o vigor de um jovem caubói. Tinha um corpo enxuto, quase sem nenhum quadril, testa larga, nariz aquilino, olhos escuros e brilhantes, sobrancelhas sedutoramente arqueadas e um sorriso luminoso. Deixou crescer o cabelo — começou a ficar grisalho ainda na adolescência — e passou a usá-lo penteado para trás, como um boné prateado, em claro contraste com a cor da pele. Com o horror da guerra vivo na memória, seu único plano era retornar ao emprego no departamento de armas da Bernal Dyas. Tudo o que queria era apagar o tempo decorrido desde que embarcara para a França e reencontrar sua vida do mesmo modo que a deixara.

A verdade, porém, é que nada era igual. A Califórnia — o país inteiro — havia mudado desde que ele fora para a guerra. A Bernal Dyas Sporting Goods também não era a mesma: a loja fora transferida para um novo endereço e o departamento de armas ficava agora no subsolo. Um belo subsolo, com a réplica de uma cabana de toras de madeira, um estande de tiro e piscinas artificiais para a prática da pesca de trutas, mas, mesmo assim, Lee se sentia sufocado debaixo da terra e inquieto no meio de armas e munições. Passava todo o tempo que podia nas montanhas, caminhando e nadando, mas a aversão por armas de fogo tornara-se tão forte que parou de caçar — coisa que fizera desde menino. O movimento no departamento de armas da loja havia caído; Lee o creditava à guerra, que arruinara a aura romântica das armas. "Sempre que via uma", disse ele a um entrevistador muitos anos depois, "eu me lembrava dos companheiros que não voltaram".

O pior de tudo, talvez, a sua cadela, Firefly, morrera na sua ausência — uma notícia que sua mãe só lhe deu depois que ele voltou para casa. Não bastasse, poucos dias depois de chegar, Rin Tin Tin contraiu cinomose e durante três semanas esteve tão mal que Lee considerou o pior. Lee desvelou-se por ele, tratando-o com uma mistura caseira de claras de ovo cru com vinho de cerejas, que, a partir de então, passou a ver como o remédio que lhe salvou a vida.

Solteiro e sem maiores compromissos, Lee passou um ano somente trabalhando na loja e brincando com seus cachorros. Então, o fantasma da guerra fez uma aparição: foi acometido por uma crispação na mão esquerda e um espasmo no lado esquerdo do rosto. Começou a ter pesadelos. Não suportava ficar dentro de casa. Em seu caderno, escreveu: "Nada era como antigamente. Eu vivia inquieto, como se não pudesse manter os pés no chão." A mãe, que trabalhava como doméstica, e a irmã, que dava aulas de piano, preocupavam-se com ele; queriam que se assentasse e alimentavam a esperança de que uma promoção no trabalho o deixaria mais feliz. Lee, ao contrário, convicto de que a solução era arranjar um emprego ao ar livre — qualquer um, quanto mais árduo melhor —, licenciou-se da loja. Durante vários meses, trabalhou na construção de um trecho da rodovia que ligaria Los Angeles a São Francisco, em Chalk Hill. Quando a estrada foi concluída, retornou a contragosto ao departamento de armas da Bernal Dyas.

A poucos quilômetros de distância, a nova indústria do cinema florescia. O primeiro estúdio fora inaugurado em 1911; em 1919, mais de 80% dos filmes feitos no mundo saíam de Hollywood. Lee tinha um amigo no ramo, um comediante chamado Eugene Pallette, que construíra uma carreira de ator. Quando Lee voltou da guerra, Pallette já aparecera em quase 100 filmes, dentre os quais *Texas Bill's Last Ride*, *Gretchen the Greenhorn*, *O Nascimento de uma Nação* e *Tarzan dos Macacos*. Lee e Pallette começaram a levar Rin Tin Tin em passeios às Sierras; enquanto o amigo caçava, Lee ensinava truques a Rin Tin Tin. Seus planos para Rinty eram absolutamente modestos: queria cruzá-lo com Nanette, vender alguns filhotes e quem sabe ficar conhecido em exibições caninas como seu dono.

2

Lee não foi o único soldado norte-americano da Primeira Guerra a levar um cão para casa. Mais do que isso, foi um dos muitos que retornaram com narrativas elogiosas aos pastores-alemães que vira em batalha. Não admira que a popularidade da raça nos Estados Unidos tenha crescido rápida e até precipitadamente depois da guerra. Todos queriam ter um. A corrida por filhotes de pastor-alemão já começava a criar problemas genéticos, como ancas fracas e visão deficiente. Tentando deter a degeneração da raça, o Clube do Pastor-alemão dos Estados Unidos contratou especialistas alemães para organizar um "inventário da raça" no país, analisar pedigrees e fazer recomendações para o seu aperfeiçoamento. Em 1922, Lee se juntou a um grupo de fãs de pastores-alemães que conhecera em Los Angeles para fundar o Clube do Pastor-alemão da Califórnia. A primeira exibição foi programada para a temporada seguinte, em Pasadena.

Rinty tinha 3 anos. Perdera a fofura de filhote, mas adquirira um manto lustroso e escuro, quase negro, com raias douradas nas patas, mandíbula e peito. A cauda era peluda como a de um esquilo. Não era demasiado alto nem demasiado largo, não tinha um peito particularmente profundo nem patas especialmente longas e musculosas, mas era vigoroso e ágil, tão ligeiro quanto um cabrito montês. Tinha orelhas comicamente grandes, como duas tulipas, e bastante afastadas pelo largo crânio. Seu focinho era mais impressionante do que belo e a expressão preocupada, compassiva e generosa: em lugar da típica excitação canina, expressava um quê de sensibilidade, a melancolia de quem observa com tolerância e resignação a aventura de viver, lutar e ter esperança.

A exibição canina de Pasadena não saiu como planejada. Rinty demonstrou suas virtudes atléticas, mas também seu mau gênio. Rosnou e latiu para os juízes e mostrou-se quase ingovernável. Para Lee, tudo isso se deveu ao fato de Rinty "não ter uma boa técnica de argolas" e ser "cheio de vida e vigor". A viagem terminou de maneira desastrosa. Depois da exibição, Lee resolveu passear com Rinty pela rua quando um pesado fardo de jornais arremessado do alto de um caminhão de entrega caiu em cima do cão, derrubando-o e fraturando-lhe a pata dianteira esquerda em quatro lugares.

Rinty levou nove meses para curar. Durante todo esse tempo, Lee temeu que ele perdesse os dedos, que as fraturas ficassem mal calcificadas (ele próprio fizera a tala, com gesso) e que se tornasse medroso e esquivo por causa do acidente. Se Rinty já era inseparável de Lee, o acidente o tornou ainda mais; no primeiro dia em que Lee saiu para trabalhar, o cão ganiu tão alto que os vizinhos pensaram ter morrido alguém na família Duncan. No dia em que retirou o gesso, Lee mal pôde suportar ver Rinty dar os primeiros passos. Mas o cão ficou tão bem curado que em um mês estava pronto para saltar e correr novamente. Lee decidiu, então, inscrevê-lo numa grande exposição de pastores-alemães no hotel Ambassador de Los Angeles.

Um conhecido de Lee chamado Charley Jones, cujas filhas tomavam lições de piano com sua irmã Marjorie, pediu a Lee para acompanhá-lo à exposição. Acabara de desenvolver uma técnica de câmera lenta e a azáfama de uma exibição canina pareceu-lhe uma boa oportunidade para testá-la. Com o assentimento de Lee, Jones preparou sua câmera para filmar Rinty e alguns outros cães que se apresentariam no mesmo dia.

Lee não menciona em seus cadernos o desempenho de Rin Tin Tin no quesito "conformação". O que importava — e o que viria a importar muito mais do que ele era capaz de supor — foi o sucedido na etapa "o cão em ação". Rin Tin Tin e uma fêmea chamada Marie foram os finalistas na competição de salto. A barreira, um muro de pranchas de madeira, foi colocada a 3,50m de altura. Ambos a superaram. A barreira foi, então, elevada 8cm para o desempate. O árbitro e seus assistentes se reuniram ao lado para ver de perto. Marie foi a primeira. Ela saltou por sobre o muro, mas bateu na prancha superior com as patas traseiras. Rin Tin Tin se preparou. "Charley Jones manteve o foco da câmera em Rinty enquanto ele levantava voo e aterrissava do outro lado", escreveu Lee. "Rinty saltou mais alto que a cabeça do árbitro e todos os outros." Vencera um obstáculo de quase 3,60m, um feito impressionante para qualquer cão, que dirá para um que pesava apenas 38kg. Jones ficou encantado com a nova câmera e a filmagem. Lee presumindo tratar-se de um experimento fortuito, pareceu não lhe dar muita atenção: estava mais interessado nas menções que Rinty recebeu nos jornais de Los Angeles. Decidiu, então, iniciar um álbum de recortes, "sem jamais ter sonhado", como escreveu, "que um dia Rinty estaria nos jornais de todo o mundo".

O filme do salto de Rin Tin Tin permaneceu, no entanto, na mente de Lee, porque nas semanas seguintes à exposição ele foi tomado por um renovado desejo de colocá-lo em Hollywood. "Eu fiquei tão excitado com a perspectiva do cinema que pensava nisso dia e noite", escreveu. "Eu estava interessado em filmes, não em armas."

Lee era um ávido leitor de *Physical Culture*, uma revista fundada em 1899 que apregoava o autoaperfeiçoamento e a autoconfiança com matérias como "Eu Tive Apendicite e me Curei Sozinho" e "Aprenda a Respirar e Ria da Tuberculose". Os produtos anunciados se propunham a ajudar os leitores a desenvolver uma visão mais positiva de si mesmos: aparelhos de fisiculturismo (*Se uma água-viva pudesse dar um tapa na cara de um rato, ela o faria. Mas não pode. Ela não tem braços nem coluna vertebral. Muito pior, no entanto, é o indivíduo que tem dois braços e coluna, mas não os usa*); produtos estéticos, como o Ajustador de Nariz Patenteado (*Tamanhos especiais para crianças. Um nariz perfeito para você*), cosméticos (*Gertrude Follis deixou o Patinho Feio em casa. Hoje, as artistas de Nova York pagam para pintar o rosto; sua nova beleza foi alcançada em três meses*) e livros de etiqueta que se propunham a ensinar comportamento e "livrar as pessoas da timidez".

Depois da guerra, a revista ampliou a sua missão para abarcar a ideia do enriquecimento. A riqueza pessoal, sugeria, era a forma mais avançada de autoaperfeiçoamento, em especial quando provinha de uma atividade prazerosa. O artigo que lançou essa teoria, e chamou a atenção de Lee, intitulava-se "Por que Não Fazer o seu Hobby Render Dinheiro?"

Hoje essa é uma ideia comum, mas na década de 1920 era surpreendente. Trabalho sempre fora somente trabalho, nada tinha a ver com gratificação — fosse por meio de algum hobby ou da realização de uma visão pessoal. Se a fortuna lhe sorrisse, você arranjaria um emprego e prosperaria — talvez até ficasse rico. A felicidade provinha de *ser* rico, não do que você fazia para ficar rico. Mas a guerra toldara essa linha de pensamento. Predominava o regozijo da paz, o bulício das novas fábricas, a energia da nova prosperidade. Muitas das coisas novas que havia para comprar — carros, rádios, entradas de cinema — pareciam dizer que era possível ter qualquer coisa, ir a qualquer lugar. De repente era possível esforçar-se para ser feliz e razoável esperar satisfação do próprio trabalho. A revista incitava os leitores a compartilhar histórias de como eles ganharam dinheiro com seus hobbies e oferecia prêmios para os casos mais interessantes.

O prazer de Lee era o seu cachorro. Pelo que se deduz de seus cadernos, tinha poucos amigos, nenhum interesse por garotas e hobby algum que não incluísse o seu cão. Achava, também, que Rin Tin Tin dava "sinais de gênio". Depois de ler "Por que Não Fazer o seu Hobby Render Dinheiro?" em 1921 e de sentir a influência de Hollywood, que ficava bem perto de sua casa, decidiu fazer exatamente isto: escrever um roteiro para um filme que tivesse Rin Tin Tin como astro. Queria ganhar o concurso da revista, mas começou também a pensar no passo seguinte — convencer um estúdio a fazer um filme "estrelando Rin Tin Tin".

3

Na década de 1920, o cinema já fazia parte da vida de todo mundo. Um de cada dois americanos via um filme por semana. Todos queriam escrever roteiros e havia uma profusão de "sistemas" destinados a ajudar o amador. A propaganda de um deles, o Irving System, dizia: "Milhões de Pessoas Podem Escrever Roteiros e Peças para o Cinema, mas Ainda Não Sabem Disso!" O Elinor Glyn System tinha um viés mais espiritual: "Você Não Crê que o Criador lhe Deu a Faculdade de Escrever Histórias Igual à do Maior dos Escritores?"

Lee não só acreditava ter essa "faculdade de escrever histórias" como até já produzira uma, inspirada num conto popular sobre um príncipe e seu amado cão. Dizia o conto que o príncipe Llewellyn caçava lobos em sua propriedade certa manhã quando deu pela ausência de seu cão, Gelert, companheiro de todas as horas. Retornando ao castelo, Llewellyn foi ao quarto do filho imaginando que o cão estivesse dormindo ao seu lado. O que encontrou, no entanto, foi uma desgraça: a cama ensopada de sangue e o cão encolhido num canto. Entendendo que o cão havia matado o seu filho, o príncipe, furioso, desembainhou a faca de caça e estripou-o. Enquanto o cão agonizava, porém, Llewellyn percebeu um movimento ao lado da cama. O menino estava deitado, incólume, junto ao corpo de um lobo, que Gelert obviamente matara para protegê-lo. Llewellyn logo se deu conta do terrível engano, mas era tarde demais para salvar o cão. O ato final de Gelert, antes de sucumbir, foi lamber a mão do príncipe, perdoando-lhe o erro fatal.

Lee deu ao seu roteiro o título *Where the North Begins*. Em lugar do príncipe, seu personagem principal era um caçador de peles; o cão era um animal extraviado que fora criado por lobos. O caçador, Dupre, passa a confiar no cão por tê-lo ajudado a enfrentar o proprietário de uma feitoria e seu capanga. Um dia, Dupre é instado a sacrificar o cão por ele ter matado uma criança. Ele concorda, relutante, mas o cão foge e se junta a um bando de lobos. Quando, mais tarde, Dupre descobre que a acusação era falsa, vai à floresta e encontra o cão. Em vez de rejeitar Dupre por tê-lo traído, o cão o recebe sem rancor e eles voltam a ser leais companheiros.

O cenário era outro, mas a história de Lee mantinha intactos os temas da lenda de Llewellyn: a intimidade entre um homem e seu cão; a virtude do cão e sua muda resignação à falsa denúncia; o efeito obnubilante da ira; a capacidade do cão de absolver e perdoar; a necessidade humana de culpar; o generoso martírio do cão, assimilável ao de Cristo.

Para um homem como Lee, que fora abandonado pelo pai, a história de um pai tão devotado ao filho que seria capaz de matar por ele devia ser uma deliciosa fantasia.

A história de Llewellyn e a versão de Lee são interessantes não só pelo que continham, mas também pelo que excluíam. A luta entre o cão e o lobo não é descrita no conto popular, uma história sobre o mau juízo, o remorso e o perdão, não sobre o espetáculo da luta. E embora não haja uma peleja sangrenta em que o cão saia triunfante, ele é claramente um herói: não um herói de ação convencional, exaltado por sua força e coragem, mas um herói enobrecido pela compaixão — pela criança, que corre perigo, mas também pelo príncipe, que se equivocara. O cão absolve Llewellyn mesmo tendo sido morto por ele.

Em *Where the North Begins*, a violência capital acontece também fora da cena. Também ali o cão é inabalavelmente leal, resignando-se a ser injustamente acusado para no final perdoar o seu dono. O cão personifica um tipo místico e poderoso de heroísmo, uma empatia mais ampla, profunda e pura do que o comum dos mortais poderia revelar. Foi essa a qualidade que, no fim das contas, elevou Rin Tin Tin da novidade ao clássico.

Dado que em 1921 os filmes não tinham trilha sonora nem diálogos, tudo era transmitido por meio da ação e da expressão facial. A única exceção eram os breves textos dos intertítulos, em geral não mais do que algumas dúzias de palavras. Num filme mudo, um cão não ficava a dever a um ser humano; ambas as espécies tinham o mesmo ferramental para contar uma história — ação, expressão, gestual. Na verdade, a participação silenciosa do animal parecia natural, muito distante da pantomima e do exagero característicos da maneira humana de atuar nos filmes mudos. Pensando em como as expressões faciais de Rinty poderiam ser usadas num filme, Lee as estudou e se convenceu, ainda antes de escrever seu roteiro, de que o cão poderia ser ensinado a desempenhar um papel — a não apenas conduzir uma história por meio da ação, mas também a "registrar emoções e representar um autêntico personagem com seus amores, lealdades e ódios individuais".

Pouco antes de concluir o roteiro, Lee recebeu uma carta de um executivo da Novagraph, uma empresa de cinejornais, informando-o que havia comprado o filme de Charley Jones. Dentro do envelope havia um cheque de 350 dólares — uma enorme soma de dinheiro para Lee, equivalente a três meses de salário na Bernal Dyas. O executivo mencionava que o clip já era um dos mais populares da Novograph e logo estaria sendo exibido em algum cinema de Los Angeles.

Lee ficou tão abismado que levou semanas para descontar o cheque. Temendo tratar-se de um equívoco, ficou à espera de uma segunda carta pedindo-o de volta. Mas Charley Jones assegurou-lhe que o cheque era real. Depois que a coisa assentou em seu espírito, Lee resolveu que era tempo de levar Rin Tin Tin para o cinema.

No dia em que terminou o rascunho de *Where the North Begins*, Lee pediu outra licença à Bernal Dyas. Sua mãe ficou consternada, e não sem razão: na década de 1920, Hollywood não era um lugar confiável. A droga rolava solta e os diretores e produtores formavam um meio heterogêneo povoado de vadias, embusteiros e vigaristas. Marjorie temia que a participação de Lee num negócio tão infame — e ainda por cima com um cão — pudesse prejudicar a sua promissora escola de música. Apesar dos apelos, Lee manteve-se firme. "Elas me contaram que naquela tarde uma das vizinhas disse: 'Que ideia! Querer ganhar a vida com um cachorro!' Mamãe e Marjorie choraram rios de lágrimas."

4

Os cães estão no cinema desde que os filmes existem. Se levarmos em consideração "The Horse in Motion", a sequência fotográfica produzida por Eadweard Muybridge em 1882, tida como precursora do cinema, os animais foram parte do negócio desde o começo. O primeiro filme a mostrar um cão foi *Trabalhadores Saindo da Fábrica Lumière*, de Auguste e Louis Lumière, feito em 1895. O cão, que não aparece nos créditos, entra em cena saracoteando para os operários que saem pelo portão da fábrica. A primeira vez que um cão aparece no cinema como personagem de ficção foi em *Rescued by Rover*, película britânica de 1905. Esse filme é um marco sob vários aspectos: foi o primeiro a ter um cão como astro e também o pioneiro do cinema narrativo. O filme inteiro tem apenas seis minutos de duração, mas não é um pastiche de imagens em movimento, e sim uma história de verdade, um arco cinematográfico completo com apresentação, crise e resolução, narrado por meio de uma série de tomadas contínuas e relacionadas. *Rescued by Rover* é também o primeiro exemplo conhecido de filme com atores profissionais e — de acordo com o desprendido Instituto Britânico de Cinema — a primeira e última vez em que o cinema britânico "esteve inquestionavelmente na liderança mundial".

Rescued by Rover foi produzido por Cecil Milton Hepworth, produtor e diretor de mais de quatrocentos filmes, dentre os quais *The Egg-Laying Man*, *Baby's Toilet*, *How It Feels to Be Run-Over* e *Explosion of a Motor Car*. Em *Rescued by Rover*, o cão foi representado por Blair, collie de estimação de Hepworth. O filme começa com Rover saindo para um passeio com o bebê de seus donos e a babá. Essa, uma namoradeira irresponsável, está tão ocupada flertando com um soldado na rua que não percebe uma mendiga aproximar-se do carrinho e pegar o bebê. A mendiga foge, e Rover e a babá correm de volta à casa para relatar aos pais — representados por Hepworth e sua esposa — a terrível ocorrência.

No final, é claro, o bebê é resgatado por Rover. Usando uma incrível capacidade de raciocínio, o cão deduz que a mendiga deve morar na parte pobre da cidade e corre para lá. Ao localizar o bebê, corre de volta à casa e convence o desolado casal a segui-lo até o esconderijo da mendiga, onde, finalmente, se dá o jubiloso encontro dos pais com o bebê. O interessante é que o único personagem do filme que conhece toda a história — que vê tanto quanto a câmera — é Rover.

A produção de *Rescued by Rover* foi barata — cerca de 37 dólares —, mas fez de Hepworth um homem rico. O filme era tão popular que os cinemas o exibiam sem parar. As inúmeras sessões desgastaram os negativos originais, obrigando Hepworth a rodar o filme inteiro novamente, tomada por tomada. Os novos negativos desgastaram-se também, levando Hepworth a rodá-lo pela terceira vez. Seu sucesso também teve efeitos colaterais: o nome "Rover" (andarilho, nômade, vagabundo), incomum para cães antes do filme, tornou-se imensamente popular e os filmes de animais viraram uma febre em todo o país.

Alguns desses filmes foram produzidos pelo próprio Hepworth: uma versão de *Black Beauty* e, em 1907, *Dumb Sagacity*, uma vez mais estrelado pelo seu collie Blair. Blair/Rover foi um astro tão brilhante que sua morte foi anunciada com grande solenidade no boletim da companhia. "A Hepworth Manufacturing Company acaba de sofrer uma grande perda com a morte de Rover, seu velho e renomado cão", dizia. "Rover era fiel companheiro do Sr. Hepworth desde antes da fundação da Hepworth Company e mascote do estúdio de Walton-on-Thames. Foi também o primeiro animal a ter um papel independente numa obra cinematográfica e herói de muitos filmes (...). A dor da perda desse velho favorito será sentida muito além da Hepworth Company". O sucesso de Blair como Rover obscurecera a sua verdadeira identidade: nem no obituário ele voltou a ser chamado de Blair.

Depois do sucesso de Rover, dezenas de diretores começaram a filmar com animais. Em muitos casos os resultados foram rolos e mais rolos de documentários, muitos deles inéditos: leões refestelados em zoológicos, desfiles de elefantes, touradas, corridas de cavalos, brigas de gatos. Um gentil e humilde professor primário britânico chamado Perry Smith fez vários filmes com animais selvagens e domésticos, dentre eles *Tiny Honey Gatherers*, *Snakes and Their Habits*, *Peculiar Pets* e *Fun in a Bear Pit*. Sua obra-prima foi um filme *time-lapse* feito em casa sobre o bolor; o bolor escapou ao controle e contaminou a casa inteira.

Muitos estúdios tinham animais à mão para utilizar nos filmes. Mack Sennett reuniu a maior coleção de animais de Hollywood, que incluía Teddy, um dinamarquês capaz de guiar um trem, Josephine, uma macaca que sabia dirigir automóveis, e até uma galinha adestrada chamada Susie. Um treinador de animais independente alugava uma trupe de macacos-atores conhecidos como Dippity-Do-Dads, que apareceu em muitos filmes. Decidida a ter um cão-astro como Rover, a Universal Films abriu um processo de seleção: a vaga ficou com um vira-lata chamado Brownie, que estrelou 26 filmes. Também interessado em ter um amigo cão, Charlie Chaplin testou um dachshund, um lulu-da-pomerânia, um poodle e um bull terrier. Insatisfeito com todos eles, seu estúdio colocou um anúncio com os dizeres: "Chaplin Procura Cão com Muito Senso de Comédia." Acabou encontrando o cão que queria no canil municipal de Los Angeles — um vira-lata malhado, de olhos tristes.

Laurence Trimble esteve envolvido com filmes de animais desde os primórdios. Sujeito excêntrico, acostumado à vida ao ar livre, Trimble cresceu numa cidadezinha do Maine e mudou-se para Nova York no começo da década de 1900 para tentar a sorte como escritor. Começou a trabalhar como freelance para jornais locais, com o hábito de levar consigo nas reportagens seu cão Jean, um collie preto e branco. Certo dia, ele foi com Jean ao Vitagraph Studios para escrever um artigo sobre uma produção que tinha como estrela a maior atração do estúdio, a pequenina e melancólica Florence Turner. Uma das cenas pedia um cachorro e o que fora trazido para o serviço aparentemente não se saíra a contento. Trimble, que assistia a tudo, sugeriu que se desse uma chance a Jean. O diretor concordou. Jean teve um excelente desempenho. Na mesma hora, o estúdio ofereceu a Trimble um contrato como dono do cão e outro como roteirista.

Essa história, tão inverossímil que chega a ser engraçada, é reiteradamente contada ao longo da história de Hollywood para explicar o momento inocente e quase acidental, mas aparentemente inelutável, em que uma maravilhosa mudança de rumo se opera na vida de um indivíduo. Ela aplaina a irregularidade dos pequenos e fortuitos passos que ele teria dado para se transformar, de menino de uma pequena cidade do Maine com sua mascote, em diretor de cinema acompanhado de um cão famoso — tantos e tão difíceis de rastrear que a história se converte meio que naturalmente em uma espécie de conto de fadas. E o cinema se mostra tão irreal e encantado que tudo o que lhe está associado parece igualmente irreal e encantado — incluindo o momento em que um simples mortal do mundo real, que envelhece, sangra e morre, se converte em um facho de luz sobre a tela que há de durar para sempre.

Independentemente, porém, de como a oportunidade tenha lhes surgido, Jean — cujo inconfundível talento era a sua incrível capacidade de desatar nós — logo começou a aparecer regularmente ao lado de Turner. Trimble, por sua vez, passou de roteirista a diretor. As dezenas de filmes por ele dirigidos com Florence Turner e Jean eram tão populares que lhe rendiam o equivalente a 50 mil dólares por semana. Não obstante, Trimble estava insatisfeito e inquieto. Ele e sua esposa, a roteirista Jane Murfin, bem como a própria Florence Turner, queriam ter mais controle sobre seus filmes. Em 1913, os três se mudaram para a Inglaterra e fundaram um estúdio independente. Três anos mais tarde, o fracasso do empreendimento os levou de volta à Califórnia. Nesse ínterim, Trimble começara a fazer curtas-metragens inusitados; um deles, por exemplo, só mostrava os pés e as mãos dos atores. Ao precisar de 24 lobos para rodar um filme, adquiriu-os a um fornecedor de animais selvagens da Califórnia e levou-os para o Canadá. Em vez de treiná-los à maneira convencional, mudou-se para o redil onde eles viviam e lá ficou durante meses, dormindo numa toca, como eles, e vivendo da própria terra. Não é de admirar que a sua vida pessoal estivesse em frangalhos: o casal brigava o tempo todo.

Em 1916, Jean morreu. Trimble e Murfin decidiram, então, criar outro cachorro-ator, que fosse, no entanto, mais dramático do que Jean e se destacasse dentre os outros cães de Hollywood, geralmente usados em papéis cômicos. O casal tinha familiaridade com pastores-alemães, que começavam a surgir nos Estados Unidos oriundos da Europa, e se sentiam atraídos por sua aparência grave e vigilante. Em 1920, Murfin e Trimble percorreram o país inteiro à caça de um pastor que conviesse aos seus desígnios, mas em vão; frustrados, foram procurá-lo na Europa. Um relato diz que o acharam em Berlim; outro, que o encontraram em White Plains, Nova York, por meio de um criador que acabara de importá-lo da Alemanha. Seu nome era Etzel von Oeringen.

Etzel tinha 3 anos quando Trimble e Murfin o encontraram e era um belo animal, embora nada simpático. Na verdade, era um impetuoso e agressivo cão de guarda militar que, segundo Trimble, "nunca brincara com uma criança, não sabia o divertido que era buscar uma bola ou um pedaço de pau e nunca fora afagado; resumindo, nunca fora um cachorro". Trimble mudou o seu nome para Strongheart e o enviou para a mansão de Murfin na Ivarene Avenue, na subida da colina partindo de Gower Gulch, uma região de Hollywood onde atores vestidos de caubói se encontravam todos os dias na esperança de serem recrutados como figurantes para filmes de bangue-bangue.

O primeiro filme de Strongheart, *The Silent Call*, lançado em 1921, é sobre um animal metade lobo, um quarto coiote, um quarto cão e sua luta para decidir qual parte da sua natureza — predatória ou protetora — escolherá. Flash, o lobo-coiote-cão, vive num sítio, pastoreando e guardando o rebanho. No início do filme, ele é injustamente acusado de matar ovelhas e escorraçado. Perplexo, mas resignado com o seu destino, acaba encontrando a companhia de uma loba na floresta.

Enquanto isso, no sítio, um drama se desenrola. Ao saber da situação, Flash tem de decidir se fica com a sua companheira loba vivendo como animal selvagem ou se retorna para ajudar seu antigo dono e, quem sabe, reconquistar as suas boas graças. Ele, que pagara o preço da incompreensão e de um mau juízo, agora se vê às voltas com o conflito, talvez insolúvel, entre os lados selvagem e dócil do seu caráter.

Os anúncios de *The Silent Call* chamavam o público para "Ver o Cão-Prodígio de Todos os Dramas — Strongheart, o Matador — Mais Humano que os Humanos"! A crítica foi mais contida, apontando um débito excessivo para com Jack London, mas elogiando o desempenho de Strongheart. O *New York Times* escreveu: "animal magnífico, fotogênico e ator interessante. Parece um animal independente, em nada similar aos cansativos cães amestrados a que estamos acostumados". Segundo o mesmo crítico, quando a história deixa a desejar, "as cenas de Strongheart são excepcionalmente bem-feitas e muito emocionantes". Vários críticos destacaram a cena, já quase no fim do filme, em que Flash volta para a sua companheira. A loba acabou de parir e uma explosão a aprisionou com os filhotes em sua toca. Ao descobrir o ocorrido, Flash/Strongheart atira-se no chão e começa a uivar. Chegou-se a dizer que Strongheart verteu lágrimas autênticas na cena. Apesar de fisicamente impossível — cães não choram —, a versão foi aceita como verdadeira e rendeu fervorosos aplausos. O público ficou extasiado. Grande sucesso, o filme teria rendido uma bilheteria de 1 milhão de dólares, quantia extraordinária em 1921. A expressão nobre e contemplativa de Strongheart fazia um eletrizante contraste com a maioria dos cães mais populares dos Estados Unidos de então — Boston terriers, airedales, collies, beagles, cocker spaniels e buldogues. Um ano depois que o filme foi lançado — e sem dúvida por causa dele —, o pastor-alemão tornou-se a raça mais popular do país.

Um perfil de Strongheart publicado na *Photoplay Magazine* levava a sério os seus talentos de ator. "Enquanto outros cães do cinema só aparecem em comédias, Strongheart estrela dramas. Aí está a singularidade da sua posição. (...) No filme, quando ele pensou que seus filhotes haviam morrido, lamentou-se com uma profundidade de sentimento de que só os humanos são considerados capazes." Strongheart é "um cão dramático, um ator sensível (...). Finalmente assume o seu lugar entre os cães mais importantes do cinema".

"O cão mais inteligente que já existiu", segundo a revista, Strongheart fez uma triunfal turnê publicitária pelo país acompanhado por sua companheira — uma esbelta pastora-alemã de manto prateado chamada Lady Jule. Seu filme seguinte foi um "snow", como eram chamados os filmes mudos rodados em locações invernais: *Brawn of the North*. Uma vez mais, o tema era a luta do cão para descobrir a sua verdadeira natureza: dócil aliado de seus tratadores humanos ou membro selvagem de uma matilha de lobos?

Um dos anúncios do filme prometia puro melodrama:

> Você perderá o fôlego uma centena de vezes na trilha de emoções de Strongheart — siga o seu rastro até as terras geladas. Um drama grandioso — uma mulher obrigada a casar-se em autodefesa, mas que acaba se apaixonando pelo marido; o seu amor por um imenso cão; a sua adoração pelo filho nascido na neve. Mas ela perde todos eles quando os lobos atacam no meio da noite. E o fim deste grande drama — é simplesmente indescritível. Não perca! Lutando contra um bando de lobos famintos, protegendo uma criança contra o hediondo círculo, escutando os gritos de uma mãe enlouquecida, mas ouvindo somente o chamado de acasalamento de uma loba.

Desde o começo do sucesso de Strongheart, Murfin e Trimble foram aplaudidos como os hábeis adestradores que o transformaram num astro. Eles foram, sem dúvida, uma inspiração para Lee quando este trabalhava em seu roteiro para Rinty e tentava forjar-lhe uma carreira em Hollywood. O *New York Times* publicou uma entrevista com Murfin, intitulada "*Writing for a Dog Star*", em que ela creditava parte da autenticidade de Strongheart aos roteiros, que só lhe exigiam fazer coisas naturais. Num bom filme de animais, explicou Murfin, "não se pode deixar o cão dar banho num bebê, por exemplo, por mais engraçado que seja, porque cães não dão banho em bebês em nenhuma circunstância concebível". Lee parece ter levado ao pé da letra esse conselho.

Além de críticas elogiosas aos seus filmes, o *New York Times* publicou pelo menos duas outras reportagens sobre Strongheart — uma, de autoria do próprio Trimble, sobre o seu treinamento, outra em que o próprio cão ia à sala de imprensa para ser "entrevistado". O jornal não via Strongheart como uma novidade, mas como um importante novo personagem do cinema. "Ele tem uma bela cabeça e uma inteligência inquieta que se expressa por meio de diferentes olhares", explicava a reportagem. Outro autor o descreveu como "a essência da tragédia".

Depois de fazer seis filmes — todos grandes sucessos —, Strongheart caiu sobre uma lâmpada num estúdio. A queimadura na pata gerou um tumor e, em 1929, ele morreu. Para todos os efeitos, hoje ele está esquecido. Todos os seus filmes, salvo *The Return of Boston Blackie*, se perderam. Como a maioria dos filmes mudos, tiveram tratamento inadequado, foram retalhados para reutilização em outras montagens ou foram simplesmente deixados a apodrecer em suas latas por estúdios há muito desaparecidos.

O que ficou da fama de Strongheart é uma marca de alimentos para cães que ainda traz o seu nome, e dois livros, *Letters to Strongheart* e *Kinship with All Life*, escritos por J. Allen Boone, um amigo de Trimble e Murfin. Boone, correspondente do *Washington Post*, produtor ocasional de filmes e primo distante de Daniel Boone, desenvolveu uma teoria unificada sobre humanos e animais que chamou de Totalidade. Durante certo tempo, cultivou uma amizade com uma mosca doméstica que chamava de Freddie, com quem falava "sem recriminações, da maneira devida a outro ser vivo"; Freddie retribuía visitando Boone em seu espelho de barbear toda manhã, às 7 horas, atendendo ao seu chamado e deixando que a mimasse.

Boone cuidou de Strongheart durante um ano, enquanto Murfin e Trimble cuidavam de negócios em Nova York. A princípio ele relutara. "A dificuldade foi o próprio Strongheart", escreveu Boone. "Ele era excessivamente misterioso, independente e capaz." Com o tempo, Boone se sentiu aceito por Strongheart. O relacionamento entre eles se aprofundou. Strongheart dormia todas as noites na cama de Boone, que passou a acreditar que Strongheart estava lá para lhe ensinar "novos significados de felicidade (...) de devoção (...) de honra (...) de individualidade (...) de lealdade (...) de sinceridade (...) de amor (...) de vida (...) de Deus". Quando Strongheart morreu — ou "desapareceu da cena terrena e do campo humano de visão" —, Boone começou a escrever-lhe cartas. Ele as endereçava "A Strongheart/Praça da Eternidade/O Além", e as usava para dizer a Strongheart "coisas sobre nós que vão em meu coração e em minha mente, demasiado íntimas e profundas para serem ditas à maior parte dos humanos".

Boone se irritava toda vez que alguém se referia a Strongheart como "morto". Ele apenas "mudara de mundo", explicava. "Olhando daqui, eu quero lhe dizer uma vez mais porque insisto que você não *foi*, você *é* um grande cão (...) a crença comum coloca você no rol dos 'cães mortos' e eu, no dos 'humanos vivos'. Está bem, vamos ver." Todas as cartas terminavam com a confiante mensagem de despedida: "Até breve." Para Boone, Strongheart era mais do que um cão e mais do que um ator: era um ser transformacional. "Ele livrou milhões de homens, mulheres e crianças de padrões de comportamento enfadonhos e insatisfatórios", escreveu. "Ele os afastava temporariamente de seus conflitos e insatisfações. (...). Ele tinha o que as pessoas queriam, o que elas precisavam. Eu duvido que alguém jamais tenha se sentido descontente ou insatisfeito depois de vê-lo". Seriam as pessoas fascinadas por Strongheart por ele ser bem-treinado e bom ator? Não, dizia Boone, tratava-se de algo muito mais prodigioso. "As pessoas olhavam através daquela transparência sobre quatro patas e viam um universo muito melhor do que aqueles em que viviam".

As crenças de Boone eram extremadas, mas alguma coisa havia naqueles filmes que os levaram às alturas. *The Return of Boston Blackie*, o último filme de Strongheart, foi rodado em 1927. É a história de Boston Blackie, um sujeito mau que sai da prisão decidido a se tornar um homem bom. Seus antigos camaradas de crime o pressionam a aprontar mais uma, mas seu cão, Strongheart, é o guardião moral que o ajuda a permanecer na trilha do bem. Aqui é Blackie — não o cão — que se divide entre dois mundos — seu lado mau e criminoso e seu lado dócil e regenerado; o cão é incondicionalmente bom. Como muitos filmes mudos, *The Return of Boston Blackie* é por vezes demasiado amplo e esquemático, mas não lhe faltam ritmo e fascínio. Strongheart é um cão grande e belo, de movimentos econômicos e expressão atenciosa e preocupada, carismático e peremptório ao rosnar para Denver Dan, ao perseguir Necklace Nellie, ao escapar de uma armadilha e ao saltar de um avião. Nesses momentos — diria J. Allen Boone — é como se ele nunca tivesse partido deste mundo.

5

Não faz muito tempo, fui apresentada a Willie e Louise Benitez, casal que mora na antiga casa de Murfin em Hollywood Hills, com telhado vermelho, lucarnas e um pequeno pátio que desce em patamares até a rua. É um lugar atraente, quase mágico, à sombra de um emaranhado de jacarandás; Beauty, a cadela da família, dormitava numa área ensolarada do pátio quando cheguei.

Nenhum dos Benitez jamais ouvira falar de Strongheart antes de comprar o imóvel. Quando se mudaram, vizinhos lhes disseram que a casa pertencera a Rin Tin Tin, mas, quando foram pesquisar, descobriram o erro: a casa era ligada a Strongheart. Desde então, eles têm tentado reunir a maior quantidade possível de *memorabilia* de Strongheart, apesar do pouco que há para ser encontrado. Louise mostrou-me o que conseguiu apurar: alguns recortes e fotografias de jornal, uma foto de Strongheart com vários coalas sentados em seu dorso, tirada na Austrália num santuário animal, e um exemplar da *Screen Almanac* com uma foto de Strongheart e Lady Jule na suíte matrimonial do hotel Manhattan.

Eu tinha a impressão de que Murfin morava numa mansão. Roteirista de sucesso, depois de divorciar-se de Trimble ela se casou com um ator famoso, Donald Crisp. Era uma mulher de posses. Todas as descrições da sua casa a faziam parecer muito maior do que a casinha de estuque dos Benitez. Eu não sabia como perguntar a respeito dessa discrepância sem ser deselegante. Aí lembrei que Trimble dissera numa entrevista que a casa de Murfin ficava na Ivarene, a uma quadra de distância da casa dos Benitez. Eu mencionei o fato a Louise. Ela ficou um momento me olhando e logo desatou a rir. "Essa não era a casa de Murfin!", exclamou. "Essa era a casa do cachorro! Esta era a casa de Strongheart! A casa de Murfin ficava no alto do morro!"

Então, ela pegou uma foto de uma elegante casa branca com acesso independente para automóveis e uma imponente porta principal, plantada no alto do morro sem nenhuma outra residência à vista. O vizinho mais próximo de Murfin, fora do campo de visão, era Roy Rogers. A foto deve ter sido tirada durante uma festa, pois a casa estava toda iluminada e havia muitos Fords Modelo A e Chrysler Maxwells estacionados ao longo da rua. A propriedade de Murfin se estendia morro abaixo até a casinha dos Benitez. A mansão já não existe, substituída por outra construção, mas a casa do cachorro — tão imponente quanto poderia ser uma casa de cachorro — permanece. Quando eu estava de saída, Louise me disse que gostaria de escrever um livro infantil sobre a sua inusitada situação e que pensava intitulá-lo *Eu Moro na Casa do Cachorro.*

6 🐾

Por que os animais eram tão populares no cinema, especialmente no início da sua história? Em parte, por uma questão de conveniência: eles estavam sempre disponíveis, não precisavam ser pagos e podiam ser facilmente dirigidos e manipulados. Além disso, as pessoas gostam de animais, têm prazer em observá-los e se sentem menos constrangidas com eles do que com seres humanos — a alteridade dos animais faz deles presenças agradáveis.

Como escreveu o crítico John Berger em seu ensaio "Por que Olhamos para os Animais?", o advento do cinema não apenas ajustou-se à nossa modernidade como foi fator importante nesse sentido. O cinema desafiou uma aparente inviolabilidade: a natureza irreversível do tempo, a impossibilidade de recuperar o momento. Ninguém achava que um filme era a vida real nem que o tempo fosse de fato reversível, mas a temporalidade diáfana, quase atemporal do cinema e seu poder de criar algo que parecia conter um pedaço refratado da realidade — ambos muito fortes até hoje, por mais que a ele estejamos habituados — eram incrivelmente poderosos quando as pessoas começaram a viver essa experiência. Mais do que a maioria dos avanços modernos, o cinema nos apartou do mundo natural com suas regras inalteráveis.

A invenção do cinema veio num momento em que os animais estavam começando a deixar de ter um papel central na civilização; desse momento em diante, eles começaram a se tornar românticos — uma doce lembrança de outra época, consolação dos custos da modernidade. A capacidade de se emocionar com os animais passou a ser sinal de humanidade a partir do momento em que os humanos começaram a se separar deles, e assim segue até hoje. No filme de ficção científica *Blade Runner, o Caçador de Androides*, a única maneira de distinguir um autêntico ser humano de um "replicante" é medir a reação do indivíduo à descrição do sofrimento animal: um humano sente tristeza e desconforto; um replicante não sente nada. Os filmes sobre animais juntaram esses dois extremos — o novo mundo artificial que o cinema simbolizava e era capaz de invocar e controlar, e o mundo perdido da nossa vida ao lado dos animais.

A ironia é que as pessoas começaram a ver os animais de modo diferente à medida que se tornavam mais parecidas com eles. Atraídas como limalha de ferro pelo magnetismo das cidades, seus empregos e sua "vida moderna", torrentes humanas começaram a deixar as fazendas e os campos no começo do século 20. Em 1920, pela primeira vez na história a maioria dos norte-americanos vivia nas cidades — apartada de suas famílias, acotovelada em cortiços que mais pareciam currais e vivendo de empregos fabris tão enfadonhos e despersonalizantes quanto os trabalhos até então reservados aos animais. Lee, por exemplo, reagia à "moderna vida urbana" como um cão confinado numa jaula. As pessoas começaram a desejar animais porque eles lhes lembravam uma época menos áspera — ou, quem sabe, porque elas agora tinham uma visão mais clara de suas próprias vidas.

7

Rin Tin Tin entrou para o mundo encantado do cinema com uma naturalidade impressionante. Percebendo o seu magnetismo, Charley Jones usou-o em vários outros filmes curtos para a Novagraph em 1921, em papéis que lhe exigiram proezas, como montar um cavalo saltador, andar de esqui e saltar de um píer de 9 metros de altura. Até Lee entrou na dança, treinando com um saco de pancada ao lado do pugilista peso-leve Leach Cross, papel que lhe rendeu 250 dólares.

Nesse mesmo ano, Lee casou-se com uma rica socialite americana chamada Charlotte Anderson, proprietária de um belo haras e de um campeão chamado Nobleman. Muito provavelmente, eles se conheceram numa exposição de cães ou de cavalos — seus mundos não poderiam se tocar de outra maneira. Um casamento curioso: Lee era bonito e geralmente descrito como um cara simpático, mas quando conheceu Anderson ainda morava com a mãe e passava o tempo todo grudado no cachorro. É difícil imaginá-lo como um partido atraente para uma mulher como Anderson, divorciada, sofisticada e mundana, e algo mais velha do que ele. Ainda mais difícil é imaginar a vida afetiva de Lee — afinal, nem o romance nem Anderson mereceram sequer uma menção em seus cadernos.

Todas as energias de Lee, antes e depois do casamento, estavam focadas em seu cão, e o esforço estava prestes a ser recompensado. Quando não estava adestrando Rinty — trabalho que lhe demandava quatro horas diárias —, Lee o levava à "Poverty Row", em Hollywood, onde ficavam os estúdios. Subia e descia a rua, batendo de porta em porta na expectativa de que alguém se interessasse em usar Rinty num filme. Não era, porém, algo tão implausível quanto possa parecer: em 1922 o cinema era um negócio quase caseiro e os figurantes, muitas vezes, pescados entre a multidão que se reunia nas portas dos estúdios. Além do mais, desde a espetacular e lucrativa aparição de Strongheart em *The Silent Call*, em 1921, pastores-alemães eram quase tão procurados quanto lourinhas iniciantes. Não é improvável que Lee tenha topado, em sua romaria, com outros jovens e aflitos treinadores de pastores-alemães.

De início, Lee não conseguiu nada. "Disseram-me que não estavam interessados no meu cão nem no meu roteiro", escreveu sobre a sua visita a um dos estúdios. "Para eles, eu não passava de mais um treinador com seu cão." De repente, surgiu a chance: um pequeno papel para Rinty num melodrama intitulado *The Man from Hell's River*. Rinty — que não aparece nos créditos, mas é mencionado na revista *Variety* como "Rin Tan" — faz o papel de um cão de trenó pertencente a um policial montado canadense.

Infelizmente, tal como sucedido a 17 dos 23 filmes mudos de Rin Tin Tin, nenhuma cópia de *Man from Hell's River* sobreviveu. Tudo o que temos é a "lista de tomadas" que serviu de guia para a edição do filme. Algumas partes mais parecem um poema em louvor ao cinema mudo:

Tomada longa cão no cepo da árvore
Tomada longa lobo
Tomada longa campina
Tomada longa cão corre e sai
Tomada longa cervo
Tomada longa cão
Tomada média menina
Closeup macaquinho

E no final:

Tomada med cão e filhotes
Closeup med mais filhotes
Tomada med pessoas e cães

Dois meses depois de sua estreia, Rinty apareceu em outro filme, um "snow" corriqueiro intitulado *My Dad.* Foi também um pequeno papel, mas que marcou um passo significativo: pela primeira vez, apareceu nos créditos:

Rin Tin Tin .... Como ele mesmo

Em suas perambulações pela Poverty Row, Lee acabou batendo na porta da Warner Bros. — com que aspiração exatamente não se sabe e não há registro que o diga. Um dos menores estúdios de Hollywood, a Warner Bros. fora fundada pelos quatro irmãos Warner, oriundos de New Castle, Pensilvânia, e funcionava num armazém mal-acabado da Sunset Boulevard. No dia em que Lee bateu à sua porta, Harry Warner estava dirigindo uma cena com um lobo. O animal, cedido pelo zoológico de Los Angeles, não estava se saindo a contento. A versão de Lee do que se seguiu é outra fábula hollywoodiana: ele gostava de dizer que convenceu Warner a dar uma chance a Rinty enlameando o seu pelo para fazê-lo parecer um lobo. Rinty se saiu brilhantemente, dando início a um relacionamento de oito anos com a Warner Bros. Como quer que tenha acontecido — é bem possível que não exatamente como descrito por Lee —, Harry Warner não apenas gostou do que viu no cão como concordou em dar uma olhada no roteiro de *Where the North Begins*. Em trinta dias, daria uma posição sobre um e outro.

Enquanto aguardava a resposta da Warner, Lee conseguiu outro pequeno papel para Rinty num filme dirigido por William Desmond. As filmagens duraram dez dias. Quando terminaram, Lee recebeu uma carta da Warner com a resposta que ele nem ousara imaginar: o estúdio queria comprar seu roteiro para *Where the North Begins* e filmá-lo com Rin Tin Tin no papel principal.

Lee ficou tão empolgado que mal se deu conta de quanto iria ganhar — embora estivesse disposto a aceitar qualquer oferta. A produção de *Where the North Begins* começou quase imediatamente, sob a direção do consagrado cineasta Chester Franklin. Claire Adams, Walter McGrail e

Pat Hartigan — esteios do cinema mudo — contracenaram com Rinty. O filme, rodado em High Sierras, seguiu quase ao pé da letra o roteiro original de Lee. "Nem parecia trabalho", escreveu ele. "Rinty delirava de contentamento na floresta e na neve." Por vezes delirou em excesso, caçando raposas por entre as dunas de neve e em certo momento atacando um porco-espinho, que fez de seu focinho um alfineteiro. Lee ficou orgulhoso do desempenho de seu cão, que incluiu um salto de 3,65m — 7cm mais que o salto vencedor na exposição de Los Angeles — e cenas em que teve de se ver com lobos. "Rinty adorava uma briga, fosse com gente ou animais", escreveu Lee, referindo-se obliquamente ao seu notório pavio curto. Ao menos nas cenas de luta, tanto Rinty como os lobos usavam focinheiras leves para que nenhum deles se ferisse.

O filme estreou num pequeno cinema de Glendale, a poucas quadras do lugar onde Lee havia morado com a mãe e a irmã. No fim da sessão, o público aplaudiu durante minutos que lhe pareceram horas. Apavorado, ele subiu ao palco com Rinty. Toda a vida, sempre que precisava falar em público Lee sentia um pânico paralisante que mal lhe deixava abrir a boca. Mas com Rin Tin Tin ao seu lado a voz não lhe faltou. "Eu sentia que estavam todos olhando para *ele*, não para mim", explicou. Lee estava lá somente para servir ao cão e explicá-lo ao público, papel que desempenharia nos 38 anos seguintes.

Para divulgar o filme, a Warner Bros. distribuiu aos donos de salas de cinema material promocional em forma de folhetos, peças publicitárias e reportagens para publicação em jornais locais, destinadas a tornar a filmagem quase tão dramática quanto o próprio filme:

LOBOS FAMINTOS CERCAM O ACAMPAMENTO

Atores em Pânico com seus Uivos

FILMAGENS SOB GRANDE RISCO DE VIDA

O FILME NÃO É UM MAR DE ROSAS

O Diretor Chester Franklin Conta a Sinistra História de uma Nevasca

Outras sugestões eram menos dramáticas. Um artigo sobre a paixão da atriz Claire Adams por roupas intitulava-se "O Guarda-roupa Canadense de A a Z". As peças publicitárias, a que o pessoal de marketing do estúdio se referia como "apelação", sugeriam aos donos de cinemas coisas como: colocar nos saguões "caixas com filhotes ou ninhadas — certeza de casa cheia"; colocar avisos em escritórios de recrutamento militar com os dizeres "*WHERE THE NORTH BEGINS* NO CINEMA — *um ousado e sangrento filme de AVENTURA. A sua aventura começará quando você entrar para o Corpo de Fuzileiros Navais e sair para conhecer o mundo*"; ou, como propunha uma peça intitulada "Parando as pessoas na rua": "Ponha gente nas ruas de maior circulação da cidade a perguntar aos pedestres: '*Where Does the North Begin*?'; depois da resposta, o entrevistador explica: começa no cinema do seu bairro".

"Um filme espetacular, para quase todos os públicos", declarou a *Variety* quando *Where the North Begins* foi lançado em todo o país. "Um filme cheio de heroísmo à moda antiga, cujo principal personagem é um cão ator, 'Rin Tin Tin' (...) há um herói e uma heroína convencionais, mas Rin Tin Tin é o espetáculo. Em inúmeros closes, o cão prende totalmente a atenção do público com suas incríveis expressões faciais." E conclui: "O cão, aliás, é um policial e um grande ator." Outra crítica elogiava os olhos de Rin Tin Tin, dizendo que eles transmitiam algo de "trágico, ardente e triste (...) padrões de nobreza e lealdade inencontráveis em humanos".

O *New York Times* foi um tanto ambíguo, comparando Rin Tin Tin a Strongheart, o pastor campeão da época: "Rin Tin Tin tem olhos e orelhas esplêndidos, mas suas lutas não chegam a impressionar: são como pantomimas perto das cenas realistas de Strongheart." A matéria da *Motion Picture Magazine*, "O Rival de Strongheart", foi mais auspiciosa: "Rin Tin Tin agora disputa com Strongheart a primazia do celuloide canino."

De acordo com a *Variety*, o filme pegou "como fogo no mato", com uma bilheteria de 352 mil dólares — na época, um sucesso estrondoso. Ainda assim, não chegou ao nível de *The Silent Call*, de Strongheart, que batera todos os recordes de público em Los Angeles, exibido em oito sessões diárias durante 13 semanas.

8

Strongheart ditava o ritmo, mas Rin Tin Tin, depois de estrelar um único filme, já era uma celebridade. Foi tudo muito rápido. Pouco depois do lançamento de *Where the North Begins*, milhares de cartas de fãs de Rin Tin Tin passaram a chegar semanalmente à Warner Bros. O filme era exibido em todo o país e — como acontecia com todas as produções populares — a maioria dos cinemas só o manteria em cartaz enquanto houvesse público. Um filme como *Where the North Begins* podia ficar meses em cartaz, com várias sessões diárias. Os fãs mais fervorosos o viam repetidamente. O cinema era uma forma tão nova de entretenimento — não havia TV — que um filme de sucesso era um grande espetáculo, um acontecimento nacional ao qual todos queriam assistir.

Inspirados por Strongheart e, agora, Rin Tin Tin, os pastores-alemães tomaram Hollywood de assalto. Wolfheart e Braveheart; Wolfgang e Duke; Fang, Fangs, Flash e Flame; Thunder, Lightning, Lightnin' e Lightnin' Girl; Ace the Wonder Dog, Captain the King of Dogs e Kazan the Dog Marvel; Rex, Pearl, Thorne e Saccha; Silver Wolf, Silver Streak, Silver King e King; Fearless, Leader, Tarzan e Napoleon; Champion, Dynamite, Klondike e Lobo; Zoro, Ranger, Smoke e Smokey; White Fawn, Grey Shadow, Zandra e Cyclone; Grief, Chinook e Peter the Great. Mais de cinquenta cães trabalharam em Hollywood durante esse período, figuras heroicas de filmes que, tal como eles, em sua maioria estão hoje perdidos ou esquecidos: *A Flame in the Sky*, *Courage of the North*, *The Silent Code*, *Avenging Fangs*, *Fangs of Destiny*, *Wild Justice*.

E se os cães desses filmes eram sempre heróis, os da vida real também desfrutavam o seu momento, virando notícia com grandes realizações. Em 1925, por exemplo, um cão de trenó chamado Balto conduziu uma equipe portadora de soro antidiftérico até Nome, Alasca, salvando a cidade de uma epidemia; a matilha foi celebrada em todo o mundo. Três anos depois, o abnegado serviço prestado pelos cães à humanidade voltou a ser celebrado quando Buddy, o primeiro cão-guia do país, começou a conduzir uma cega chamada Morris Frank.

Os cães eram os heróis perfeitos: incognoscíveis, mas acessíveis; impetuosos, mas altruístas; fortes, mas trágicos em sua mudez e vulnerabilidade.

Os humanos também representavam heróis nos filmes, mas menos fáceis de admirar porque demasiado particulares — demasiado parecidos conosco, demasiado diferentes de nós ou demasiado parecidos com alguém que conhecemos. Os cães parecem compreender os humanos e se preocupar com eles, apesar de não serem humanos; talvez sejam até melhores nisso devido a essa diferença. Eles são solidários, mas não competitivos. Em sua bravura não há nada que nos ameace, nenhuma demanda de reciprocidade. Como bem sabia Lee, um cão pode proporcionar completude a um humano sem nenhuma expectativa de retorno.

Mesmo em meio a essa multidão de pastores-alemães, Rin Tin Tin se destacava. Foi elogiado por ninguém menos que o cineasta Sergei Eisenstein, que posou ao seu lado numa foto, e o poeta Carl Sandberg, que fazia crítica de cinema para o *Daily News* de Chicago: "Esse belo animal tem, em todos os seus movimentos, uma expressividade tão forte que faz dele o maior mímico das telas", escreveu ele, acrescentando que Rinty era "fenomenal" e "assustadoramente inteligente". A Warner Bros. recebeu 50 mil pedidos de fotos de Rinty, que iam assinadas com a marca da sua pata e a mensagem, escrita com a letra araneiforme de Lee: "Fielmente, Rin Tin Tin".

Rin Tin Tin desde o começo foi admirado como ator, mas nunca deixou de ser visto como um cachorro de verdade — mais exatamente um modelo genético: todos queriam uma amostra sua. Logo que Nanette começou a dar filhotes, Lee passou a distribuí-los para alguns dos fãs mais célebres de Rin Tin Tin. Greta Garbo e Jean Harlow tinham, cada uma, um filhote, assim como W. K. Kellogg, o magnata do cereal, e vários diretores e astros de cinema. (O presidente Herbert Hoover não tinha um descendente direto, mas tinha um pastor-alemão.) Alguns filhotes foram para bem longe. O governo japonês ficou tão impressionado com Rin Tin Tin que mandou o seu cônsul na Califórnia comprar todos os filhotes que pudesse e embarcá-los para o Japão para serem criados e reproduzidos.

A Warner Bros. estava, é claro, encantada com o sucesso de Rin Tin Tin. Até Jack Warner, o mais jovem dos irmãos, que ficara desconfiado com os astros animais depois de ter sido mordido por um macaco ator, apreciava o que Rin Tin Tin vinha fazendo pelo estúdio. Warner disse a um repórter que os primeiros retornos de bilheteria haviam sido inacreditáveis e o que estúdio queria "faturar" enquanto Rin Tin Tin estava "quente".

Antes de dar início à produção de *Procura teu Dono*, segundo filme de Rin Tin Tin, o estúdio mandou Lee e o cão numa turnê promocional de quatro meses pelo país. Apareciam em hospitais, escolas e orfanatos, Lee dava entrevistas e visitavam abrigos de animais. Ao descrever a visita a um abrigo, Lee parecia estar contando a história de sua própria infância por meio de Rin Tin Tin: "Se eu pudesse compreendê-lo, quem sabe teria ouvido Rin Tin Tin contar aos cães menos afortunados [do abrigo] que a mãe fracassara em sua tremenda luta para manter unida a pequena família; ou que ele, como um filhote órfão de guerra, encontrara uma alma gêmea em seu dono e amigo, também um meio-órfão." É claro que a mãe de Rin Tin Tin conseguira, contra todas as probabilidades, manter unida a sua pequena família no canil bombardeado; a mãe de Lee é que, pelo menos durante certo tempo, fracassara em sua luta.

À noite, Lee e Rinty iam ao cinema para assistir a *Where the North Begins*. Encerrada a sessão, subiam ao palco, e Lee começava a explicar como treinara Rinty. "Há quem diga que eu devo ter sido muito cruel com Rinty para fazê-lo atuar nos filmes", em especial nas cenas em que ele aparece "se arrastando na poeira, se encolhendo e metendo o rabo entre as pernas", coisas que Rinty fez não apenas em *Where the North Begins*, mas em quase todos os filmes que se seguiram — parece que em todos os seus filmes havia alguma cena em que Rinty era humilhado, castigado ou censurado. Lee demonstrava, então, ao público presente, como adestrara o cão, dizendo ser melhor usar voz baixa "em tom de súplica" do que tentar suborná-lo com comida ou elogios excessivos — técnica que não o agradava. Lee o recompensava deixando-o brincar com a boneca de apito que lhe dera quando ainda era filhote. Em seguida, mostrava algumas habilidades de Rinty — arrastar-se pateticamente de barriga, ficar absolutamente parado durante vários minutos e exibir sua variada gama de expressões de raiva, prazer e medo.

Um escritor chamado Francis Rule, presente a uma dessas apresentações, descreveu-a em detalhes. Disse que Lee começou chamando Rinty ao palco e fingiu censurá-lo por espreguiçar-se, bocejar e deitar pesadamente no chão na frente do público. "Seguiu-se uma das exibições mais interessantes que eu jamais presenciei", escreveu Rule. Durante toda a série de exercícios dramáticos que Lee fez com Rinty, "percebia-se, entre cão e dono, o entendimento mais perfeito que poderia existir entre dois seres vivos. [Duncan] mal o tocou durante toda a apresentação — ficava a dois metros e meio de distância e se limitava a dar comandos. A gente prendia o fôlego só de ver o cão responder, as orelhas sempre erguidas, salvo quando instruído a baixá-las, e os olhos atentamente colados em seu instrutor. Havia um quê de mistério em tudo aquilo".

Em todos os lugares aonde ia, Rinty era tratado como um dignitário. Em Nova York, recebeu do prefeito Jimmy Walker a chave da cidade. Em Portland, Oregon, foi saudado como um "ilustre visitante canino" e recebido na estação ferroviária pelo diretor da escola, pelo chefe de polícia e pelo presidente da Humane Society local; daí saiu numa peregrinação digna de estadista ao túmulo de Bobby the Oregon Wonder Dog, um cão legendário que se diz ter andado de Indiana ao Oregon para se juntar aos seus donos. Segundo o noticiário, na cerimônia "Rin Tin Tin colocou flores no túmulo de Bobby com os próprios dentes e, no minuto de silêncio, pousou a cabeça na cruz marcando o lugar de descanso do cão que deu a vida para dar ao mundo mais um exemplo de devoção e fidelidade aos seus donos". No dia seguinte, no Music Box Theatre, Rinty foi agraciado com o prêmio humanitário e a medalha Abraham Lincoln por serviços prestados à nação.

Rin Tin Tin despertava algo nas pessoas. "Ele tem uma coisa que é exclusiva de poucos atores e atrizes e de nenhum outro cão dos palcos e das telas: o poder de representar realisticamente os sentimentos e as emoções", escreveu um fã a Lee, acrescentando: "Sim, ele é um cão *humano*. Acaso ele não mostrou, em *Where the North Begins*, que é humano — no sentido verdadeiro e grandioso da palavra? Rin Tin Tin não tem igual. Eu já vi um monte de filmes de cachorros. São cachorros de verdade, bons cachorros, mas nenhum deles, só Rin Tin Tin em *Where the North Begins*, me fez sentir que a única diferença entre o homem e o animal é, talvez, o modo de andar."

Outro fã escreveu: "Rin Tin Tin consegue mostrar uma gama de emoções maior do que qualquer outro cão ator do cinema. Ele é capaz de expressar sentimentos tão profundos, humanos e contrastantes quanto confiança e desconfiança, tristeza e alegria, ciúme e amor, ódio e devoção. Junto com a sua maravilhosa capacidade de conquistar a simpatia do público, essas qualidades fazem dele o maior cão ator do cinema atualmente."

A ascensão de Lee fora vertiginosa: do subsolo da Bernal Dyas ao palco do Orpheum Theatre de Chicago, logo à suíte de três cômodos do Copley Plaza Hotel de Boston e, finalmente, ao contrato de três anos com a Warner Bros. Era como se, depois de uma longa noite de sono, tivesse acordado em outra vida. Com seu salário na Warner Bros. e os 60 mil dólares que lhe renderam *Where the North Begins*, Lee criou um fundo fiduciário para sua mãe e renovou-lhe inteiramente a cozinha. Comprou também três lotes de terreno em Beverly Hills, junto ao Los Angeles Country Club, para construir uma casa para Elizabeth, outra para si e um canil para Rin Tin Tin.

Não admira que tenha se tornado alvo de escroques e oportunistas. Em Chicago, foi acusado de assediar uma adolescente — uma canhestra tentativa de chantagem para a qual tinha um sólido álibi: estava reunido com executivos de uma empresa de rações no momento do alegado ataque. O caso foi arquivado, mas o deixou consciente de sua vulnerabilidade. Em Boston, Rinty deu uma mordida na orelha do chihuahua de uma mulher que parara para admirá-lo. Com a ajuda de um advogado local, a mulher inflou seu prejuízo com a inclusão não apenas da conta do veterinário, mas também da reparação do seu casaco, de novas meias de seda e de uma conta de dentista. (Depois de um ano de negociações, a mulher fez um acordo por 25 dólares.) Lee escreveu em seu caderno que estava aprendendo, para o bem e para o mal, o que significava ser famoso.

Em 1924, o estúdio começou a filmar *Procura teu Dono*, dirigido por Malcolm St. Clair e escrito por um "jovem de faces aveludadas que parecia ter acabado de tirar o aparelho dos dentes para poder ir ao baile do colégio", nas palavras de Jack Warner. O jovem era Darryl Zanuck, filho de um jogador profissional com a filha geniosa de um rico hoteleiro de Nebraska, que o abandonaram quando tinha 13 anos. Aos 17, partiu para Hollywood. O primeiro trabalho foi como autor de comerciais para a Yuccatone Hair Restorer. O slogan de Zanuck "Você Nunca Viu um Índio Careca" ajudou a catapultar a Yuccatone — até o dia em que frascos de seu tônico capilar fermentaram e explodiram em 25 farmácias diferentes e a empresa foi para o buraco. Zanuck trocou, então, o trabalho em publicidade por um emprego de escritor de esquetes cômicas para Charlie Chaplin e o diretor de comédias Mack Sennett. Foi por intermédio de Sennett que Zanuck conheceu Mal St. Clair — que dirigira cães em vários de seus filmes. Os dois decidiram se associar e escrever um roteiro arrasador para Rin Tin Tin.

No filme que Zanuck tinha em mente, ambientado na Grande Guerra, Rin Tin Tin era um cão da Cruz Vermelha. O principal personagem humano era Paul Andrews, um veterinário militar desiludido "que descobre que as histórias de 'bem-vindo de volta à pátria' eram pura balela". Concluído o rascunho, Zanuck e St. Clair encenaram o roteiro para Harry Warner, com Zanuck fazendo o papel do cão. Warner adorou. A produção começou quase imediatamente. Anunciado como "O que Há de Melhor em Melodrama" e estrelando "Rin Tin Tin, o Cão Prodígio", o filme veio a ser o que Jack Warner classificou de "foguete de bilheteria".

Apesar de ter sempre reconhecido que Rin Tin Tin foi seu passaporte para a Warner Bros., Zanuck disse mais tarde a jornalistas que detestava o cão e detestava escrever para ele. Mesmo assim, produziu cinco outros roteiros para Rinty, todos filmes de grande sucesso. Aos 25 anos de idade, Zanuck já era diretor do estúdio.

9

Dentre todos os astros caninos do cinema, Peter the Great talvez tenha sido, ao lado de Strongheart, o único pastor-alemão a rivalizar com o sucesso de Rin Tin Tin. Peter foi importado da Alemanha em 1920 por dois irmãos, Edward e Arlis Faust, que, inspirados por Strongheart, passaram meses em busca de um pastor-alemão cinematográfico. Assim como

Lee, também eles queriam chegar a Hollywood. A busca dos irmãos Faust revelou Peter, um talento natural capaz de rastejar como um gato e de, supostamente, subir escadas de mão andando para trás, mas que era mais conhecido pelo que se dizia ser uma inteligência extraordinária. Num livreto curioso e sentimental que escreveu sobre o cão em 1945, a escritora Clara Foglesong qualificou de "sobre-humanas" as aptidões de Peter the Great. "Testes exaustivos demonstraram uma capacidade mental quase inacreditável", disse. "Suas faculdades intelectuais eram não apenas múltiplas como extraordinárias. Ele era prático e exato. Todos os que o conheceram de perto concordaram tratar-se de um gênio sem igual."

Gênio ou não, Peter era um grande ator. Além de estrelar seus próprios filmes, como *The Silent Accuser* e *The Sign of the Claw*, foi dublê de Strongheart e de outro pastor-alemão chamado Thunder em cenas que esses não foram capazes de fazer. O *Los Angeles Times* disse que Peter era "tão arrebatador que os atores humanos deviam estar com inveja de seu talento". Segundo Foglesong, Peter era também um guardião da Lei Seca. "Se havia uma coisa que o desagradava particularmente era ver seus donos tomando bebida alcoólica", escreveu ela. "Seu único interesse era garantir que nem Edward nem Arlis se aproximassem da bebida."

Houve, porém, pelo menos uma ocasião em que Peter the Great fracassou nessa tarefa — com trágicos resultados. Nesse dia, um certo Sr. Richardson e sua esposa foram visitar Edward Faust. A Sra. Richardson insistiu em acariciar Peter, apesar de ele tê-la estranhado e rosnar para ela. Os Richardson discutiram por causa do cachorro, e a mulher, num repente, foi embora. Faust e Richardson começaram a beber. Outro amigo chegou e, depois de mais alguns drinques, os três decidiram ir atrás da Sra. Richardson. Com Peter no banco de trás, saíram de carro até a casa de Fred Cyriacks, um rico corretor imobiliário de North Hollywood, achando que a Sra. Richardson talvez estivesse com ele. Segundo o testemunho de Faust, tocaram a campainha e Cyriacks atendeu. Richardson perguntou pela esposa. Encarando-o sem dizer nada, Cyriacks deu um soco na cara de Faust. Ato contínuo, mandou seu cachorro, também um pastor-alemão, atacá-los e pegou uma Winchester .30. Ao ver o cão e a arma, Faust e Richardson saíram correndo para o carro e deram a partida. Cyriacks disparou contra o veículo, atingindo o estepe, o chapéu do terceiro homem e Peter the Great. O cão morreu no hospital três dias depois, segundo se conta, com as patas nas mãos de Edward Faust.

Faust moveu contra Cyriacks uma ação no valor de 100 mil dólares — sua estimativa do valor de Peter —, mais 25 mil por danos adicionais. Faust ganhou a ação, com diretores e produtores atestando o valor do cão. A compensação de 125 mil dólares foi, na época, uma das mais altas da história. Cyriacks apelou contra o valor fixado, afirmando que o cão valia apenas 250 dólares. A corte de apelação deu ganho de causa a Cyriacks dizendo que o valor da compensação estava "baseado em especulações fantasiosas". Faust fez acordo por uma quantia não revelada — com certeza uma magra compensação por um cão que, nas palavras de Foglesong, era "dotado de coragem sem vaidade, força sem selvageria e ternura sem falsidade".

10

Ninguém queria perder um filme de Rin Tin Tin. *O Farol da Ponta do Mar*, escrito por Zanuck e lançado em 1924, é a história de um faroleiro cego e sua graciosa filha. (O Instituto Norte-americano de Cinema registra o filme com as palavras-chave: relações filiais; cegueira; contrabando de bebida alcoólica; faróis; naufrágios; Maine; cães.) A Warner Bros. promoveu sessões para cegos, com um narrador no palco descrevendo a ação e lendo os intertítulos: "Ele é tão durão que em vez de biscoitos eu lhe dou tampas de bueiro para comer!"; "Esse cachorro enfrenta até um crocodilo — pode acreditar!" e "Eu achei que você tinha dito que essa incubadora de pulgas era capaz de voar!".

Os filmes de Rinty eram tão lucrativos que a Warner Bros. pagava a ele quase oito vezes o salário de seus atores — e saía barato. "O cão é uma mina de ouro", disse Jack Warner a um repórter. Nos corredores da Warner Bros., ele era chamado de "levantador de hipotecas": toda vez que o estúdio enfrentava dificuldades financeiras, a bilheteria de um filme de Rin Tin Tin punha as coisas nos eixos. Lee, o responsável pelo

Midas canino, tinha vários privilégios no estúdio: carro com motorista para trazê-lo e levá-lo diariamente e escritório próprio no complexo da Warner Bros., onde cuidava da correspondência dos fãs e das lembrancinhas que chegavam o tempo todo para Rin Tin Tin.

A súbita riqueza o deslumbrou. Ele nunca imaginara essa parte da equação: sempre lhe bastara a satisfação de fazer de Rin Tin Tin um astro. Em seus oito anos de Warner Bros., Lee ganhou o equivalente a 5 milhões de dólares. Passou, então, a comprar roupas e carros extravagantes. Mandou fazer cópias de seus amuletos Nanette e Rin Tin Tin em ouro puro, além de um par em ouro maciço e esmalte cloasonado, que levava consigo o tempo todo. Começou, também, a construir nos lotes de terreno que comprara em Beverly Hills. Mesmo não sendo a rua mais cara de Beverly Hills, a Club View Drive é importante e próspera, um símbolo de sucesso. A casa que Lee construiu já não existe e é difícil saber algo mais sobre ela porque ele nunca a descreveu — em seu caderno fala apenas do canil que mandou erguer para os seus cachorros.

Depois de terminar a casa e o canil, construiu uma casa ao lado para a mãe. Em seguida, comprou outra em North Hollywood para a irmã, Marjorie. Seu maior esbanjamento foi uma casa de praia num loteamento fechado de Malibu, onde tinha como vizinhos astros e estrelas de Hollywood. Parte do dinheiro ele investiu, parte deixou no banco. O jovem soldado de pernas compridas ficara para trás, mas Lee ainda era aprumado como um tenista. Com seu cabelo grisalho penteado para trás, o malar proeminente, o nariz incisivo e o recém-descoberto apreço por roupas vistosas, parecia perfeitamente à vontade em Hollywood. Apesar de casado, a essa altura, com Charlotte Anderson, ele mal a menciona em seus cadernos, onde só escreveu sobre a vida nos estúdios e suas turnês publicitárias com Rin Tin Tin.

Por mais que gastasse, o dinheiro continuava a entrar. A Ken-L-Ration, primeira comida canina enlatada para venda a varejo, foi lançada pela Chappel Bros. em 1923. Phillip Chappel estava tão desesperado para ter Rin Tin Tin como garoto-propaganda que, sob as vistas de Lee, abriu uma lata do seu produto e comeu-o todinho para demonstrar o quão palatável era. Lee se convenceu. Rinty começou a aparecer em anúncios das marcas Ken-L-Ration, Ken-L-Biskit e Pup-E-Crumbles, todas da

Chappel Bros., sob o *slogan* "Minha Comida Favorita. Fielmente, Rin Tin Tin". Foi o primeiro de muitos contratos de publicidade que fizeram de Lee um homem ainda mais rico.

Os talentos atléticos de Rin Tin Tin o levaram às telas do cinema, mas foram as suas atuações que o transformaram num astro. "Rin Tin Tin, como sempre, é muito eficaz como ator canino", escreveu a *Variety* sobre o filme *Perdido nas Regiões Geladas*, de 1925. "Os humanos do elenco têm muito pouco a fazer." Em *O Grito da Noite*, de 1926, Rin Tin Tin teve uma de suas mais admiradas atuações. No filme, ele pertence a um jovem criador de ovelhas chamado John Martin. Alguns cordeiros de sítios vizinhos aparecem mortos e as suspeitas recaem sobre Rinty. Os demais fazendeiros exigem que Martin o sacrifique.

A essa altura, Rinty já está a quilômetros de distância perseguindo o verdadeiro assassino — um condor gigante (representado pelo único espécime existente em cativeiro naquela época, um enorme pássaro corcunda e de olhos gelados chamado Bozo). Ferido na caçada ao condor, Rinty retorna ao sítio, trôpego. Ao entrar na casa de Martin, encara a família com a impetuosidade humilde e hesitante característica dos cães, uma expressão de orgulho por ter afugentado o condor e a certeza de que Martin irá cuidar dele e tratar suas feridas. Martin, porém, em casa com a esposa e a filha pequena, crispa-se à vista de Rinty. Por um momento, nada acontece; ninguém se move. Percebe-se, no entanto, sutis alterações nas expressões de Martin e Rinty. O fazendeiro parece hesitar entre o amor pelo cão ferido e as obrigações para com a comunidade; entre a perplexa suspeita de que seu cão é um matador de ovelhas e a recusa em acreditar na deslealdade do fiel companheiro. Rin Tin Tin se aproxima de seu dono arrastando as patas, mas trazendo no coração sentimentos conflitantes — amor pelo dono, súplica, confusão com a incompreensível rejeição e, finalmente, sensação de derrota. Pode parecer absurdo dizer que Rin Tin Tin era um bom ator, mas é difícil negá-lo depois de ver essa cena.

As proezas atléticas de Rin Tin Tin eram quase prodigiosas. Em seus vários filmes ele roeu portas de madeira, desatou nós, subiu em árvores, saltou sobre abismos, salvou uma pessoa de afogamento lançando-lhe um salva-vidas, alimentou uma ovelha com mamadeira, usou uma mecha para reacender a luz de um farol, chapinhou na água durante pelo menos dez minutos, pressionou a alavanca de um telefone público para soltar o fone e pedir ajuda com latidos e enfrentou um número incontável de lobos e vilões, em terra e na água. Rompeu, também, dezenas de vidraças — feitas de açúcar, na verdade —, cujos cacos comia depois de filmadas as cenas. Às vezes as suas proezas eram excessivas para o gosto dos críticos. Em *Tracked by the Police*, de 1927, Rin Tin Tin opera um guindaste para resgatar sua companheira e detém uma inundação acionando as comportas de uma represa. O *New York Times* protestou: "Saber quais alavancas fechavam as comportas é uma façanha um tanto excessiva para qualquer animal."

São filmes melodramáticos para os padrões contemporâneos — com sucessões de situações urgentes e enredos óbvios como a luz do dia. Mas nem por isso deixam de prender nossa atenção. É quase como assistir a uma coreografia em câmera lenta: as ações e reações são ritmicamente atadas e desatadas de modo igualmente elegante. O que parece mais obsoleto é o modo como Rin Tin Tin aparece na história: sem ironia, ele é tratado como igual; não é mascote, não é animal utilitário, mas um personagem pleno, com linha narrativa própria. Talvez o que marque esses filmes como relíquias de uma época há muito encerrada seja a sua sinceridade, a coragem de imaginar um cão levando a melhor sobre dez bandidos ao som de Dvorak e Tchaikovski misturado com 32 compassos de "What Do You Mean, You Lost Your Dog?".*

Nesses filmes mudos, Rin Tin Tin era sempre o herói. E por isso se deparava o tempo todo com os dilemas da jornada do herói. Era testado com falsas acusações, com dúvidas sobre sua capacidade e com a desconfiança em sua lealdade. Vários filmes, como *Where the North Begins*, *The Night Cry* e *Colisão de Feras*, revisitam a história do príncipe Llewellyn, a favorita de Lee, mas não terminam com a morte do cão. Ao contrário, Rinty sempre prevalece sobre os malfeitores, reafirmando seus talentos e sua lealdade; é reconhecido e redimido pela força do seu caráter.

---

* Canção de Edward Meeker, de 1914. (N.T.)

O herói que é questionado e se mostra capaz de reagir é mais convincente do que aquele que é poderoso, mas nunca foi colocado em dúvida. A guerra deixara isso ainda mais claro. Embora muitos homens tenham se conduzido heroicamente na Primeira Guerra Mundial, outros tantos, como Lee, sofreram com o terror, o pânico das bombas, o entorpecimento e a mera incapacidade de se mostrar tão corajosos quanto imaginavam ser — mas se superaram. Nesses filmes, Rin Tin Tin era exatamente esse último tipo de personagem: um herói feito de fragmentos, vergados alguns, quebrados outros, mas ainda capaz de se aprumar e alçar voo.

Dos seis filmes mudos de Rin Tin Tin que ainda existem, o mais memorável é *Colisão de Feras*, lançado em 1925. Rin Tin Tin faz o papel de um cão-lobo que vive na selva como líder de alcateia. Seu nome é Lobo. O filme começa com a perturbadora cena de um incêndio na floresta, que obriga Lobo e seu bando, Nanette e filhotes incluídos, a deixar sua floresta nativa rumo aos vastos descampados onde sua única fonte de alimento é o gado das fazendas. Os fazendeiros, que odeiam os lobos em geral e Lobo em particular, oferecem uma recompensa de 100 dólares por informações sobre o seu esconderijo. Nesse ínterim, um jovem geólogo chamado Dave chega à cidade. Um invasor de terras que cobiça o minério por ele descoberto (e também sua namorada, Mae) trama contra ele. O pai de Mae, que não gosta de Dave, é o fazendeiro mais determinado a matar Lobo.

Liderados por Lobo, o bando ataca um bezerro, e os fazendeiros lhes dão caça. A perseguição se dá numa velocidade assustadora. Quando parece a ponto de ser esmagado pela cavalhada em tropel, Rin Tin Tin usa a sua fabulosa velocidade e resistência para superá-los. Nessa louca disparada pelo deserto, seu corpo se distende a tal ponto que, não fosse pela poeira levantada ao toque de suas patas no solo, você juraria que ele está voando. Então, ele sobe correndo numa árvore — uma proeza tão impressionante que tive de repassá-la cinco vezes para crer. Cães sobem em árvores? Com certeza. Alguns, pelo menos. E descem também. Em seguida, Rin Tin Tin escala uma colina rochosa e se detém na exígua crista da montanha. O outro lado da garganta está a uma imensa distância. Ele para; gira o corpo; podemos senti-lo avaliando suas opções; então agacha-se e salta. O meio segundo que leva para aterrissar em segurança é longo e tenso. Quando suas patas tocam o chão, ele luta para se manter em pé; no instante seguinte, salta novamente à beira de outro penhasco, bate com força no galho de um cacto e cai no chão — com um espinho cravado na pata.

As cenas são de arrepiar. E deviam ser ainda mais na grande tela de um cinema elegante, com a orquestra tocando a trilha sonora e centenas de pessoas assistindo, eletrizadas. Todavia, a melhor parte do filme é a mais lenta, quando Rin Tin Tin retorna à casa, trôpego, parando a cada poucos passos para lamber a pata ferida. Seu passo é tão claudicante e desesperado que passamos a entender por que Lee sentia necessidade de explicar que aquilo era só encenação. Ao chegar no covil, Rin Tin Tin desaba ao lado de Nanette, em terrível agonia.

Você pensa que os lobos do bando se reúnem para ajudar a tirar o espinho da pata do líder? Sem chance. Numa cena anterior, um dos lobos é ferido e o bando se reúne ao seu redor. Quando a gente pensa que eles vieram em sua ajuda, começa uma agitação e aparece um intertítulo: "A lei do bando. Morte para o lobo ferido." Isso deixa claro que os demais matarão Rin Tin Tin se souberem que ele está ferido. Rinty e Nanette tentam arrancar-lhe o espinho da pata discretamente, mas o bando (representado por uma matilha de pastores-alemães, huskies, coiotes e lobos) percebe que há algo errado. Um deles se aproxima, com uma expressão sinistra, pronto para atacar. Rinty se ergue com dificuldade e rosna. Ambos ficam paralisados. Muito sutilmente, Rinty rosna outra vez, como que dizendo, num sussurro: "Não me interessa o que você acha que sabe sobre mim. Eu ainda sou o líder aqui." O lobo matador refuga.

O resto da trama é uma cadeia de juízos errôneos e traições. Rinty, ainda temendo ser morto pelo bando e causar problemas para Nanette e os filhotes, decide partir para morrer sozinho; seu adeus, trêmulo e cambaleante, é uma obra-prima dramática. Todos os humanos do filme, à exceção de Mae, representada por June Marlowe, têm alguma falha de caráter — cobiça, ingenuidade, preconceito ou estupidez — e se envolvem em trapaças e perfídias. Dave topa com Rinty, que caminha para a morte. Sabedor da recompensa de 100 dólares pela sua cabeça, ele saca a arma, mas, rendendo-se à dor do animal que sofre, decide remover o espinho da sua pata. (O ator Charles Farrell devia ser um homem corajoso. Rinty foi instado a rosnar e morder na cena em que Farrell cuida da sua pata; algumas mordidas, de fato, não parecem de mentirinha.)

A decisão final de Dave de salvar Lobo tem imensas consequências, é claro, porque, no enredo perfeitamente circular do roteiro, Lobo acaba não apenas salvando a vida de Dave, como renunciando aos seus impulsos de lobo assassino para servi-lo como leal cão de guarda.

O filme vai muito além do enfrentamento entre mocinhos e bandidos. Ele aborda questões como o conflito entre o estado selvagem e a domesticação, a diferença entre *ter* e *passar* necessidades e o triunfo do pensamento sutil sobre o unilateral — pois prevalecem os personagens capazes de ignorar regras rígidas e tomar decisões independentes (como é o caso de Dave com Lobo). Mesmo a natureza do lobo não é, no filme, puro mal. O incêndio florestal na cena de abertura estabelece que os lobos tornam-se assassinos de ovelhas não por serem intrinsecamente maus, mas por absoluta falta de opção.

O filme tem a sua cota de tolices — a cena em que Lobo aparece com uma barba postiça para não ser identificado, por exemplo — e um modo de representar que, aos olhos modernos, parece afetado. Ainda assim, *Colisão de Feras* me fez entender por que milhões de pessoas se apaixonaram por Rin Tin Tin e se emocionaram com o seu jeito mudo de encarnar conflitos resultantes do fato elementar de estar vivo.

11

Em meados da década de 1920, o cinema já era uma das maiores indústrias dos Estados Unidos. Quase 100 milhões de ingressos eram vendidas semanalmente a uma população de 115 milhões de habitantes. A Warner Bros. prosperava, em ampla medida, graças a Rin Tin Tin: em 1928, o estúdio valia 16 milhões de dólares; dois anos depois, 200 milhões. Ainda trazia a fama de estúdio sovina e de segunda classe quando comparado à Paramount e à MGM, mas expandia-se e inovava: lançou uma rede de cinemas com orquestras e caprichadas decorações temáticas — Noites da Arábia, Dias no Egito, Beaux Arts em Paris —, e, para culminar, ar-condicionado, coisa rara em edifícios públicos e mais ainda em residências.

Para Lee e Rinty, o ano de 1927 foi bastante movimentado: rodaram quatro filmes seguidos e, nas folgas do cronograma de produção, saíam por aí se apresentando nos palcos. A vida doméstica de Lee mal existia; em meados desse ano, Charlotte Anderson pediu o divórcio, alegando não gostar de Rin Tin Tin, muito menos de competir com ele. Na ação, Charlotte declarou que Lee não a amava, nem aos seus cavalos. "Ele só se importa com Rin Tin Tin", disse ao *Los Angeles Times* numa reportagem sobre o divórcio intitulada "Astro Canino do Cinema Pode Ficar Órfão". A matéria dizia: "Claramente, a companhia de Rin Tin Tin proporciona tanta satisfação a Duncan que ele considera secundária a presença da esposa." Rinty foi citado no processo do divórcio como corréu, papel em geral reservado às amantes.

O divórcio aconteceu no ápice da carreira de Lee. Naquele ano, não apenas Rin Tin Tin foi aclamado como o "artista" mais popular dos Estados Unidos como seus quatro filmes — *A Dog of the Regiment*, *Jaws of Steel*, *Tracked by the Police* e *Hills of Kentucky* — colheram imensas glórias de bilheteria e de crítica. Na primeira premiação da Academia de Cinema, Rinty obteve a maior votação como Melhor Ator. Dado, porém, que a concessão do Oscar a um cão não contribuía para afirmar a seriedade e importância da nova premiação, a Academia recontou os votos e atribuiu o prêmio a Emil Jannings por suas atuações em *Tentação da Carne* e *A Última Ordem*.

Mesmo sem levar o Oscar, Rinty não saía das páginas dos jornais, onde era referido como Rin, Rinty, Rin Tin Tin ou, na maioria das vezes, pela forma hifenizada Rin-Tin-Tin. Recebeu também inúmeros honoríficos — Rei das Mascotes, Famoso Cão Policial do Cinema, Cão-Prodígio das Telas, Cão-Prodígio da Criação, Maioral dos Cães, Cão-Maravilhoso do Cinema e Maior Astro Canino dos Estados Unidos. Em 1927, ele estava, claramente, superando Strongheart. Uma crítica do filme *A Race for Life* começava com uma pergunta assustadora: "Strongheart quem?"

À sua maneira, Rin Tin Tin passara a representar algo que estava no cerne do espírito estadunidense. Nem ele nem seus pais haviam nascido no país: era mais um imigrante num continente de imigrantes e tudo o que os norte-americanos gostavam de pensar a respeito de si próprios — corajoso, empreendedor, ousado e, acima de tudo, indivíduo. Num cão, ainda mais que num humano, a individualidade é excepcional; afinal, cães são animais que vivem em bando. Muitas das tramas de Rinty gravitavam ao redor da escolha entre a mentalidade de bando e o juízo individual, proeza virtualmente impossível para um cão.

Na década de 1920, os Estados Unidos eram ainda um país novo, uma espécie de experimento para pôr à prova a viabilidade de uma sociedade capaz de conciliar os desejos e ambições privados com as exigências da coletividade. A identidade norte-americana era ainda plasmável, algo ainda não definitivamente consolidado. Muitos norte-americanos haviam deixado para trás culturas ancestrais de estabilidade, austeridade e identidade étnica para reunir-se numa sociedade baseada na explosão e recombinação de identidades — quem saberia dizer quantas diferentes religiões e culturas se faziam representar nas plateias dos filmes de Rin Tin Tin em Nova York, Chicago e Los Angeles? As pessoas que assistiram a *Colisão de Feras* podiam não falar, depois do filme, de Rin Tin Tin como representação dos princípios fundacionais do país, mas a popularidade do filme provinha das emoções inspiradas pelo cão, dentre elas o orgulho por sua obstinação, resiliência, complexidade de caráter e capacidade de lutar — não apenas com bandidos, mas também consigo mesmo.

Ao mesmo tempo, Rin Tin Tin era absolutamente universal. Seus filmes percorreram o mundo inteiro. Não havendo diálogos a dublar nem legendas a traduzir — bastava substituir os intertítulos —, os filmes mudos eram fáceis de distribuir internacionalmente. Num jantar em Viena, em 1927, Jack Warner sentou-se ao lado de uma condessa. Ao se apresentar como produtor de cinema, a condessa quis saber com quais atores ele havia trabalhado. Luminares como John Barrymore e vários outros não pareciam impressioná-la. Exasperado, Warner disse que produzira todos os filmes de Rin Tin Tin. Foi só a partir de então, lembrou o produtor, "que o nome Jack Warner passou a significar alguma coisa em Viena".

A distribuição dos filmes de Rin Tin Tin por todo o mundo rendeu benefícios imprevistos. Em 1975, foram encontradas cópias de *Colisão de Feras*, *Jaws of Steel* e *The Night Cry* na África do Sul. A Warner Bros. distribuíra os filmes para aquele país na década de 1920 e, aparentemente, elas não foram devolvidas no momento devido. Antes dessa descoberta, acreditava-se não existirem mais cópias de *Colisão de Feras* — apenas um filme mudo a mais desaparecido, assim como 80% de todos os que foram produzidos, sem que dele restasse uma cópia sequer, nem mesmo nos cofres do estúdio.

A partir da cópia sul-africana, a Fundação Nacional de Preservação Cinematográfica dos Estados Unidos produziu uma versão maravilhosa do filme, com tons intensos e profundos. O preto até parece veludo. Essa cópia nos permite entender por que era tão difícil iluminar adequadamente Rin Tin Tin — com sua fronte e olhos escuros — em um filme preto e branco e por que Lee procurou, para a geração seguinte de cães atores, animais de pelagem mais clara. Ainda assim, o primeiro Rin Tin Tin é um prodígio. Mesmo não sendo particularmente bonito, Rinty era magnético e sedutor. Seu desempenho parecia sempre natural — graças, decerto, ao treinamento de Lee. Ainda que a possibilidade de dirigir o cão com comandos de voz fosse uma propriedade do cinema mudo, a capacidade de aprendizagem de Rinty tinha de ser excepcional. Muitas das cenas são longas tomadas do cão executando complexas sequências de ações. Mesmo com o recurso dos comandos de voz, é incrível que fosse possível treinar um cão para fazer tudo aquilo.

Antes de vasculhar os arquivos da Warner Bros. e os registros das suas vendas internacionais, jamais me ocorrera que os filmes dessa época — quando a maior parte da população do mundo jamais transpusera os limites de suas cidades de origem — fossem distribuídos no estrangeiro. Pois eram. O mundo inteiro estava vendo — de modo cinematográfico, imaginário, mas estava — como era a vida nos Estados Unidos. Eu imagino que fosse fascinante. Para quem vivia nas compactas cidades da Europa e além, a vastidão do Oeste americano, com seu céu e seu horizonte infinitos, devia parecer um vislumbre da eternidade.

Meu avô nasceu e cresceu na Hungria, mas emigrou para os Estados Unidos com pouco mais de 20 anos e foi estabelecer-se em Ohio. Sua família tinha boa situação, mas algo o incitara a partir para tentar a sorte noutra parte. Foi uma decisão crucial, que acabou ganhando foros de questão de vida ou morte. Embora a miniatura de Rin Tin Tin sobre a sua mesa de trabalho fosse um mistério para mim, eu dava como certo que ela estava ali porque ele conhecia e apreciava o seriado da TV — a única manifestação de Rin Tin Tin de que eu tinha conhecimento àquela altura da vida. A miniatura de um ícone da cultura popular dos Estados Unidos era para mim a prova de que meu avô europeu, apesar de formal e antiquado, tornara-se americano. Foi só depois de conhecer a história de Rin Tin Tin que comecei a ver o cão em sua escrivaninha de outro modo. Embora a miniatura fosse, sem sombra de dúvida, um brinde do seriado da TV, hoje eu penso que a fascinação de meu avô por Rin Tin Tin começou muito mais cedo, em alguma obscura sala de cinema da Hungria, ao vê-lo em desabalada carreira pelas vastas paisagens do Oeste, sob um céu de bandeira desfraldada, num melodrama qualquer da década de 1920. Creio, até, que a promessa representada por Rin Tin Tin está, de alguma forma, ligada à sua busca de coragem para partir.

12

Rin Tin Tin foi rotineiramente fotografado ao longo da década de 1920. Além da foto oficial do estúdio, que capta o olhar taciturno em três quartos de perfil, a sua imagem mais popular é uma foto em que ele aparece ao lado de Nanette sobre uma pedra à beira de um lago. Era frequentemente fotografado ao lado de celebridades — Ed Sullivan, Jackie Cooper, Myrna Loy, o diretor Mervyn LeRoy, a corista Evelyn Knapp — e cidadãos proeminentes, como oficiais do Departamento de Polícia de Beverly Hills e prefeitos de várias grandes cidades. Lee aparece em algumas dessas fotos, mas, em geral, está ausente.

Às vezes Rin Tin Tin posava fingindo executar ações humanas, como rubricar uma passagem no balcão de uma companhia aérea, operar uma câmera de cinema, receber uma manicure e trabalhar como recepcionista de hotel. Foi fotografado jogando golfe, andando na neve, fazendo esqui aquático e descansando na rede. Numa conhecida fotografia, ele aparece sentado na cadeira do diretor William McGann — cujo nome aparece gravado no encosto; McGann está sentado ao seu lado, numa outra cadeira com a inscrição RIN TIN TIN. Outra foto, de um anúncio da Ken-L-Ration, mostra Rinty com Nanette e dois filhotes. Os cães adultos aparecem sentados à mesa da cozinha, como se estivessem prontos para a refeição, e os filhotes sentados nos pratos de seus pais; no centro da mesa há uma grande lata de Ken-L-Ration.

Muito se falou do modo de vida supostamente faustoso de Rinty. Os comunicados de imprensa da Warner Bros. diziam que seu canil tinha música ambiente e que ele comia carne em tigelas de prata ao som de obras clássicas, que seus filhotes tinham um jardim de infância exclusivo, prodigamente equipado, e que as telas das aberturas de seu canil eram feitas de cobre, talvez bronze. Alguns relatos dizem até que ele usava um colar de diamantes. Provavelmente nada disso é verdade. Lee amava seu cão e não media esforços para que ele tivesse um canil confortável, mas, como bom homem do campo, nunca perdeu a noção de que um cão é um cão. É verdade que o nome e o telefone de Rin Tin Tin estavam na lista telefônica de Los Angeles e que ele tinha livre acesso ao representante da Warner Bros., que o recebia como a um astro. Tinha o próprio salário, separado da remuneração de Lee como treinador, e ganhava mais do que a maioria dos astros humanos com quem atuava; em *O Farol da Ponta do Mar*, por exemplo, ganhava 1.000 dólares por semana, ao passo que o ator principal, William Collier Jr., ganhava módicos 150.

A imprensa tratava Rin Tin Tin como celebridade, publicando notícias e fofocas sobre ele, sem nenhuma ironia e sem jamais reconhecer que se tratava, afinal, apenas de um cão. "Famoso Astro Canino na Cidade: Crianças em Polvorosa" foi a manchete de um jornal de Wisconsin durante uma de suas turnês publicitárias. A matéria dizia: "Rin Tin Tin e esposa ocupam uma suíte canina no hotel, mas deixaram seus bebês no Oeste por causa do calor." Uma edição de 1927 da *Movie Magazine* — que contém matérias como "Quando Chegarão, Afinal, os Filmes Falados?", "Atores São Pessoas de Verdade?" e "Estará o Mundo Cansado das Crianças?" — publicou um artigo de quatro páginas intitulado "Os Rin Tin Tin" sobre a vida familiar de Rinty e Nanette. "Como tantas estrelas, Nanette quer conciliar a maternidade com a carreira", observou o autor. "Os filhotes estão maravilhosos, de modo que ela atuará novamente ao lado de Rin Tin Tin em *Tracked by the Police*." Até os substitutos de Rin Tin Tin eram vistos como celebridades. O *New York Times* publicou um obituário para Ginger, pastor-alemão que atuava sob o nome Lightining, com o título: "Morre Dublê de Rin Tin Tin."

Lee apreciava o fato de ter passado a viver bem, mas jamais pareceu querer atrair para si as atenções. Era uma verdadeira esposa hollywoodiana, satisfeito com as facilidades que o cinema lhe proporcionava e com o dinheiro que ganhava, mas claramente mais à vontade no papel de assistente de astro do que no de astro propriamente dito. Não faltavam assuntos a tratar, o que talvez ajude a explicar por que ele não tinha vida social. Na verdade, quando Lee menciona, finalmente, em seu caderno, que "conheceu" uma garota durante uma filmagem, é quase um choque.

Mesmo depois de seu noivado com Eva Linden, Rin Tin Tin continuou merecendo mais atenções do que qualquer outro aspecto de sua vida. Eram turnês publicitárias aparentemente intermináveis, filmes e contratos de patrocínio, e agora, até um programa de rádio, *The Wonder Dog*. Rinty dava alguns latidos, mas um ator chamado Bob Baker fazia a maior parte. Na verdade, a conexão do cão com o programa era mais abstrata que real. Ele raramente figurava nas tramas, salvo no finalzinho; nesse sentido, já começava a operar-se a sua transformação de cão real em ideia e personagem. As tramas do rádio eram bizarras. Um dos episódios era "a história eletrizante de um cão heroico e um leiteiro que atrapalham um plano cuidadosamente urdido de assalto à casa do gerente do laticínio". Outro, intitulado "Viagem a Marte", foi descrito como "a história de um inventor e cientista e sua equipe, enviados a Marte num torpedo gigante e salvos da morte nas mãos de gigantes pela ação heroica do fiel cão do inventor".

Em 1926, Rin Tin Tin apareceu numa estação experimental de TV, em Nova York, chamada W2XCR. Foi por essa mesma época que se tornou, também, personagem de livros. Um dos primeiros, *The Little Folks' Story of Rin-Tin-Tin*, foi publicado em 1927. Em contraste com o personagem cinematográfico masculino, o livro mostra Rinty como babá de quatro crianças durante uma viagem dos pais. Quando esses estão de saída, Mamãe instrui Rin Tin Tin a "não se esquecer de dar almoço a Baby Carol e de colocá-la na cama para dormir um pouquinho". Dentre as tarefas de Rinty, estava cozinhar para as crianças; um dos capítulos se intitula "Rin Tin Tin Capricha no Almoço".

13

Fico muitas vezes a imaginar como seria, de fato, Rin Tin Tin, não o astro do cinema, do rádio e dos livros, mas o cachorro, simplesmente. Sabemos que ele gostava de perseguir esquilos, gambás e raposas, que gostava de correr e que não era fofinho nem afável, mas absolutamente atlético. Nos filmes, ele é tão tenso que parece até nervoso em excesso, mas de modo geral parecia à vontade no meio das pessoas e em lugares que não conhecia. Talvez aquela intensidade fosse fruto de um estado permanente de alerta, à espera das instruções de Lee.

Rinty não era propriamente amigável. O único ser humano que lhe interessava era Lee. Von Stephanitz, que criou a raça, achava que os pastores-alemães só deviam se ligar aos seus donos e que a simpatia excessiva e promíscua era, num cão, uma fraqueza. Seguindo seu conselho, Lee criou Rin Tin Tin com o máximo zelo, raramente deixando que outra pessoa o tocasse. Os atores que trabalhavam com Rin Tin Tin reclamavam que ele era agressivo e temperamental e que a sua única boa qualidade era não beber. Dizia-se que havia mordido Jack Warner e vários atores. Mas os diretores de fotografia se impressionavam com a sua paciência: sua pelagem escura exigia iluminação especial, o que, com frequência, o obrigava a ficar longo tempo parado na preparação das cenas.

Sua fama de indócil talvez não fosse nada mais do que a face oposta da mitologia hollywoodiana. Pode até ser que não fosse afável e que fizesse as cenas de luta com entusiasmo excessivo (elas parecem bem realistas). No entanto, um cão autenticamente genioso seria impossível de controlar num set de filmagem, com um exército de assistentes ao redor, como também nos hospitais e orfanatos que Rinty com frequência visitava. Se ele era, de fato, antipático, então era um ator ainda melhor do que se dizia, dado que em todos os seus filmes havia pelo menos uma cena em que ele precisava se mostrar afetuoso, fosse com o dono, com a companheira ou, mais frequentemente, com os filhotes.

Ou será que o cão que parecia afetuoso era outro? Teria havido mais de um cão encenando como Rin Tin Tin? Lee afirmou muitas vezes, ao longo dos anos, que Rin Tin Tin foi o único cão a atuar em seus filmes e que nunca se usou dublê. Era inflexível nessa questão. Contudo, numa entrevista de 1965 para o *Los Angeles Herald-Examiner*, Jack Warner declarou: "Eu penso que hoje já não há mal em revelar aquilo que durante anos foi segredo absoluto nos estúdios. Ao constatarmos que Rin Tin Tin era uma mina de ouro, percebemos que nosso investimento iria por água abaixo se algo lhe acontecesse. Por isso decidimos, com o consentimento de Duncan, criar um canil com cães treinados para servirem de dublê caso nosso herói adoecesse, se ferisse ou até morresse em alguma acrobacia mais perigosa. Chegamos a ter 18 Rin Tin Tins, cada um com uma especialidade, e os usamos todos: para cenas de ataque, para saltar obstáculos de mais de 3,5m, para atuar como um dócil cão doméstico e assim por diante."

Verdade? Parece lógico que, da mesma forma como se usam dublês dos atores nos filmes, se usassem outros cães quando Rin Tin Tin se cansava, quando as cenas eram arriscadas — ele era valioso demais para deixá-lo ferir-se — ou quando havia cenas que, devido à idade, ele já não era capaz de fazer. Rin Tin Tin estrelou 22 filmes mudos e sete falados em apenas oito anos, um ritmo verdadeiramente alucinante, e já não era um cão jovem na maior parte desse tempo. Uma solução simples teria sido substituí-lo em cenas que não tivessem closes e naquelas em que ele precisava fazer coisas ao alcance de qualquer pastor-alemão bem-treinado, como correr e saltar. O fato é que cães da mesma raça realmente se parecem. Dado que apenas nove desses primeiros filmes ainda existem, só pudemos examinar uma pequena amostra do seu trabalho. Nos closes, o cão parece sempre o mesmo; nas tomadas longas, pode ser qualquer um, pois tudo o que se vê — indistintamente — é um pastor-alemão. Em algumas cenas de luta tem-se a impressão de que se utiliza um modelo.

Que motivos teria Jack Warner para dizer que havia 18 Rin Tin Tins se só houvesse um? Lee tinha suas próprias razões para negá-lo: sustentar que Rinty nunca teve dublê era, para ele, uma questão de honra. Estavam em causa a identidade do cão e a sua também. Ele era dono de um astro, um filhote órfão de guerra, e era isso que queria que o mundo visse.

Ao longo do tempo, a história de Rin Tin Tin acabou formando um circuito fechado, porém multifacetário, de identidades genuínas e fictícias — indivíduos reais representando personagens inventados e personagens inventados para representar indivíduos reais encenados por indivíduos escolhidos para tal por se adequarem bem ao papel. Desse modo, Rin Tin Tin deixou de ser apenas um cão para tornar-se uma espécie de franquia. A fama o tornou menos real — *este* cão em particular — e mais ideal, o arquétipo do cão herói. É por isso, creio, que a primeira pergunta que me faziam toda vez que eu dizia estar escrevendo sobre Rin Tin Tin era: "Será mesmo que só havia um?"

14

Sam Warner achava uma boa ideia ter diálogos falados nos filmes. Foi ele quem incentivou o estúdio a comprar os direitos do Vitagraph — um sistema inventado para acrescentar-lhes trilhas sonoras — por acreditar que ele acabaria evoluindo naquela direção. Sua intuição, compartilhada por vários outros executivos de Hollywood, estava certa. Em outubro de 1927, a Warner Bros. lançou *Cantor de Jazz*. A sensação causada pelo improviso do ator Al Jolson foi tal que mudou para sempre a indústria cinematográfica. Desafortunadamente, Sam Warner, que tinha tanta certeza de que o futuro do cinema incluía o som, morreu de derrame cerebral às vésperas da estreia. Como ele previra, os filmes sonoros suplantaram rápida e completamente os mudos. O cinema mudou da água para o vinho, eliminando categorias inteiras de empregos e deixando à margem toda uma geração de atores que não souberam, ou não quiseram, fazer a transição. Não mais de dez anos após o lançamento de *Cantor de Jazz*, já não se faziam filmes mudos.

Teria Lee avistado a mudança no horizonte? Por um lado, nunca ele e Rinty haviam estado tão atarefados. Em 1927, Rinty fez *Tracked by the Police*, *Dog of the Regiment*, *Jaws of Steel* e *Hills of Kentucky* (em que um de seus filhotes, Rin Tin Tin Jr., tinha um pequeno papel). Em 1928, estrelou *A Race for Life*, *Rinty of the Desert* e *Land of the Silver Fox* e, em 1929, *The Million Dollar Collar*. O contrato de Lee com a Warner Bros. terminaria no fim do ano, mas a renovação parecia certa — afinal, havia 13 filmes de Rin Tin Tin passando nos cinemas de todo o país.

Sinais não faltaram, no entanto. Em maio de 1929, o estúdio confirmou o modelo estabelecido por *Cantor de Jazz* escalando Rin Tin Tin num filme anunciado como "5% falado" — em outras palavras, um estranho híbrido de filme mudo e sonoro. O crítico da *Variety* queixou-se de que o filme, intitulado *Frozen River*, tinha "muitos latidos mal sincronizados". O estúdio deu um passo atrás, removendo a trilha e relançando-o como filme mudo. Mais tarde, naquele mesmo ano, *Tiger Rose*, o 22º filme de Rin Tin Tin, estreou num cinema de 2.600 lugares; pelo menos uma crítica o tratou como produto de outro tempo, dizendo que ele "lembra[va] muito os antigos produtos da Warner" e observando que Rinty "sobressaía muito menos do que na época em que Hollywood glorificava os vira-latas". Uma crítica sinistramente pressagiosa. "Rinty (...) foi quase inteiramente cortado do filme", acrescentou o crítico. "Ele agora só fica espreitando por entre as próprias patas e recebe um ou dois afagos. Já não salva trens expressos nem corre quilômetros atrás dos Fuzileiros Navais."

Em dezembro daquele ano, um executivo da Warner Bros. mandou um advogado redigir uma carta a Lee informando-o da não renovação do seu contrato. O estúdio não planejava fazer novos filmes com Rin Tin Tin. A carta dizia que "considerando o sucesso dos filmes sonoros, em especial no âmbito desta organização (...) filmes de animais como os que fizemos no passado com Rin Tin Tin não mais se ajustam à política por nós adotada para o cinema falado, pela óbvia razão de que os cães não falam".

Lee recebeu a carta e os documentos de encerramento do contrato no Estúdio Sonoro Um da Warner Bros. Um executivo que estava por perto o ouviu dizer ao mensageiro que já estava à espera de más notícias. Foi, então, até um canto que supunha a salvo de olhares curiosos e leu os papéis. Em seguida, dirigiu-se sem alarde ao escritório, pegou o cão e foi embora para casa.

Deixou para trás uma pintura a óleo de Rin Tin Tin que havia no Hall da Fama da Warner Bros. — o primeiro retrato canino a ter tal honra nos estúdios. Levou consigo, porém, todas as demais recordações que acumulara ao longo dos anos: desenhos de Rinty, entalhes em madeira e placas em baixo-relevo enviadas pelos fãs, junto com incontáveis estatuetas de ébano, marfim, cerâmica, plástico, pedra-sabão, giz e massa de modelar — uma miríade de miniaturas artesanais, às vezes toscas, mas sempre sinceras, do cão que fora um dia o seu troféu de guerra e mascote pessoal, e agora, projetado e ampliado nas telas de cinema de todo o país, adquirira a dimensão de um sonho coletivo. O revés era real. Contudo, Rin Tin Tin, que sempre representara a lenda particular de Lee sobre a possibilidade do amor constante, era agora a imagem pública da coragem e da persistência. Sua luz bruxuleava nas telas, mas ele estava gravado na imortalidade.

HERÓIS

1

Terá sido o advento do cinema falado o verdadeiro motivo do cancelamento do contrato de Rinty pela Warner Bros.? A decisão de abandoná-lo parece precipitada: afinal, há menos de três anos, Rin Tin Tin era o maior sucesso de bilheteria do país. Contudo, o som não representou somente uma dimensão a mais nos filmes, mas uma mudança completa do cinema. Nos filmes mudos, os animais podiam parecer oniscientes e, por vezes, até mais sábios do que os humanos. O diálogo tornou insuperável a diferença de nível entre cães e atores. Cães podiam saltar 3,5m e suscitar empatia por meio do olhar e da ação, mas nenhum deles, nem mesmo um animal maravilhoso como Rin Tin Tin, tinha mais do que algumas sílabas a dizer.

Os cães tiveram lugar nos primeiros filmes falados, mas, de modo geral, em papéis secundários, ou como parceiros cômicos, nada similares aos "personagens" dramáticos que haviam representado nos filmes mudos do começo da década de 1920. Em 1929, a MGM lançou *Hot Dog* e *College Hounds*, dois filmes curtos dirigidos pelos veteranos da comédia Zion Myers e Jules White, cujas estrelas eram 50 cães vestidos em trajes humanos. Não havia atores. Os cães encenavam roteiros copiados de filmes recentes do estúdio e pareciam falar graças à mágica da voz humana em *over* mais ou menos bem-ajustada ao movimento de suas bocas. Esses dois curtas da série Dogville fizeram tanto sucesso que Myers e White rodaram outros seis, o primeiro deles *All Quiet in the Canine Front* e o último, *Dogway Melody*, uma caricatura de *Broadway Melody* com esmerados números musicais e uma dança executada por um cão em maquiagem *black-face*.

Os filmes da série Dogville são encantadoramente bizarros. Apesar de concebidos como comédias ligeiras, tinham enredos às vezes desconfortavelmente adultos envolvendo temas como guerra, assassinato, infidelidade e tentativa de estupro. Alguns cães da série se tornaram conhecidos, especialmente Jiggs, um vira-lata de nariz achatado supostamente capaz de falar, embora seu vocabulário se limitasse às palavras "mama", "papa" e "hamburger". Contudo, nenhum dos cães da série Dogville veio a se tornar um astro.

Quando os primeiros curtas-metragens da série Dogville foram lançados, em 1929, o mundo estava combalido, desesperadamente necessitado de um pouco de comédia. A bolsa de valores quebrara em outubro e a economia dos Estados Unidos mergulhara na deflação. Lee foi duramente atingido. Não bastasse o encerramento do contrato com a Warner Bros., o seu banco faliu poucos dias depois de ele ter feito um depósito de 24 mil dólares — talvez um dos últimos pagamentos da Warner. Necessitado de dinheiro, Lee decidiu retirar algum de um negócio de lavanderias automáticas em que aplicara poucos anos antes, e descobriu que o investimento era uma fraude; não havia lavanderias nem dinheiro. Seu consultor de negócios, que agenciara o investimento, suicidou-se pouco depois.

Em seu caderno, Lee descreve corajosamente o fim do relacionamento de oito anos com a Warner Bros. como "umas férias imprescindíveis". Decidiu, então, usar o tempo para fazer aquilo que sempre lhe dera mais prazer: levar seu cão para as montanhas e curtir algumas semanas a sós com ele.

Rinty tinha 12 anos de idade. Mesmo em boa forma, estava um tanto endurecido e trazia manchas cinzentas ao redor do focinho: era um velho cão. Seu contemporâneo Strongheart morrera naquele ano. Depois que Trimble e Murfin se divorciaram, Strongheart pulou de estúdio em estúdio sem ter sido regularmente aproveitado por nenhum; por ocasião de sua morte, Strongheart já quase saíra de cena. Era um belo cão, escreveu Lee, acrescentando: "Não sei por que não fez mais filmes."

Ciente de que a viagem à serra seria desgastante e as caminhadas excessivas para Rinty, Lee mandou fazer para ele uma espécie de liteira, coberta de lona para tapar o sol, que montou no lombo de uma de suas mulas para que ele pudesse passear pelas montanhas como um rajá. Lee e Rinty haviam feito muitas viagens às Sierras como essa antes do cinema — antes da prosperidade. Estavam, pois, de volta ao lugar onde haviam começado — um rapaz e seu cachorro passeando pelas montanhas — como se quase nada houvesse mudado.

Lee tinha 39 anos, idade em que ainda poderia se considerar um jovem. Para um cão, no entanto — para todos os cães —, o tempo passa a uma velocidade que nós, humanos, temos dificuldade de perceber. Um belo dia, nos damos conta de que o filhote não é mais filhote e até já nos ultrapassou. Mas uma parte da gente ficou lá atrás, olhando para o velho cão como se ainda estivesse na flor da idade, mesmo na etapa final da sua vida. Nessa viagem às Sierras, em que Lee caminhava pelas montanhas no passo da mula, ao lado de Rin Tin Tin em sua liteirinha, o arco daquela extraordinária jornada estava quase completo.

A viagem representou também o seu mais puro momento de companheirismo. "Era nesses passeios que eu me sentia mais próximo de Rin Tin Tin", escreveu Lee. "Mesmo ele tendo passado a vida inteira ao meu lado, nos passeios parecia justo o contrário — era *eu* que estava ao lado dele."

2

Não obstante tudo isso, a carreira de Rinty no cinema ainda não chegara ao fim. Em 1930, a Mascot Pictures, um estúdio novo que fazia filmes e seriados, ofereceu um contrato a Lee e Rinty. O valor era menor do que o que a Warner pagava por Rinty, e o status vários furos abaixo, mas Lee aceitou. Rin Tin Tin voltou a trabalhar.

The Lone Defender era um filme de caubói em 12 episódios curtos, estrelado por June Marlowe, atriz que atuara ao lado de Rin Tin Tin em filmes mudos como *Colisão de Feras* e *Procura teu Dono*. *The Lone Defender* era falado, donde se supõe que, em algum momento entre seu idílio nas

Sierras e as filmagens, Lee deve ter treinado Rinty para obedecer a sinais manuais em lugar de comandos de voz. Em algumas cenas — a maioria delas, creem os céticos —, usou-se um dublê para poupar Rinty das tarefas mais exigentes.

A crítica foi dura com *The Lone Defender*. As cenas de caubóis galopando pelas planícies são tão longas e enfadonhas que mais parecem aulas de ginástica aeróbica para equinos. Mas o público o adorou mesmo assim. Na verdade, *The Lone Defender* foi tão popular que muitos cinemas o deixaram em cartaz durante toda a semana — não somente às sextas e sábados, dias preferidos para a exibição de seriados.

A Mascot tratou logo de contratar Rin Tin Tin para novos filmes, que se revelaram igualmente populares. Todos os episódios terminavam numa situação de suspense, tornando a espera pelo episódio seguinte uma deliciosa agonia. Um dos episódios foi exibido num encontro do Colonial-Tribune Mickey Mouse Club Nº 111, perto de Chicago, em 1932, deixando ao fim da sessão um suspense quase insuportável para os *Mouseketeers*. "O filme acabou no momento mais crítico", escreveu o secretário do clube. "As crianças mal conseguiam disfarçar a decepção, mas já estavam ansiosas pelo próximo encontro para assistir ao sensacional desenlace."

Os seriados da Mascot puseram sob o fascínio de Rin Tin Tin um público novo e mais jovem, do qual faziam parte Bert Leonard e a avó de Daphne Hereford — que decidiu ter um filhote de Rin Tin Tin depois de vê-los num cinema do Texas. Meu pai os conheceu ainda jovem em Cleveland. Eu lhe perguntei, certa vez, se havia assistido a *The Lone Defender* e ele ficou surpreso, como se a pergunta fosse absurda. "É claro", respondeu "Todo mundo viu. Todo mundo *mesmo*."

De repente, Lee decidiu levar Rin Tin Tin para um espetáculo de *vaudeville*. Dado que Rinty já conquistara o cinema mudo e o falado, ele queria saber se poderia conquistar o teatro também — foi o que escreveu em seu caderno. A verdadeira razão, no entanto, ainda é um mistério. As turnês de variedades eram fatigantes, uma experiência nada adequada para um cão de certa idade. Lee já estava noivo de sua "garota", Eva Linden, mas parecia não ter pressa de casar-se. O apelo do circuito de variedades pode ter sido o de permitir a Lee fazer o que mais gostava — estar com Rinty, compartilhando a sua afeição, ao vivo, com milhares de pessoas que também o amavam.

"Nós gostaríamos muito de apresentar um número neste território", escreveu a Lee um agente da John Billsbury Agency Vaudeville Attractions em 1930. Outros se ofereceram também. Depois de chegar a um acordo com um deles, Lee e Rin Tin Tin deram início a uma turnê nacional de nove meses. O material promocional tinha o tom agudo e exagerado da propaganda estilo feira livre. Apesar de enxotado da Warner Bros., Rin Tin Tin ainda era um astro para o qual nenhum superlativo era supérfluo. Uma nota na imprensa dizia:

> O cão que o mundo inteiro ama (...) Rin Tin Tin, o líder do reino canino. (...) O mestre dos cães, tão bem treinado que é quase a perfeição histriônica. (...) Em nove anos Rin Tin Tin viu fluir para si a areia movediça do tempo, trazendo só ouro e brilho (...) Rinty, o cão mais rico do mundo (...) come filé-mignon no café da manhã. (...) Cérbero, o cão de três cabeças que guarda os portões do inferno, não é páreo para Rin Tin Tin, o maior cão do cinema: Cérbero leva as pessoas para a perdição, Rin Tin Tin as salva.

A turnê começou no Albee Theater de Cincinnati. Lee e Rin Tin Tin faziam o quinto número de um programa que incluía Mr. Wu e seu Chinese Show Boat ("estrelando Miss Jue-Sue-Tai, sua charanga e suas dançarinas de olhinhos puxados"), um caubói cantor, um duo de violino e harpa formado pelos irmãos Ward e Van, um grupo de música e comédia chamado Off Key e um número de música e dança intitulado Frabell's Frolics. Em outras cidades, o programa trazia os Murphy Brothers in Rhythm and Taps, um pianista, as Tillers Sixteen Sunshine Girls ("recém-chegadas da Inglaterra") e, como lembrou Lee, "Harry Holmes com uma penca de disparates hilariantes, e um galo esperto que punha um ovo a cada apresentação, embora eu, pessoalmente, acredite que Harry era uma espécie de mágico". Duke Ellington e a sua Cotton Club Orchestra apresentaram-se com eles em Nova York.

O número de Lee e Rin Tin Tin era similar ao que apresentavam nas salas de cinema. Depois de entrar no palco, Lee contava ao público como treinara Rinty usando a bonequinha de apito, o primeiro brinquedo que lhe deu quando ainda era filhote, na França. Lee dizia que Rinty tinha um "estranho amor" pela boneca, ligação que, em sua mente, fazia Rinty parecer humano: fora aprisionado pelas "garras mágicas e inescapáveis" da boneca da mesma forma como algumas pessoas tinham obsessão por beisebol, outras por orquídeas e outras mais por colecionar selos. Em seguida, Lee demonstrava o treinamento de Rinty fazendo-o exibir um repertório que incluía muitas das habilidades que haviam sido usadas em seus filmes.

Nessa época, o treinamento canino quase sempre se limitava a chutinhos e tapinhas, o que tornava atípica a abordagem de Lee. Talvez por causa da associação entre obediência e medo, Lee costumava afirmar que não "treinara" Rin Tin Tin. Preferia dizer que o "educara". Na verdade, ele lhe dera um adestramento intensivo, valendo-se do relacionamento que haviam desenvolvido desde quando o filhote tinha dias de nascido. Esse vínculo, combinado à tenacidade de Lee como treinador, à inteligência de Rinty e ao seu desejo de agradá-lo, tornava a apresentação da dupla ao mesmo tempo surpreendente e emocionante. De acordo com James English, que em 1946 escreveu uma biografia de Lee com base em suas anotações, Rin Tin Tin não era propriamente "um cão treinado, e sim um entusiasta", movido pela afeição, não pela tirania. Para Rin Tin Tin, "trabalho era diversão e a camaradagem com seu dono e amigo, uma enorme recompensa".

Lee e Rinty levaram o seu número a dezenas de cidades. Cada parada era um grande sucesso de público, formado por pessoas de todas as idades e gêneros. Depois de uma apresentação em Portland, Oregon, Lee e Rinty foram convidados a se apresentar na festa de uma escola secundária local, cuja convocação por um jornal, dirigida exclusivamente aos meninos, desencadeou protestos por toda a cidade. Para corrigir o erro, o jornal publicou várias matérias citando palavras de Lee: "Rin Tin Tin ficou muito aborrecido, e demonstrou seu desagrado latindo energicamente, ao saber que o convite que ele fez aos jovens da cidade não foi estendido às meninas. Rinty tem hoje muitas admiradoras, cujos sentimentos não gostaria de ferir por nada neste mundo."

Críticos do teatro de *vaudeville* apelidaram Rinty de "Barrymore do reino canino", acrescentando que o que tornava excepcional o seu número era não resvalar para o ridículo. Os espetáculos de variedades da época eram repletos de números caninos, em que os animais faziam palhaçadas, equilibravam-se nas patas traseiras, andavam na corda bamba e saltavam argolas vestindo chapéus bizarros. A apresentação de Rin Tin Tin, ao contrário, demonstrava o seu talento como ator. Era um novo triunfo. Depois de um espetáculo em Kansas City, a Greyhound Bus Company ofereceu a Lee e Rinty, em sinal de respeito e admiração, um ônibus de luxo para levá-los com privacidade e alto estilo a St. Louis, local da próxima apresentação.

Lee e Rinty faturavam 1.000 dólares por semana, na época um bom dinheiro, mas o trabalho era pesado. Num mês típico, a agenda de Lee incluía Houston, Galveston, San Antonio, Austin, Waco, Dallas, Fort Worth, Wichita Falls, Abilene e Amarillo. Antes do início da turnê, a mãe de Lee pediu para acompanhá-lo. Parece que Lee não a atendeu, mas lembrou-se dela num telegrama: DESCULPE NÃO TÊ-LA TRAZIDO. IMPORTANTE TRABALHARMOS TODOS JUNTOS ENQUANTO HÁ BASTANTE DINHEIRO PARA SE GANHAR.

Depois de nove meses, Lee e Rinty retornaram à Califórnia para filmar um novo seriado da Mascot, intitulado *The Lightning Warrior*. Em março de 1931, iniciaram uma nova temporada de espetáculos. Essa turnê foi também um sucesso, com anúncios trombeteando "o grande Rin Tin Tin, indiscutivelmente o cão mais famoso do mundo e o mais notável ator canino jamais trazido aos palcos e às telas!".

Encerrada a turnê, Lee e Rinty foram descansar na residência de Malibu. Certa tarde, porém, uma onda gigante chegou à praia e passou por cima da casa como um grande trator. A perda foi total. O *Los Angeles Times* publicou uma reportagem intitulada "Tempestade Destrói Casa de Praia de Ator", com uma foto de Lee e Rinty ao lado dos escombros e a legenda: "Duncan e Rin Tin Tin, o notável cão ator do cinema, observam o que sobrou. Ambos estavam em casa quando a onda a atingiu, mas não se feriram." Pelo tamanho do estrago, parece um milagre eles terem sobrevivido.

A declaração de imposto de renda de Lee de 1931 mostra rendimentos totais de 17 mil dólares, provenientes da Mascot Pictures e de apresentações pessoais. O item 15 relaciona a perda da casa de Malibu e sua mobília, não cobertos por nenhum seguro. Embora o valor dos rendimentos equivalesse a 200 mil dólares atuais, a perda da casa de Malibu e a hipoteca de suas duas casas de Beverly Hills deixaram Lee em situação delicada. Apesar da turnê triunfante, a situação era pior do que parecia.

A sequência de calamidades — o fim do contrato com a Warner Bros., o investimento fraudulento, a falência de seu banco e a perda da casa de praia — não bastou para lembrar a Lee aquela que seria, para ele, a maior de todas as desgraças: a morte inevitável de Rin Tin Tin. Para ele, Rinty ainda era "transbordante de vida e energia". Sua agenda continuava carregada: estava começando um novo seriado da Mascot, *Pride of the Legion*, e tinha três outros já na fila. Após o exame anual, o veterinário de Rinty proclamou que sua saúde era perfeita.

Uma reportagem de jornal dizia que Rin Tin Tin tinha ocasionais apagões no set de filmagem, mas eu não encontrei nada que o corroborasse. Por outro lado, embora os cadernos de Lee não mencionem nada de errado com o cão, devemos levar em conta que, para ele, essa ideia devia ser bastante incômoda, para não dizer absolutamente perturbadora. A relutância de Lee em pensar na morte de Rinty era tanta que o levava a ignorar o fato mais inescapável de suas vidas entrelaçadas: o homem vive mais do que o cão. Em se tratando de um cão famoso como Rin Tin Tin, teria sido prudente preparar um sucessor. Rin Tin Tin e Nanette tiveram pelo menos 48 filhotes, mas Lee não treinou nenhum para uma carreira no cinema: vendeu-os todos, ou simplesmente os deu, salvo os dois mais novos. Tinha tanta certeza de que sua vida começara no dia em que encontrou Rin Tin Tin que se recusava a imaginá-la sem ele.

3

Rin Tin Tin morreu em 1932, num dia quente de verão. Um boletim da United Press irrompeu na programação de rádio daquela tarde com a notícia: "Rin Tin Tin, o maior ator animal do cinema, hoje perseguiu o fantasma de um vilão numa beatífica reserva de caça." Em seu caderno, Lee descreveu o ocorrido com simplicidade. Tendo ouvido Rinty latir de modo estranho, foi ver qual era o problema e encontrou-o caído no chão; em poucos minutos, já estava morto. Todavia, os fatos passaram rapidamente ao terreno movediço da lenda. Circularam rumores de que Rin Tin Tin morrera à noite, de que morrera no set de filmagem durante um ensaio de *Pride of the Legion*, de que morrera saltando nos braços de Jean Harlow, vizinha de Lee na Club View Drive, e de que desmaiara no gramado da casa de Lee e morrera "no colo de Harlow", que acorrera para confortá-lo "com afagos em sua grande cabeça peluda".

A notícia causou uma imensa tristeza coletiva. No dia seguinte, as estações de rádio de todos os Estados Unidos renderam-lhe um tributo de uma hora de duração. "Na noite passada, uma vasta cadeia de rádio e seus milhões de ouvintes prestaram homenagem a um cão ilustre", disse o locutor, "cavalheiro, sábio, herói e astro do cinema — um cão que foi tudo o que poderíamos desejar que fosse".

Os cinemas afixaram a notícia da morte de Rin Tin Tin em suas vitrines como se tivessem perdido um membro da família. Todos os jornais dedicaram-lhe obituários e, em vários casos, longas reportagens sobre a sua trajetória, como se a vida de Rinty houvesse definido uma época que agora chegava ao fim. O *Chicago Tribune* resumiu a sua história dizendo que, com a morte de Rin Tin Tin, "o maior de todos os cães atores converteu-se em memória e tradição".

O cinejornal da Fox Movietone apresentou uma longa reportagem — a principal — sobre a sua morte, intitulada "O Último Papel de Rin Tin Tin", seguida de um pequeno clip de Herbert Hoover rezando uma ladainha sobre sua campanha à reeleição. As imagens do cinejornal mostram uma das últimas aparições públicas de Rin Tin Tin, num orfanato em Buffalo, Nova York. Os órfãos vestem roupas surradas e têm o rostinho pálido e sujo, mas seus olhos brilham de contentamento à vista do cão. Lee diz que Rin Tin Tin mostrará algumas de suas habilidades, mas precisa de um voluntário. As crianças saltitam, aos gritos, quando Lee escolhe uma delas, um menino de cabelo escuro com uma franjinha mal-aparada. Apontando para o menino, Lee manda Rinty "pegar o bandido". Rinty finge atacá-lo. Com a velocidade do raio, a expressão do menino passa do terror à felicidade e, finalmente, à vergonha. Passado um instante, Lee diz: "OK, Rinty, beijo e até mais." O cão se ergue sobre as patas traseiras e lambe o rosto do menino; na plateia, as crianças uivam de contentamento. Lee sorri para o cão, radiante.

Em seguida, Lee ordena-lhe que venha até ele. Rinty aguarda uma fração de segundo e pula em seus braços. Está esbelto e vigoroso como sempre — manto escuro, olhos brilhantes, pernas ligeiras e impulsão magnífica —, porém, nos braços de Lee, parece surpreendentemente pequeno, tudo menos um cão adulto. Com Rinty no colo, Lee exibe uma expressão de contentamento tão terna e simples que volta a ser, por um instante, o rapazinho esperançoso e solitário da juventude. A câmera se detém um momento. O locutor da Fox Movietone diz: "Rin Tin Tin: apenas um cão. Mas os milhões de pessoas que ele encantou hão de chorar a sua morte."

Hoje é difícil imaginar tal reação à morte de um ator, que dirá de um cão ator. Seria o cinema mais significativo em 1932? Seria a reação à morte de Rin Tin Tin um caso particular? Seria essa onda de tristeza produto da morte do cão ou do mito, a crença inocente no herói, a esperança de uma nobreza muda, forte e leal?

Chegaram condolências de todas as partes do mundo. "Permita-me expressar o meu amor por vocês", escreveu a Lee um admirador, "porque eu adoro, e sempre vou adorar, o seu Cão (...) em você e em inúmeros amigos como eu no mundo inteiro ele viverá. Rin Tin Tin nunca morrerá (...) ele foi especialmente dotado por Deus, foi uma de Suas criações espirituais." Outro fã escreveu: "Esteja certo de que todos os que conheceram Rinty, e foram milhões, compartilham a dor da sua perda." Outro ainda: "Tive a satisfação de apertar a mão de mais de um presidente dos

Estados Unidos, mas renunciaria com prazer a tudo isso se pudesse dizer que acariciei a cabeça de Rin Tin Tin."

Agentes de números circenses imploraram a Lee que lhes deixassem exibir o corpo de Rin Tin Tin, da mesma forma como, no passado, competiram pelo corpo de Jesse James. Pode parecer macabro e degradante, mas o fato é que, em 1932, Hollywood não era um mundo assim tão distante dos espetáculos de aberrações dos parques de diversões; dentre os obituários da *Variety* no mês da morte de Rin Tin Tin estiveram o de Charles Gantz ("anão, deixa três irmãos e duas irmãs, todos de tamanho normal"), o de uma acrobata chamada Irene Berger, falecida num "salto mortal", e o do agente de circo saltimbanco Mozell Lamb, vítima de assassinato ("Eu o amava, mas ele ia me deixar, por isso atirei nele", disse à polícia a Sra. Lamb).

De olho nas receitas do turismo, grandes e pequenas cidades disputaram o privilégio de abrigar a última morada de Rin Tin Tin. Ignorando todas as ofertas, Lee decidiu enterrá-lo, junto com a adorada boneca de apito, no quintal de sua casa na Club View Drive. Mandou fazer um caixão de bronze e marcou o túmulo com uma modesta cruz de madeira feita a mão.

O caderno de Lee contém observações sobre a reação mundial à morte de Rin Tin Tin e sobre as homenagens que lhe foram prestadas pela mídia. Não diz nada, porém, sobre como ele próprio sentiu a perda. Lee começou a escrever suas memórias em 1933, em parte por satisfação própria, em parte na expectativa de publicá-las ou usá-las como base de uma futura biografia. Na seção dedicada à morte de Rin Tin Tin, há algo que não se repete em nenhum outro lugar do manuscrito: um espaço reservado — uma observação entre parênteses e sublinhada: "O Sr. Duncan dará todos os detalhes do falecimento" — como se ainda não fosse capaz de tocar no assunto.

Lee deu poucas declarações públicas e uma ou outra entrevista sobre a morte de Rin Tin Tin. Algum tempo depois, publicou um poema chamado "Para Rin Tin Tin, de seu 'dono e amigo', o tenente Lee Duncan". O poema, de versos simples, fala de sua vida com Rinty e termina com as seguintes palavras:

Um amor verdadeiramente egoísta como o seu, velho amigo
É algo que nunca mais terei de novo
Preciso ser um homem cada vez melhor
Pelo tanto, Rin Tin Tin, que você me amou.

4

Quem pegar o metrô de Paris até a estação Mairie de Clichy e caminhar para o norte pela rue Martre, com suas longas quadras cheias de borracharias e comida árabe, desembocará numa pequena ponte sobre o Sena. A margem oposta, íngreme e verdejante, desce até o rio como a lembrar os ombros de um idoso cansado demais para mantê-los erguidos. Le Cimetière des Chiens — o Cemitério dos Cães — fica poucos passos a oeste da ponte, descendo o barranco ao abrigo das copas de suas árvores imensas.

Eu fui ao Cemitério dos Cães para encontrar Rin Tin Tin. Era um dia quente de agosto, daqueles em que Paris ao meio-dia parece calma como o interior de uma estufa e as pessoas caminham pelas ruas em estado de total sonambulismo. Alguns poucos automóveis passaram, resfolegando sob o sol a pino, enquanto eu andava sozinha pela rue Martre. Eu estava só também no cemitério, caminhando por entre as lápides de Titi, Hippy, Poucy e Rhum, à procura do túmulo de Rin Tin Tin.

Quando Lee enterrou Rinty, devia achar que passaria o resto da vida na casa de Beverly Hills, sempre perto, portanto, de seu túmulo. Contudo, em 1933, poucos meses após a morte do cão, o dinheiro acabou e Lee não tinha como pagar a hipoteca da casa. Quando o banco a tomou, ele mudou-se para a pequena casa de North Hollywood que originalmente comprara para Marjorie, sua irmã.

Não há, em nenhum lugar, menção alguma ao momento em que Lee teria transferido o caixão de Rin Tin Tin, mas a ocasião propícia para fazê-lo era essa, quando ainda tinha acesso ao quintal da casa de Beverly Hills. Ele pode ter levado o caixão para o quintal da casa de Marjorie, mas, considerando-se a expectativa de uma permanência temporária na casa da irmã, o mais provável teria sido enterrar Rin Tin Tin em algum lugar que pudesse visitar regularmente. Poderia tê-lo enterrado num cemitério de animais domésticos. Havia vários deles nos Estados Unidos — o pioneiro Hartsdale Pets Cemetery, de Nova York, fora inaugurado em 1896, e o Cal Pet, o mais antigo da Califórnia, em 1918. É intrigante que Lee tenha se dado ao trabalho — fora o custo — de sepultá-lo na França, quando poderia facilmente tê-lo feito em algum lugar bem mais próximo. Resta a hipótese de que, dado que Rinty nascera na França, enterrá-lo lá oferecia a vantagem de uma prazerosa simetria. É possível que algum fã, um amigo quem sabe, tenha arcado com as despesas. O Cemitério dos Cães de Paris não tem registro da chegada nem do sepultamento de Rin Tin Tin e só sabe dizer que um "desconhecido" pagou, pelo menos durante algum tempo, a taxa anual cobrada pelo uso do túmulo.

As memórias de Lee não abarcam, infelizmente, esse período. Na verdade, terminam abruptamente, no fim da página 124, no meio de uma frase extraída de uma carta de condolências de um fã. Entre o hesitante, o apologético e o pesaroso, a carta começa: "Rin Tin Tin era incomum, extraordinário, maravilhoso mesmo. (...) Se me permite a franqueza, eu vivo de vender artigos domésticos de porta em porta e em muitas casas há pastores-alemães, alguns muito bonitos, alguns muito ferozes, mas eu sempre me sinto protegido e costumo pensar que é porque..." — e acaba aí. É a última página. O restante das anotações de Lee se perdeu e não há trilha que leve de Beverly Hills ao túmulo parisiense de Rin Tin Tin.

O Cemitério dos Cães foi criado em 1899 por um grupo de intelectuais aficionados dos animais domésticos que incluía, dentre outros, Emile Zola, Marguerite Durand e Camille Saint-Saëns, depois que Paris aprovou uma lei proibindo o sepultamento de animais a menos de 100 metros de qualquer habitação humana. Salvo pelos cães de companhia da realeza, possuir mascotes era uma prática relativamente nova naquela época. Primeiros animais a serem domesticados, os cães convivem com humanos há milhares de anos, mas até o século 19 tinham tarefas como caçar, pastorear e guardar. Hoje em dia, ter um animal em casa é tão comum que a gente até se esquece do quanto isso é fundamentalmente estranho e do salto que representou passarmos a dividir nossas habitações com seres não humanos só para tê-los como companhia. Os cães deram duro para obter tal privilégio, desenvolvendo como espécie, mais do que qualquer outra, a capacidade da empatia, ou da aparência de empatia, com os seres humanos; não é tanto a inteligência quanto essa aptidão que responde pelo fato de serem eles os animais mais importantes das nossas vidas.

Valorizados como companhia, os cães foram elevados a um status quase humano, tratados muitas vezes como pessoinhas não falantes. Na década de 1800, publicaram-se várias autobiografias caninas de grande sucesso — histórias de vida pretensamente escritas pelos próprios cães, como *Memoirs of Bob, The Spotted Terrier: Supposed to Be Written by Himself* e *The Life of Carlo the Famous Dog of Drury Lane Theatre*. Essa última começa assim: "Minha mãe era tão doce que não faria mal a uma minhoca (...) meu pai eu nunca vi, porque ele morava numa parte distante da cidade e só raramente visitava a minha mãe." Um respeitável cão/cadela parisiense dessa época tinha um armário de camisas, vestidos, roupas de banho e roupas íntimas, além de cartões de visita e material de escritório e, é claro, trajes de gala, dado que casamentos de cães eram comuns.

Pensava-se, na época, que a fidelidade dos cães era incontestável e que eles tinham sentimentos mais profundos e maior capacidade de expressá-los do que os humanos. Foi por essa época que surgiu o fascínio pelas jornadas extraordinárias, vale dizer, histórias de cães acidentalmente separados de seus donos que superam todas as adversidades para retornar à casa. A Odisseia canina foi um tema mais do que recorrente. Verídicas ou não, essas histórias se apoiavam na crença da extrema lealdade dos cães. Até mesmo Victor Hugo reivindicava uma jornada extraordinária, dizendo que seu poodle, deixado acidentalmente para trás numa viagem a Moscou, achara sozinho o caminho de casa, em Paris.

Era crença comum que os cães permaneciam fiéis a nós até depois de morrermos. Na imaginação do século 19, os cães eram os mais convictos dos enlutados. Dizia-se que visitavam os túmulos de seus donos por conta própria e que passavam dias a fio deitados, inconsoláveis, na terra recém-revolvida. Se a dor fosse insuportável, eles até se suicidavam; os jornais da época costumavam noticiar esse gênero de morte canina. Uma das maiores motivações para se ter um animal de estimação era a crença de que ele sentiria a falta do dono, choraria a sua morte e se lembraria dele mesmo quando faltassem os amigos e a família. O cão enlutado era uma fixação tão poderosa na mente vitoriana que não havia nela lugar para o fato incontornável de que a vida do cão é curta, donde, na maior parte dos casos, somos nós que choramos por eles.

O Cemitério dos Cães é um espaço elegante, separado da rua por um portão de ferro trabalhado sob um pórtico de pedra barroco. É bastante parisiense, sombreado e melancólico, com muitas roseiras e delicada topiaria; do lado de dentro, perto da recepção, alamedas de túmulos irradiam-se a partir de um enorme São Bernardo esculpido em pedra, de nome Barry. Mais de 3 mil animais estão enterrados lá — a maioria cães e gatos, mas também pássaros, um cavalo, vários macacos e pelo menos um porco.

Li a lápide de Barry ("Salvou Quarenta Vidas") e comecei a percorrer uma das alamedas. Alguns gatos com ar de sem-donos, que vadiavam sobre uma lápide, observaram-me com os olhos semicerrados e sumiram à minha aproximação como se fossem mera ilusão de ótica. Túmulos de todas as formas e tamanhos formavam fileiras irregulares, como uma boca cheia de dentes podres: grandes mausoléus de mármore ao lado de pequenas lápides e de pequenos marcos de granito com fotos laminadas dos falecidos. Passei pelos túmulos de Funny, Dou Dou, Dick e Ching Ling Foo ("Meu Melhor e Mais Dedicado Amigo. Só a Mim Ele Amava"); Waddle, Cowboy, Rita e Tushy; Riki-Tiki, Mizouky, Chiquito e Meryl. No alto da lápide de Harry, um robusto labrador negro, havia um globo de vidro com três bolas de tênis meio roídas. Um bassê chamado Piggy era rememorado com uma foto de dias melhores roendo um osso magnífico. Os túmulos mais antigos — de Belgrano, que deixou este mundo em 1906, e de Mireille, morta em 1903, eram lisos como pedra-sabão polida, com as inscrições de seus nomes já quase totalmente apagadas.

O guarda do cemitério, um gorduchinho de cara rosada e compleição de jogador de boliche, mal cabia na pequena guarita próxima à entrada. Num mapa que ele me deu, vi marcado o túmulo de Rin Tin Tin dentre vários outros de animais famosos, mas decidi dobrá-lo e guardá-lo na mochila. Queria achar o túmulo por mim mesma.

Enquanto caminhava, porém, senti-me repentina e incompreensivelmente relutante em encontrá-lo: uma ponta de superstição, talvez, a respeito de algo que era muito significativo para mim, como que me preparando para a decepção que nos assalta quando algo que esperamos durante muito tempo finalmente acontece. A atmosfera, sob a robusta fronde dos castanheiros, era fresca e relaxante. Ocorreu-me que o Cemitério dos Cães poderia ser um agradável lugar para um piquenique, se você não se importasse de estar cercado de alguns milhares de animais mortos.

Para aguardar o meu momento, sentei-me numa lápide dupla, dos poodles Oona e Uttawah. Minha mente vagava. Seriam Oona e Uttawah apenas amigos? Um casal? Irmãos? Por que foram enterrados juntos? Olhei ao redor, mas concentrei-me em Oona. Alguém deixara sobre o túmulo de Toby, um schnauzer, em frente a Oona e Uttawah, uma miniatura de plástico do Mestre, o mais velho dos Sete Anões. Os insetos zumbiam e silvavam na relva. Um dos gatos vadios reapareceu e começou a se coçar esfregando o dorso na lápide de Iris, uma collie, que trazia em alto-relevo a inscrição: "O Meu Amor É Mais Forte que a Morte." Bijoux, um spaniel, era um afortunado: ganhara flores frescas recentemente. Alguém trouxera para Twigsy flores de plástico e um patinho de borracha que mais parecia um fantasma de tão descolorido pelo sol e pela chuva. Lamentando não ter trazido um lanche, decidi caminhar um pouco para ver mais alguns túmulos. Um husky gordo chamado Ferris. Ao lado dele, Tessa. Depois, outra Tessa. Muitos, muitos Ulysses. Quem batiza um cachorro de Ulysses? Muito francês! Aposto que nos Estados Unidos não existem dois cães chamados Ulysses.

E lá estava ele, bem na minha frente: um pequeno retângulo de mármore negro, colado sobre um retângulo um pouco maior, com uma placa de bronze patinado onde se lia:

RIN TIN TIN
LA GRANDE VEDETTE DU CINEMA

Rin Tin Tin, o grande astro do cinema. Sobre o mármore, havia um encaixe metálico, quebrado, que deve ter um dia suportado uma estátua ou uma urna. Numa das laterais da sepultura, o chão forrado de musgo verde, bruxuleante de umidade, se levantara fazendo a lápide adernar como um barco na tempestade. Num vaso ao lado, alguém pusera lilases roxos e brancos, falsos, mas de ótimo aspecto. Ao lado dele, um cata-vento de papel vermelho e branco, do tipo que as crianças gostam de carregar, girava ao vento zunindo em cor-de-rosa.

Apenas um bloco de pedra e um naco de terra mofada; ali não havia nada, absolutamente nada que sugerisse o que foi a vida de Rin Tin Tin. Até onde eu sabia, ele nem sequer fora enterrado nesse lugar, o que era bastante lógico dado que ninguém me explicara convincentemente em que circunstâncias ele fora trazido de Beverly Hills. Era suficiente, porém, saber que havia ali um marco para ele, um sinal da sua existência. Que bom seria se sentimentos, ideias, contos e história pudessem estar todos contidos num bloco de mármore — se pudesse haver um agregado de permanência; que confortante seria pensar que algo que você amou nunca sairá do lugar, para sempre ancorado no cais, e não a boiar, fora de alcance, nas águas corredias da recordação!

A singeleza do túmulo me entristeceu. Como, porém, eu sabia que para Lee sempre haveria um Rin Tin Tin, isso não era mais do que um estalido de uma roda a girar. O primeiro Rin Tin Tin morrera, mas ainda vivia — e ainda vive — uma ideia, mais do que um ser, sempre diferente, mas essencialmente o mesmo. A lembrança o tornava permanente. Afastei as folhas caídas sobre a lápide e arrumei os lilases de plástico. Empurrei com o pé a placa de mármore deslocada pela elevação do terreno, para ver se conseguia realinhá-la, mas foi em vão. Devia fazer muitos anos que a lápide se ajustara à sua nova posição.

O guarda jogava paciência em sua cabine, cofiando o bigode, quando reapareci à sua porta. Passados alguns vagarosos segundos que ele levou para perceber minha presença, eu lhe perguntei se saberia dizer-me algo sobre o túmulo de Rin Tin Tin. Com um sorriso condescendente para com o meu francês claudicante, ele respondeu que muita gente o procurava, sim. "Há alguns anos veio um americano", disse. "Queria fazer um monumento para ele, uma estátua grande no lugar da sepulturazinha, mas...", interrompeu, dando de ombros, "não deu mais notícia!", e deu de ombros outra vez. "Nenhuma notícia!"

Eu perguntei quem havia trazido as flores e o cata-vento.

Ele suspirou. "Uma senhora, já bem idosa. Ela costumava aparecer regularmente para pôr flores no túmulo. No início, trazia sempre frescas, mas depois trocou pelas de plástico." Tornou a embaralhar as cartas, parou e pôs-se a bater o baralho sobre a mesa, produzindo o toc-toc-toc de um pica-pau furando a árvore. Agradeci e fiz menção de sair. Enquanto cortava o baralho, ele completou: "Faz tempo que eu não vejo essa senhora. É... Pode ser que ela tenha morrido. É bem possível."

5

Agora era a vez de Junior. Pouco depois da morte de Rin Tin Tin, a Mascot Pictures anunciou que Rin Tin Tin Jr., o filho já adulto de Rin Tin Tin, com 3 anos de idade e impecavelmente treinado, assumiria o posto de sucessor de seu finado pai. Nada disso era verdade, no entanto. Quando Rinty morreu, Junior tinha apenas 11 meses e não era treinado — um filhote grande e desajeitado, de pelagem negra e castanha e um longo rabo escuro. Naturalmente, o estúdio sabia que o cão não estava pronto. A filmagem de *Pride of the Legion* foi protelada por um ano para que Lee treinasse Junior e o apresentasse ao público numa turnê publicitária. O ponto alto do roteiro foi uma visita à Feira Mundial de Chicago de 1933, quando Junior apareceu no estande de Hollywood e passeou no cabriolé do Pequeno Polegar, puxado por um pônei.

Lee não gostava muito dele, dentre outras coisas porque o achava grande demais. Rinty nunca pesara mais de 32 quilos; Junior, ainda não completamente adulto, tinha quase 38. A fronte era bem-feita, mas inexpressiva, e o focinho afilado demais. Não era particularmente inteligente e tinha pernas excessivamente longas. E, acima de tudo, não era o pai dele.

Não obstante tudo isso, Lee foi em frente. Não tinha outra opção. Precisava ganhar a vida e trabalhar com seu cão era o único emprego que tivera, salvo o de vendedor de armas e munições. A despeito de seu escasso treinamento, Junior saiu-se a contento na turnê, visitando os hospitais e orfanatos de praxe e recebendo chaves de cidades e boa cobertura nos jornais de destaque. Mas o que despertou mais atenção por parte da imprensa foi o fato de ter se tornado, na viagem de Burbank a Chicago, o primeiro cão a viajar num voo comercial. De acordo com o release de imprensa do estúdio, no desembarque Lee e Rinty "foram recepcionados com um automóvel especial e levados ao Palmer House, onde uma suíte os aguardava". Em todos os lugares, Lee e Junior foram tratados como celebridades, algo que não se coadunava com a situação de Lee, financeiramente quebrado e ainda por cima de luto por Rin Tin Tin. Mesmo assim, o truque — apresentar Junior como um produto acabado — pareceu funcionar. Junior foi descrito pela imprensa como "o famoso cão do cinema", como se Rinty não houvesse partido deste mundo, apenas trocado de corpo. Os sentimentos de Lee estavam confusos, mas Junior era a prova de que existia um legado: sempre haveria um Rin Tin Tin.

Na surdina, porém, a Mascot Pictures vinha reduzindo as apostas. O contrato de 1934 rezava que o termo "artista" se aplicava a Lee e ao "filho do famoso cão Rin Tin Tin, conhecido como Rin Tin Tin Jr.", acrescentando, no entanto, que o estúdio se reservava o direito de usar o nome Rin Tin Tin Jr. para designar quaisquer cães necessários a desempenhar seu papel nos filmes — uma cláusula que nunca aparecera nos contratos do velho Rinty. O contrato seguinte foi ainda mais cauteloso: "[Lee] atesta que Rin Tin Tin Jr. é um cão experiente, acostumado a trabalhar em filmes (...) e que responderá prontamente às suas instruções (...) atesta também que Rin Tin Tin Jr. é suficientemente treinado e apto a cumprir as exigências de seus papéis. Reservamo-nos o direito de utilizar dublês em cenas, poses, números e aparições do cão, bem como de dublar latidos, rosnados, suspiros e todas as suas outras manifestações sonoras, sempre que desejarmos."

Pride of the Legion, lançado em 1934, foi o primeiro filme da Mascot supostamente protagonizado por Junior, mas o mais provável é que o cão do filme seja um substituto, porque sua pelagem é mais clara e o focinho mais largo que os de Junior. Os críticos assinalaram que a trama era batida, mas elogiaram Junior (ou qualquer que fosse o cão) classificando-o como "não o menor dos atores, em todo caso". Seus filmes seguintes receberam críticas diversas. Sobre *Tough Guy*, estrelado por um ainda jovem e vigoroso Jack Cooper, o crítico do *New York Times* disse que Junior pareceu "bem preparado para seguir a trilha aberta por seu ilustre antecessor". Em contraste, uma crítica de *Caryl of the Mountains*, lançado em 1936, na *Variety*, destacou que, embora o filme trouxesse, nos papéis principais, dois herdeiros de Hollywood — o pai de Francis X. Bushman Jr. contracenara com o primeiro Rin Tin Tin —, nem Bushman nem Junior faziam jus ao talento de seus pais. Mesmo as melhores críticas dos filmes de Junior foram breves e insípidas comparadas às que Rinty costumava merecer. A seu favor, lembremos que o mundo de 1934 era bem diferente do de 1924. Talvez fosse tudo um pouco insípido por essa época.

Em 1934, Lee e Junior ganhavam 330 dólares por semana da Mascot, um terço do que lhes pagavam a Warner Bros. poucos anos antes. Para aumentar os rendimentos, Lee começou a se ocupar da venda de filhotes e colocou também seu cavalo de sela no mercado, como garanhão. Numa revista local, pôs um anúncio de página inteira com fotos de Junior e do cavalo, Deputy-Master, e a chamada "Potros e Cachorros à Venda". Deu seu endereço como Club View Drive, Beverly Hills, embora seja quase certo que a essa altura já não morasse lá.

Em 1936, ladrões entraram na casa de Marjorie em North Hollywood, onde Lee estava morando, e roubaram centenas de dólares em joias e roupas. O *New York Times*, que sempre se mostrara respeitoso em se tratando de Rin Tin Tin, aproveitou-se do roubo para fazer troça de Junior. Intitulada "Casa É Assaltada Enquanto Cão do Cinema Dorme", a matéria dizia que Junior, que em seu último filme capturara sozinho "um bando inteiro de ladrões", preferira ficar dormindo durante a invasão da casa.

A reportagem, apesar de modesta e encafurnada numa página interna, repercutiu. Na década de 1920, não se fazia distinção entre o Rin Tin Tin herói do cinema e o Rin Tin Tin herói autêntico da crença popular. A propaganda do estúdio, que exagerava-lhe as proezas e o alardeava como cão da Cruz Vermelha, fora em parte responsável por tal percepção. Mas não era tudo. No auge do velho Rinty, o cinema era uma novidade tão incrível que trazia consigo um poder transformador — o que um filme apresentava ao público parecia a própria realidade, destituída de qualquer véu de ironia.

Na década de 1920, a invencibilidade encarnada por Rin Tin Tin era ainda imaginável, algo a que se podia aspirar mesmo estando fora de alcance. Em 1936, no entanto, pouca coisa parecia invencível. A Europa fora sacudida pelo mergulho da Espanha na Guerra Civil, a Itália invadira a Etiópia e a Alemanha voltara a ocupar a Renânia. A Grande Depressão adentrava o seu oitavo ano sem dar sinais de afrouxamento e, pelo terceiro ano consecutivo, as tempestades de poeira haviam destruído as plantações das Grandes Planícies. O desespero destroçava os espíritos. A finíssima linha que separava o aparente do possível transformara-se num abismo de frustração e cinismo. O cinema já não era a coisa mais fabulosa do mundo, mas uma fuga entorpecente e refrigerada da realidade, que terminava quando as luzes acendiam e era preciso retornar à dura realidade do mundo lá fora — um lugar onde nada mais era o que parecia ser, onde algumas coisas eram menos importantes do que se imaginava e onde os cães heróis dormiam enquanto as casas de seus donos eram assaltadas.

6

Quando Rin Tin Tin ficou famoso, boa parte dos cães existentes no mundo não se sentava quando instada a fazê-lo. Cães cumpriam tarefas — pastorear rebanhos, latir para estranhos, fazer o que correspondia à sua natureza. Cabia aos humanos interpretá-los e colocá-los para trabalhar. A ideia da obediência e do bom comportamento caninos era, até então, desconhecida. Quando os cães viviam soltos, como era de praxe nas fazendas e sítios, a etiqueta deles exigida era mínima. Contudo, na década de 1930, a população dos Estados Unidos começou a trocar o campo pelos subúrbios e cidades, trazendo consigo seus cachorros e dividindo com eles as suas habitações. Por essa época, os princípios do comportamento canino eram ainda, basicamente, um mistério — a explicação pavloviana do reflexo condicionado, na qual se baseou boa parte do treinamento, só foi publicada em língua inglesa em 1927. Se os cães precisavam aprender a se comportar, as pessoas precisavam aprender a treiná-los. A novidade da noção de que qualquer pessoa — não apenas os profissionais — podia treinar sua mascote explica, em parte, porque as atuações de Rin Tin Tin nos filmes e nos palcos eram tidas como extraordinárias.

O adestramento de cães começou na Europa. Na Inglaterra de fins da década de 1920, os certames de obediência canina eram uma atividade em ascensão. Foi assim que um artigo sobre o tema, publicado numa revista inglesa especializada, despertou o interesse de Helene Whitehouse Walker, filha da alta nobreza britânica, nascida nos Estados Unidos. De estatura avantajada, cintura alta e queixo quadrado, Walker era também uma mulher curiosa e empreendedora, insatisfeita com a interminável rotina de almoços e chás que eram a vocação das de sua classe e posição. Seu casamento com Charles Cobb Walker, um bostoniano aristocrático com uma lista de filiação a clubes tão longa quanto o próprio braço, fora um célebre acontecimento social, mas naufragara sob o peso do que ela chamava de "diferenças". Tendo logrado evadir-se a um custo equivalente a mais de 300 mil dólares atuais, em 1929 ela estava em busca de distração.

Consumado o divórcio, Walker mudou-se com seus cães e seu filho de 2 anos para Westchester County, estado de Nova York, onde abriu um canil para poodles chamado Carillon. Apaixonada pela criação, Walker queria também refutar os amigos que tinham os poodles na conta de cães "maricas". Embora os cães de raça fossem, na época, admirados por seu estilo, muita gente acreditava que a criação os tornava neuróticos, geneticamente comprometidos e imbecis. Os pompons de pelo encaracolado da tosa característica dos poodles fizeram deles objeto de chacota, mesmo sendo inteligentes e robustos como convém a cães originalmente criados como caçadores.

Walker foi à Inglaterra, onde permaneceu mais de um mês buscando observar certames de obediência e aprender a adestrar seus cães. Na época, foi uma escolha ousada: a maioria dos cães a demandar treinamento como animais de caça e patrulha era enviada a tratadores profissionais para semanas, até meses, de aprendizagem e devolvidos aos seus donos com uma lista de instruções e uma fatura. Não eram os donos que adestravam seus próprios cães.

Inspirada pelo que chamava de o "sensacional esporte" das provas de obediência, Walker retornou aos Estados Unidos e conclamou o American Kennel Club (AKC) a introduzi-las em suas exposições. A sugestão foi delicadamente recusada. Procurou, então, as associações menores, onde tampouco obteve sucesso. Decidiu, pois, fazê-lo por conta própria: em 1933, com 150 espectadores e 8 concorrentes — dois labradores, três poodles, dois springer spaniels e um pastor-alemão —, promoveu o primeiro concurso de obediência dos Estados Unidos na propriedade de seu pai em Mount Kisco, Nova York.

O sucesso do evento atiçou-lhe a obstinação. Ignorando a primeira recusa, ela retornou ao conselho diretor do AKC ao mesmo tempo que promovia novas provas de obediência na propriedade de seu pai. Ministrava, também, aulas de adestramento em sua casa e, em todas as ocasiões propícias, promovia o seu peremptório slogan: "Treine seu Cão". Walker era de opinião que o adestramento teria um efeito salutar no mundo dos cães de raça por "incentivar os criadores a promover, além dos quesitos de exposição, a inteligência e o propósito original de cada raça".

Walker era de opinião que a inclusão de provas de obediência na programação das exposições caninas atrairia novos públicos, em especial "pessoas que amam cães, mas nada sabem sobre as sutilezas da conformação canina". Acreditava, também, que a obediência tinha valor em si mesma — ou, como explicou numa entrevista, que cães bem treinados eram um benefício para todos por demonstrar sua adaptação ao "nosso modo de vida moderno". Assim como Lee, que evitava mandar Rin Tin Tin executar truques tolos no palco e treinava cães não para divertir o público, mas para fazer deles bons companheiros, Walker achava importante "demonstrar a utilidade do cão de raça como companheiro e guardião do homem, não a sua capacidade de adquirir destreza na execução de habilidades".

As ideias de Walker provocaram um sério abalo na comunidade dos criadores de cães de raça. Um artigo da *New Yorker* intitulado "Uma Tendência da Cinofilia" cita uma criadora de scotties da exposição do Westminster Kennel Club: "A mera hipótese da generalização dos concursos de obediência, onde a única coisa que conta é a tratabilidade do cão e ninguém dá valor aos aspectos corporais, me deixa simplesmente doente." Ela acrescenta que considera os adeptos da obediência uma praga. "O país está cheio deles, meus amigos", explica. "Em Westchester já tem um monte de gente que não dá a mínima para linhas e proporções. Tudo o que lhes importa é a" — lamenta — "inteligência". No entanto, fora do espaço rarefeito das exposições caninas o senso de oportunidade de Walker revelou-se exato. O país estava mudando e centenas de milhares de pessoas que moravam em casas suburbanas e apartamentos nas cidades queriam aprender a lidar com seus animais de estimação.

Em 1932, pouco depois do seu primeiro certame de obediência, Walker se propôs a contratar um novo gerente para dirigir seu canil. Escolheu para a função uma jovem chamada Blanche Saunders, funcionária na Green Chimneys, propriedade de artistas de circo onde se praticavam equitação acrobática e treinamento de elefantes. Saunders trabalhava em fazendas desde que se graduara em criação animal, mas, insatisfeita com a vida rural, decidiu responder ao anúncio de Walker.

Loura e angulosa, testa larga, queixo proeminente e boca crispada, Saunders era filha de um ministro batista, única mulher de seis irmãos, e se sentia à vontade entre máquinas pesadas. Tinha queda por sapatos deselegantes e camisas masculinas e se recusava a admitir que era excelente cozinheira por achá-lo demasiado feminil. Em sua introdução às memórias de Saunders, *The Story of Dog Obedience*, publicada em 1974, Walker lembra o dia em que foi a Green Chimneys com seu poodle, Tango of Piperscroft, para entrevistá-la para o emprego. "Ela veio correndo até mim, cheia de energia e entusiasmo", escreveu. "Usava calça jeans e uma bandana vermelha ao redor da cabeça e acabara de encerrar um dia de trabalho no trator da fazenda."

Embora provenientes de mundos absolutamente distintos, Saunders e Walker logo descobriram uma imensa afinidade. Saunders trocou Green Chimneys por Carillon. Seu trabalho era cuidar das tarefas cotidianas do canil, mas, interessada no treinamento de obediência que tanto entusiasmo despertava em Walker, pediu para aplicá-lo a um dos poodles, Carillon Epreuve, conhecido na casa como Glee. Foi assim que Saunders descobriu o seu talento para treinar cães, logo convertido em vocação, e que Walker encontrou uma fiel parceira em seus esforços de promoção da obediência canina.

Em 1935, Walker submeteu ao AKC uma nova proposta a respeito dos concursos de obediência. Depois de três meses de discussões, o Conselho finalmente concordou em incluir provas de obediência em suas exposições. No entanto, em vez de convidar Walker e Saunders para dirigir o programa, decidiu fazê-lo por conta própria. A decepção das duas foi imensa, mas serviu-lhes de estímulo para levar a ideia do treinamento a um público mais amplo, exterior ao mundo das exposições caninas. Como Saunders escreveu mais tarde: "A Sra. Walker e eu nos vimos, finalmente, livres para dedicar nossa energia a criar no público o interesse pelo treinamento de cães." Saunders relata que a conclamação ao treinamento inundou o Carillon Kennel de "perguntas e pedidos de orientação" provenientes de todo o país. O passo seguinte da dupla foi levar a todos os cantos dos Estados Unidos a sua paixão pelo adestramento.

Para tanto, começaram por adaptar o Buick de Walker às suas necessidades tirando o banco traseiro e substituindo-o por uma plataforma de madeira para os três poodles — Glee, Joyeaux e Bon Coeur — que participariam das demonstrações. Em seguida, Walker comprou um trailer de 6 metros de comprimento para ser o "lar dos humanos eretos", como dizia Saunders, a reboque do Buick. Encheram o trailer de mapas, comida e ração e uma lista das exposições programadas para os vários meses seguintes.

Walker e Saunders saíram de Nova York no outono de 1937, mais ou menos a mesma época em que Lee e Junior trabalhavam no último de seus seriados para a Mascot, e foram direto a Harrisburg, Pensilvânia, onde se estava promovendo uma grande exposição sem restrição de raça. Walker convencera os organizadores a deixá-las fazer uma demonstração durante um intervalo. As responsabilidades eram divididas: Saunders dirigia os poodles em exercícios de obediência, enquanto Walker narrava e distribuía folhetos aos espectadores. A turnê foi um sucesso de público. Em suas memórias, Saunders lembra que, na maioria das paradas, "as arquibancadas ficavam lotadas de gente que queria ver 'as duas doidas de Nova York com seus três poodles amestrados'".

Elas eram um espetáculo, e por mais de uma razão. Poodles eram raros na época — em 1930, o AKC tinha somente 34 deles em seus registros; poodles treinados era uma curiosidade duas vezes maior. Trailers domésticos também eram raros. Duas mulheres viajando juntas, sem a companhia de homens, era algo de outro mundo; duas mulheres numa casa sobre rodas com poodles adestrados era uma coisa absolutamente extraordinária. "O educado xerife da Louisiana (...) olhou para nós, incrédulo, ao ouvir que não tínhamos nenhum homem nos acompanhando", escreveu Saunders, que levara consigo uma arma para o caso de alguém achar-lhes o inusitado demasiado interessante. "Quando estacionávamos para pernoitar", escreveu, "os poodles mostravam toda a sua perícia em descobrir vagabundos dormindo debaixo das moitas e afugentá-los com feroz determinação".

Viajavam, como Lee fizera tantas vezes com Rin Tin Tin, parando nas cidades pequenas e médias. Apresentaram-se em Cincinnati, Louisville (onde precisaram de uma junta de mulas para tirar o trailer de um atoleiro), Dallas, Fort Worth, Galveston, Hollywood e até Juárez, no México. Passaram por acampamentos de sem-teto à beira da estrada — uma visão nada incomum em 1937 — e por filas de "sopões populares" na maioria das cidades.

Não obstante as atribulações com tempestades de areia, uma praga de ferozes formigas-vermelhas e eventuais espinhos de cactos encravados nos cães, a turnê de Walker e Saunders obteve a receptividade esperada e a ideia da obediência canina começou a ganhar aceitação. Revistas como a *Reader's Digest*, a *Town & Country* e a *Pageant* começaram a cobrir suas viagens e outras passaram a adotar o que Saunders chamou de "um viés diferente". A *Parents Magazine*, por exemplo, publicou um artigo sobre elas intitulado "Mandamos Nosso Filho a uma Escola de Cachorros".

Em novembro de 1937, depois de três meses e 16 mil quilômetros rodados, voltaram para casa trazendo na bagagem o interesse de milhares de pessoas pela sua paixão — a obediência canina. Poucos meses depois, o número de concursos de obediência em exposições caninas americanas havia dobrado e 42 novos clubes de adestramento para a obediência se espalhado por todo o país. Um resultado imprevisto de sua celebridade foi o crescimento, ainda mais veloz que o da febre da obediência, da população nacional de poodles. A raça saiu da semiobscuridade para se tornar a mais popular do país, uma explosão similar à que ocorrera com o pastor-alemão uma década antes.

A amizade de Walker e Saunders só pode ter sido extraordinária. Eu vi uma foto do trailer que usaram na viagem, atrelado à traseira do bolboide Buick branco de Walker, com a seguinte legenda: "Casa sobre rodas de quase 7 metros em que a autora, a Sra. Walker e três poodles viajaram de costa a costa em prol da obediência." Contudo, o que eu gostaria mesmo de ver é uma foto das duas juntas. Seu relacionamento tinha contornos de romance, ou pelo menos de uma intensa proximidade, não apenas devido ao interesse comum e ao tempo que passavam juntas, mas por terem conseguido cumprir uma difícil missão — cujas alegrias qualquer outra pessoa teria dificuldade de entender.

Walker permaneceu ativa, pelo resto da vida, no mundo da obediência canina e dos poodles, mas em 1943 decidiu fechar o canil e dar a Saunders não apenas alguns de seus melhores cães, como os direitos relacionados ao nome Carillon. Por essa época, Saunders já não era a gerente do canil — ela partira em 1941 para estudar com o treinador Josef Weber, um alemão que, assim como outros profissionais famosos, imigrara para os Estados Unidos após a Primeira Guerra Mundial. Não sei dizer se Walker e Saunders voltaram a estar juntas depois do fechamento de Carillon e da partida de Saunders para Brewster.

7

Lee esteve no limbo durante esse período. Junior não o estimulava e ele se cansara de Hollywood. Sentia-se vazio à falta do interesse por um cão. Entretanto, fizera progressos em sua vida pessoal: depois de um noivado de sete anos, ele e Eva Linden decidiram se casar. Os sogros resistiram durante muito tempo à união — Lee era 18 anos mais velho do que Eva —, mas acabaram cedendo em 1936.

O casamento foi celebrado no Parque Nacional Yosemite — um lugar nada convencional, cuja escolha atendia muito mais às preferências de Lee que às de Eva, que era uma garota da cidade interessada em música e arte. O mesmo pode-se dizer do tema da festa. O *San Fernando Valley Times* relatou: "A mesa do bolo de casamento estará bastante adequada tendo ao centro uma cabana de toras com uma réplica prateada do finado Rin Tin Tin, o mundialmente famoso cão ator nascido na França, em pé, à janela, olhando para o seu dono. Outros cães e cavalos prateados reforçarão o séquito, para enfatizar o grande apreço do noivo pelos animais."

Ao retornarem a Los Angeles, depois da lua de mel — também em Yosemite —, Lee disse a Eva que queria se mudar, não para outra casa em Los Angeles, mas para um sítio em Riverside, cidade às margens do rio Santa Ana, a 100 quilômetros de distância. A casa ficava numa estrada de terra que serpeava pelo cerrado, entre rochas e chaparrais.

Riverside era a capital californiana da laranja desde 1870, quando uma moradora plantou três mudas de laranjeira no jardim de sua casa: uma foi pisoteada por uma vaca, outra morreu de causas desconhecidas e a terceira, que sobreviveu e vicejou, acabou se tornando a matriz de toda a indústria da laranja na Califórnia. Em uma década, a indústria prosperou e Riverside passou a ser considerada a cidade de maior renda *per capita* dos Estados Unidos. Cerca de 8 mil hectares de área urbana eram plantados com cítricos e suas laranjas vendidas para todo o país sob marcas como Desert Dream Oranges, Riverside's Best, Riverside Gold, Sunny Mountain e Cal-Crest.

Lee visitara Riverside em 1928, quando Rin Tin Tin filmou *A Race for Life* nas feiras locais, e gostara de seu aspecto. Embora por essa época não cogitasse deixar Beverly Hills, mostrou-se interessado por uma gleba de 16 hectares à beira do rio. Todavia, o lugar não estava à venda. Em 1937, porém, quando Lee ansiava sair de Hollywood, o sítio foi ao mercado por um preço convidativo — a terra em Riverside era vendida a 25 cents por hectare — e ele conseguiu juntar dinheiro suficiente para comprá-la. Mais tarde, naquele mesmo ano, ele e Eva mudaram-se da casa de Marjorie para o sítio de Riverside.

O lugar era modesto e a casa, bastante precária, consideravelmente menos ilustre do que parecia indicar o nome que lhe deram: El Rancho Rin Tin Tin. A despeito de sua riqueza e de algumas construções imponentes, como a Mission Inn e o Benedict Castle, Riverside não passava de um pequeno entreposto, sem nada da sofisticação e do brilho de Los Angeles. Ainda que gente do cinema procurasse ocasionalmente o Mission Inn para um fim de semana no deserto, Hollywood parecia estar a léguas de distância. Talvez por isso mesmo Riverside era o lugar adequado para Lee. Sua adaptação foi imediata. Se em Los Angeles ele se vestia com elegância — *knickerbockers*, coletes e camisas engomadas, alvíssimas —, agora não largava as camisas xadrez com fechos de madre-pérola e o chapéu de caubói com 10 centímetros de aba. Era quase como se a sua outra versão nunca houvesse existido. Em Riverside, ele pareceu retomar o que deixara de ser em 1916, um jovem vaqueiro com sua inseparável calça jeans esfarrapada. Anos depois, já na década de 1960, Lee viajou a Nova York para uma apresentação no *Ed Sullivan Show* vestindo — para eterna vergonha de sua filha — roupas de caubói e um grande chapéu de palha.

É difícil saber ao certo por que Lee estabelecera a sua infância, que nunca lhe parecera muito feliz, como ponto de referência. É próprio da natureza humana fixar na mente um ponto da vida em que a pessoa se sente vitoriosa e em relação a ele medir tudo o que vem depois. No que respeita a Lee, eu imaginava que esse ponto fosse os anos gloriosos em que Rinty fez filmes como *Colisão de Feras* e a dupla era assediada nos cinemas, nadava em dinheiro e parecia ter infinitas possibilidades. Em vez disso, Lee se refugiou na sua infância — tanto na prática, mudando-se para um lugar da Califórnia parecido com o sítio onde vivera quando menino, quanto simbolicamente, abandonando a aparência de seus anos de sucesso em Hollywood. Ele com certeza não buscava esquecer seus primeiros anos com Rinty: assim que se mudou para Riverside, converteu um espaço do celeiro no que chamou de Quarto das Recordações, onde guardava todos os recortes de jornal e lembranças dos primeiros anos de Rin Tin Tin.

Parecia um paradoxo, mas acabei me dando conta: se o Quarto das Recordações foi criado por Lee para preservar os grandes sucessos da vida do astro Rin Tin Tin, a mudança para o sítio foi a sua tentativa de reconectar-se com o maior sucesso da *sua própria* vida — não a época em que ele e Rinty eram aclamados, mas o dia em que sua mãe foi buscá-lo na Fred Finch, resgatando-o do "poço, ou cânion, escuro" em que ele se sentia despencar. Elizabeth o resgatara da condição de órfão e solitário para sempre, da mesma forma como ele, no poço escuro da guerra, entre os escombros de um canil arruinado, resgatara Rin Tin Tin ainda filhote.

"E foi assim que retornei ao campo, à vida de que mais gostava", escreveu ele. Agora ele se dirigia a Riverside, à vida de que mais gostava.

8

Eva não gostava tanto assim da vida no campo. Pelo relato de Carolyn, a filha do casal, ela acreditara ter se casado com um homem rico e maduro, dono de um famoso astro do cinema. Deixar Hollywood foi uma dolorosa decepção. "Não que ela almejasse coisas extraordinárias", disse Carolyn, mas "não esperava ir para um sítio, morar numa casa caindo aos pedaços. Após a mudança, no entanto, ela arranjou emprego numa encaixotadora de laranjas, deu à luz Carolyn e tratou de se adaptar à nova vida.

Carolyn está na casa dos 60 anos e tem três filhos adultos. Divorciada, mora sozinha numa pequena propriedade no Michigan, numa rua reta e tão comprida que se perde na distância. A vizinhança não é campo nem cidade: velhos portões de fazendas que dão acesso a propriedades de aspecto rude, postos de gasolina à beira de pastagens e uma confusa mistura de carros velhos, picapes enlameadas e furgões. Carolyn cuida de um vizinho idoso e ajuda a tomar conta do bebê de uma de suas filhas, que é veterinária.

Minha visita aconteceu num dia frio de outono, de céu carregado sobre uma paisagem cinzenta e nua. A cozinha de Carolyn, onde nos sentamos para tomar chá, era quente e povoada de objetos. Na parede, sobre um aparelho de ginástica, sobressaíam uma pintura a óleo de Rin Tin Tin e, ao lado dela, uma foto de Lee e Eva antes da mudança para Riverside: Lee, com calça de flanela branca e suéter de gola careca, e Eva, com uma estola de raposa, formam um casal chique, distinto, quase reluzente. Em outra parede, uma foto de Carolyn aos 3 ou 4 anos de idade — rosto redondo, cabelo sedoso e vívidos olhos castanhos, sentada no chão com as pernas cruzadas, cercada de pastores-alemães. Perguntei a Carolyn o que mais o seu pai lhe deixara. Ele acenou na direção das fotos e deu de ombros. "O meu pai era um sonhador", disse ela, depois de refletir um momento. "Tinha um império, mas a única coisa real nesse império era ele próprio. Quando ele morreu, não sobrou nada."

Quando Eva conheceu Lee, na década de 1920, por ocasião de uma filmagem, sua expectativa de que ele lhe proporcionasse uma vida confortável era razoável. Mas as coisas mudaram. No fim dos anos 1930, o dinheiro ia e vinha o tempo todo e o futuro de Lee era bastante incerto. O trabalho de Eva como secretária pagava as contas da família. Lee prometeu construir-lhe uma casa mais bonita logo que pudessem e chegou a pedir autorização para demolir a antiga quando já estavam em Riverside. Depois de vinte anos, no entanto, a primeira coisa que Lee construiu foi um novo canil. Tudo o mais pode ter mudado, mas seu interesse pelos cães ainda era, como sempre fora, absoluto. Eva, e depois Carolyn, orbitavam à volta deles, mas sem nunca chegar perto. Eu perguntei a Carolyn se ela sentia ciúme dos cachorros. Ela riu e disse: "Não. Nunca houve rivalidade. Eles sempre vieram em primeiro lugar."

Enquanto Eva se desiludia com a vida que levava, Lee exultava com o que Carolyn chamou de "a sua terra encantada". Já passado dos 40 quando se mudaram para o sítio, ele não era velho, mas trazia as marcas de alguns grandes reveses: ganhara uma fortuna e a perdera; encontrara seu grande amigo na vida, mas ele se fora; virara celebridade e caíra no ostracismo. A essa altura, parecia mais feliz na companhia de suas lembranças. Tornara-se, como disse Carolyn, "um velho cheio de histórias, fotos antigas e recortes de jornais". Embora a roda da fortuna ainda lhe reservasse alguns sucessos, a mudança para Riverside fora um ponto de inflexão não apenas em sua vida, mas em seu próprio modo de enxergá-la: distante e compacta, como que filtrada por uma longa luneta voltada para um ponto no passado, no campo, em Flirey.

Junior fez mais quatro filmes depois da mudança para Riverside, mas não protagonizou nenhum deles. As críticas ora o mencionavam apenas de passagem, ora o ignoravam. Mas não era sua culpa. Os filmes do fim da década de 1930 ainda traziam cães, mas quase sempre como personagens de apoio — mascotes de família ou grandes companheiros dos personagens principais. A imponência e a nobreza do pastor-alemão eram quase anacrônicas. De acordo com James English, biógrafo de Lee, este tinha uma opinião particular sobre o motivo de Junior não ter tido mais fama — ele não possuía uma vida familiar para apresentar ao público. Sempre que Rin Tin Tin aparecia num filme com Nanette, ou que alguém escrevia sobre a sua vida como pai e "marido", a sua popularidade subia como um foguete. Quase todos os seus filmes tinham, antes do fim, uma cena com Nanette e os filhotes. Junior nunca foi publicamente associado a uma companheira e nenhum de seus filmes o mostrou como pai; para Lee, isso era algo "que não contribuía para a sua popularidade".

Contudo, Junior era o cão com que lhe competia trabalhar e ele o fez da melhor maneira possível. Em cartões-postais enviados a Eva desde os locais de filmagem, ele escreveu: "Junior vem fazendo um ótimo trabalho nesse filme"; "Rin trabalhou bem o dia inteiro e vem melhorando a cada dias, estou orgulhoso dele." Não está claro se Lee realmente acreditava nisso ou se eram palavras para tranquilizar Eva, que, durante as suas ausências, tinha de cuidar do canil e dos filhotes — e, mais tarde, de Carolyn — sem prejuízo de seu emprego na encaixotadora de laranjas.

O último filme de Junior foi *Hollywood em Desfile*, de 1939, produzido por Darryl Zanuck e dirigido por Malcolm St. Clair, cineasta que, mais de uma década antes, trabalhara com Rin Tin Tin em, dentre outros, *Procura teu Dono* e *O Farol da Ponta do Mar.* O filme é um pastiche da Hollywood do passado, com figurações de quase todos os artistas então sob contrato na 20th Century Fox, como os Keystone Kops, beldades de maiô e o ardiloso e mordaz Don Ameche. Junior fez o papel de seu pai, Rin Tin Tin, e Lee uma ponta como um jovem inexperiente e ingenuamente otimista que ia de porta em porta em Hollywood mendigando um papel para o seu cão.

9

Aqui a narrativa fica à escolha do leitor. Rin Tin Tin III, o seguinte na linha de sucessão, nascido em 1941, pode ter sido um filhote especialmente interessante de Junior, encarnação não do pai, mas de seu ilustre avô, o velho Rinty, e, tal como ele, marcado pelo destino. Essa é a narrativa em que muitas pessoas, Daphne Hereford dentre elas, preferiram acreditar. Ou você pode acreditar que Rin Tin Tin III foi um lindo filhote discretamente adquirido por Lee a outro criador, tão inteligente e sensível quanto o velho Rinty, com a mesma constituição compacta, mas de pelagem mais clara e fácil de filmar.

A versão que Lee passou adiante está descrita no livro de James English. English conheceu Lee em 1947, ao escrever uma matéria sobre ele para a revista *Boys' Life* intitulada "A Família Real do Reino Canino". Mais tarde, tendo os cadernos de Lee como referência, eles trabalharam juntos no livro de English *The Rin Tin Tin Story*, publicado pela Dodd, Mead em 1949. No capítulo "Treinando um Novo Rin Tin Tin", English descreve Rin Tin Tin III como um "filhote de patas desajeitadas que se destacou, como nenhum outro, em uma das ninhadas de Junior. (...) Foi como ter reencontrado o Rinty original. (...) Certo de que encontrara Rin Tin Tin III, Lee voltou a pensar no cinema. Aquele era o cão".

De acordo com Carolyn, no entanto, Rin Tin Tin III não tinha parentesco com o velho Rinty nem com Junior. Ela me revelou que Lee, embora amasse a ideia da continuação da estirpe, estava mais interessado em achar o cão perfeito. Como Junior não o impressionava, é razoável que o tenha procurado fora do seu canil, mantendo a informação, por conveniência, em segredo. Lee acreditava ter um talento especial para farejar um bom cão. Por isso, confiava mais em seu instinto do que no DNA.

A questão do pedigree é, em certo sentido, retórica. Por definição, todos os pastores-alemães têm entre si algum grau de parentesco, descendentes que são de Horand, o cão de Von Stephanitz. O pedigree significa muito, é claro, para os cinófilos, mas na história ininterrupta de Rin Tin Tin ele não parece tão importante quanto a continuidade e a permanência do personagem no transcurso do tempo. Sob esse aspecto, a questão da linhagem parece uma quimera, uma abstração, uma tecnicalidade. A linha contínua não é a da genética, mas a da crença. Era uma vez um filhote que foi achado por acaso, tornou-se um astro, inspirou pessoas, representou algo grandioso e entrou para a história. Não me interessam, nesse caso, a química, a genética nem as relações literais. O conteúdo que ultrapassou seus limites e permaneceu entre nós é aquele que me trouxe a esta história e me pôs a imaginar — e que pode, eu espero, explicar-me algo sobre a vida.

Lee poderia ter tornado irrelevante a questão da linhagem se tivesse mudado a narrativa e feito de si próprio o personagem central da lenda. Poderia ter optado por uma narrativa que gravitasse não ao redor do ilustre Rin Tin Tin e de seus descendentes, mas do grande treinador Lee Duncan e de seu canil de grandes astros do cinema. Outros treinadores de Hollywood fizeram exatamente isso, propagandeando seu talento em lugar das excepcionais qualidades de seus animais. Carl Spitz, treinador do cão que fez Totó em *O Mágico de Oz*, abriu a Hollywood Dog Training School, em 1927, para vender a sua técnica. Era Spitz que os produtores contratavam para fazer seus filmes; os cães eram quase incidentais. Para os irmãos Weatherwax — Rudd e Frank —, que prepararam o collie Pal para fazer Lassie, o cão era substituível — razão pela qual tinham um canil inteiro de collies treinados.

Alguns treinadores, como Blanche Saunders, *eram* celebridades; ninguém se lembra dos nomes dos cães de Saunders, mas ao longo da vida o seu próprio nome tornou-se sinônimo de obediência canina. Depois de trabalhar com Josef Weber, Saunders parece ter se afastado do mundo do adestramento abrindo uma loja especializada em trato de poodles numa casa do Upper East Side de Manhattan. A sua lista de clientes incluía os Du Pont e Tom Dewey, governador do estado de Nova York. Publicou também um livreto chamado *The Poodle Chart*, com esquemas de tosa e adorno da raça. Mas a obediência canina continuou sendo a sua paixão. Em 1944, ela começou a dar cursos de adestramento de cães de dez semanas em ginásios e centros de educação física espalhados pela cidade. "Cursos de Etiqueta para Cães — Aceitam-se Mestiços", dizia um anúncio no *New York Times*. As vagas logo se esgotavam, mas centenas, às vezes milhares de pessoas vinham aos ginásios ver Saunders demonstrar que era possível, por exemplo, fazer um cão parar de latir mantendo a sua boca firmemente fechada. Pelo menos 20 mil pessoas completaram os cursos de Saunders. "Os talentos de Srta. Saunders estão sendo tão demandados que pode ser tão ou mais difícil conseguir um lugar para o seu cão em um de seus cursos do que uma vaga para o seu filho em Harvard", observou uma revista.

O interesse pelas técnicas de treinamento de Saunders parecia não ter fim. Ela se apresentava com frequência no rádio e na TV. Em 1948, fez uma demonstração de obediência com 22 de seus melhores alunos ante uma plateia de 70 mil espectadores no Yankee Stadium para assistir a uma partida de beisebol, Indians *vs.* Yankees. "Os jogadores saíram às pressas dos vestiários, abotoando os uniformes, para não perder um minuto da diversão", relatou a *AKC Gazette*. Um jornalista esportivo de Cleveland observou que "os cães foram mais aplaudidos que DiMaggio". Saunders se apresentou outras sete vezes no Yankee Stadium e fez também uma demonstração para milhares de espectadores no rinque de patinação do Rockefeller Center.

Saunders escreveu vários livros sobre obediência, dentre os quais *The Complete Book of Dog Obedience*, o primeiro guia para ajudar os amadores a treinar suas mascotes, e *Training You to Train Your Dog*, transformado num documentário de três partes narrado pela atriz Helen Hayes e pelo radialista Lowell Thomas. Em 1947, para sua grande satisfação, a Girl Scouts of America (Escoteiros da América) acrescentou o treinamento de cães ao seu distintivo de méritos.

Uma das últimas fotos de Saunders antes de morrer, aos 54 anos, de um ataque cardíaco, foi tirada logo após uma de suas aulas, em 1964. Ela aparece demonstrando para uma escoteira-mirim o método correto de se colocar no cão a coleira de treinamento. Já não se parece com a moça que dirigia tratores e corria com os cães usando botas de montaria e roupas masculinas, mas tem o cabelo cortado, pintado e penteado, e veste saia evasê com blusa branca de colarinho, a aparência que se poderia esperar de uma diretora de escola. A essa altura, ela trocara o trator por um Lincoln Continental preto e assumira o estilo de Manhattan. Nunca se casou. Depois de Helene Walker, não teve outra companhia que não a de seus cães. No prefácio de *The Story of Dog Obedience*, Walker escreveu: "Blanche Saunders morreu como viveu — serenamente, pouco depois de fazer o que mais gostava: ensinar pessoas a treinar seus cães."

Se houve um momento em que Lee poderia ter feito de si mesmo o foco central, em vez de seus cães, e construído um nome como treinador especializado, foi esse. Afinal, ele se aperfeiçoara treinando Rin Tin Tin e poderia tê-lo convertido em fama pessoal num momento em que, por todo o país, as pessoas devoravam tudo o que se escrevia sobre adestramento de cães. Não foi, porém, o que aconteceu. Enquanto Saunders se apresentava no Yankee Stadium, Lee preparava Rin Tin Tin III, em Riverside, para uma improvável nova chance no cinema.

Rin Tin Tin III — que pode ou não ter sido descendente direto de Rinty — parecia-se muito pouco com Junior. Em contraste com os lábios finos, os quadris estreitos e o manto escuro de seu antecessor, Rin III tinha pelagem mesclada, escápulas vigorosas, peito quadrado, nariz achatado e uma sombra escura ao redor do focinho que lhe dava uma permanente aparência de barba por fazer. Aprendia rápido — diz-se que com 1 ano de idade já conhecia 500 comandos diferentes — e, na opinião de Lee, era tão expressivo quanto o velho Rinty, só que mais agradável. A obstinação de Lee em ser o único a lidar com seus cães tornara Rinty e Junior desabituados — e o velho Rinty particularmente hostil — a estranhos. Mas por ocasião do treinamento de Rin Tin Tin III, Lee mudara de filosofia. Para torná-lo mais sociável, não apenas o deixava brincar com sua filha, Carolyn, como passou a incentivar os visitantes do sítio a desfrutar de sua companhia.

Lee teve outra passagem pelo cinema em 1939, quando conseguiu um papel para Rinty em *Law of the Wolf*, um bangue-bangue barato produzido pela Metropolitan Pictures e escrito por Bernard B. Ray, uma autêntica fábrica de roteiros que os assinava sob diversos rearranjos criativos do próprio nome, como Ray Bernard, Bernard DeRoux, Raymond Samuels e Franklin Shamray. A propaganda do filme anunciava que o papel do cão, cujo nome era "Rinty", seria feito por "*um grand son*" do Rin Tin Tin original. É difícil saber ao certo qual é o cão que aparece na tela e o motivo da expressão "*grand son*" [filho ilustre] — que, embora se pronuncie igual a "*grandson*" [neto], não significa exatamente a mesma coisa: mais parece um modo astuto de driblar a questão de se o cão era, de fato, neto do Rin Tin Tin original. Algumas fontes, como o Internet Movie Database (IMDB.com), sustentam que o cão do filme era, de fato, Rin Tin Tin III. Dan Condon, colecionador de *memorabilia* do cinema mudo e estudioso dos pastores-alemães, discorda: para ele, o cão de *Law of the Wolf* não era nem Junior nem Rin Tin Tin III, talvez porque Junior não tenha tido bom desempenho e Rin Tin Tin III nem havia nascido.

Na recomendação do filme, o *Moviegoers Daily* afirmou que ele atrairia os "aficionados de bangue-bangues que se lembram das memoráveis proezas do mais famoso e original herói canino do cinema" — ao mesmo tempo uma referência carinhosa ao velho Rinty e uma deliberada omissão de Junior.

Mesmo fazendo questão de desviar o foco de si próprio para seus cães, Lee tinha um desejo de reconhecimento irredutível, que parecia contradizer-lhe a modéstia obstinada: sua maior ambição era ver imortalizada no cinema a história do seu encontro com Rin Tin Tin. Por isso, foi grande a sua emoção quando Everett George Opie e Ruth Weisberg começaram, em 1940, a trabalhar num roteiro com o tema "a verdadeira história de Rin Tin Tin e Lee Duncan" para a Warner Bros. Foi a primeira de várias tentativas de se fazer um filme sobre a vida de Lee. Nos 70 anos seguintes, o projeto foi retomado várias vezes, sem sucesso. Mas Lee nunca perdeu a esperança. "Ele sempre falava nisso", disse-me Carolyn. "O tempo todo."

Em 1941, Junior morreu de pneumonia, aos 8 anos de idade. Dessa vez, porém, não houve boletim em rede nacional de rádio nem obituários dignos de nota. A morte de Junior passou despercebida por muitos e ignorada pelo grande público. Eu nunca consegui saber o que foi feito de seus restos. Tenho certeza, no entanto, de que Lee o pranteou: mesmo tendo sido, para todos os efeitos, uma decepção, Junior era filho de Rinty.

É bem possível, por outro lado, que a morte de Junior tenha sido eclipsada pelos acontecimentos mundiais: ela aconteceu poucas semanas depois do ataque japonês a Pearl Harbor. Lee soube do ataque pelo rádio do carro quando voltava, com Junior e Rin Tin Tin III, de uma exposição canina em Palm Springs. Decidiu, num reflexo, alistar-se na Força Aérea, mas logo soube que a idade não o permitiria. Havia, porém, um papel relevante reservado para Rin Tin Tin III na Segunda Guerra Mundial.

10

Pouco depois do ataque a Pearl Harbor, as Forças Armadas dos Estados Unidos fizeram um apelo público à doação de cães para emprego na guerra. Graças a Blanche Saunders e Helene Whitehouse Walker, os cães norte-americanos já sabiam sentar e ficar parados quando exigidos; esperava-se deles, agora, que estivessem aptos a atuar no campo de batalha. "É um fato incontestável que foram os oito anos de trabalho preparando as pessoas e os cães deste país para o treinamento da obediência que permitiram à Dogs for Defense colocar-se em marcha em tempo recorde", escreveu Saunders, com indisfarçável orgulho.

No fim da Primeira Guerra, a maior parte dos cães militares da Europa foi devolvida aos seus donos ou sacrificada — salvo na Alemanha, onde o treinamento prosseguiu em ritmo acelerado. O país empregou na guerra mais de 30 mil cães, e as Forças Armadas, que conheciam o seu valor, mantiveram ativa a unidade. Outros 25 mil pastores-alemães treinados foram enviados, nesse período, ao Japão, onde se juntaram ao pequeno séquito de descendentes de Rin Tin Tin, gerados pelos filhotes adquiridos pelo cônsul japonês na década de 1920. (Rin Tin Tin teve duradoura popularidade no Japão. Em 1941, anos depois do desaparecimento de seus filmes mudos dos cinemas dos Estados Unidos, Lee recebeu de distribuidores japoneses um cheque de 11 mil dólares, referentes a royalties anuais de filmes que continuaram a ser exibidos nos cinemas daquele país.)

Apesar do Tratado de Versalhes, firmado em 1919, ter limitado o seu tamanho e as suas atividades, o Exército alemão vinha se reconstruindo a passos largos — em segredo de início, abertamente depois. Em 1932, o governo alemão fez a ameaçadora declaração de que não mais se submeteria às restrições do tratado. Pouco depois, restabeleceu o serviço militar obrigatório. Como era de esperar, um novo exército canino surgiu. A maioria dos cães era doada pelos cidadãos, que durante anos haviam sido exortados a treinar suas mascotes para possível emprego militar. Em meados da década de 1930, as Forças Armadas alemães solicitaram às famílias que colocassem seus cães à disposição. De acordo com um jornal de Berlim, uma única convocação rendeu ao Exército quase 16 mil cães de propriedade particular.

Como era desejo de Von Stephanitz, o pastor-alemão se tornara o cão mais laureado da Alemanha. Seu clube de criadores tinha mais de 60 mil associados e seguia crescendo. Com a implosão da República de Weimar, Von Stephanitz se concentrou em seus cães; a sua única política era a canina. Quando uma considerável quantidade de sócios do clube entrou para o Partido Nazista, ele passou a se ocupar dos registros genealógicos — uma espécie de inventário da raça — e com o projeto de seu livro *The German Shepherd Dog in Word and Picture*, o texto definitivo sobre o tema. Von Stephanitz estava menos interessado nos nazistas do que os nazistas em Von Stephanitz. Afinal, ele criara um universo canino paralelo ao ideal nazista — uma raça pura e distintivamente alemã, resultante do cruzamento de indivíduos inferiores, que já provara ao resto do mundo a sua superioridade e o seu valor.

A resistência de Von Stephanitz à política veio a ser testada no começo da década de 1930, quando os nazistas deixaram claro o seu interesse em controlar o Verein für Deutsche Schäferhunde — o Clube do Pastor-alemão. Eles queriam não apenas o cão, por seu valor militar, mas também o clube, por seu valor simbólico como entidade maior dos criadores.

Stephanitz relutou em deixar o posto, mas, diante da ameaça de ser mandado para um campo de concentração, acabou cedendo. O clube era o trabalho da sua vida. De todo modo, Von Stephanitz veio a falecer em 1936, pouco depois de entregar aos novos diretores do clube o Livro da Raça e o Registro Genealógico. Em 1939, por ocasião do ataque-relâmpago à Polônia, a Alemanha tinha uma unidade canina com cerca de 200 mil animais.

Os nazistas admiravam os lobos devido ao seu sucesso como predadores. Na concepção nazista da natureza como um campo de batalha violento e hierarquizado, os lobos eram os animais dominantes. Fisicamente assemelhados, os pastores-alemães eram admirados por seu *germanischer Urhund*. Hitler os adorava. Na década de 1930, teve duas fêmeas, mãe e filha, ambas chamadas Blonda. Em 1941, depois da morte das Blondas, seu secretário, Martin Bormann, presenteou-o com uma fêmea preta e prateada chamada Blondi. Hitler era-lhe tão apegado que a deixava dormir em sua cama — privilégio que não concedia nem à amante, Eva Braun.

Por essa mesma época, Anne Frank completaria 13 anos de idade. Fã de Rin Tin Tin, ela queria levar os amigos para ver um filme dele no dia do seu aniversário, mas, como os judeus haviam sido proibidos de entrar nos cinemas, seus pais tiveram de arranjar uma cópia de *O Farol da Ponta do Mar*, um dos primeiros filmes do velho Rinty, para uma sessão doméstica. Em seu diário, Anne relata que o filme fez um "grande sucesso" entre seus colegas de turma. Ela pensava frequentemente no cão. Poucos dias antes da festa, Anne escreveu: "Esta manhã, no banho, eu pensava que seria maravilhoso ter um cachorro como Rin-Tin-Tin. Eu o chamaria de Rin-Tin-Tin também e o levaria à escola. Ele poderia ficar na sala do zelador ou, quando fizesse tempo bom, no bicicletário."

Hitler tinha grande interesse pelos animais e por seu bem-estar. "No Terceiro Reich", declarou ele, "não haverá crueldade com animais". Algumas das primeiras leis adotadas pelo Partido Nazista se referiam à sua proteção e sujeitavam os transgressores aos campos de concentração. Aboliram-se a vivissecção, a castração e o corte do rabo. A caça e a ferração de equinos foram reguladas e restringidas. Proibiu-se cozer lagostas e caranguejos vivos em água fervente. Os médicos veterinários foram guindados ao nível mais elevado de afiliação ao Partido Nazista. Embora não existissem lobos selvagens na Alemanha, a espécie foi colocada sob estrita proteção. Do primário à faculdade, os estudantes — que eram premiados por denunciar não arianos suspeitos em seus bairros — recebiam aulas de bem-estar animal. A Lei de Proteção Animal de 1933 proibiu o uso de animais em filmes.

O interesse de Hitler pelos animais parece perverso, considerando-se a facilidade com que mandou milhões de seres humanos para a morte. Não é de admirar, porque tudo o que ele fazia era perverso: amava Blondi a ponto de haver testado nela as suas cápsulas de suicídio e ficado arrasado com a sua morte. De onde viria, pois, o seu interesse pelos animais? Algumas leis, como a proibição da degola *kosher* e da posse de animais pelos judeus, foram provavelmente instauradas para favorecer a perseguição religiosa, assim como a vivissecção proibida para prejudicar os cientistas judeus. Contudo, a reverência nazista pela natureza e pela ordem natural tinha raízes mais amplas e fundamentais do que a política antissemita. A adoração, de viés pagão, da natureza como uma força imutável, estava no cerne do sistema de crenças nazista. Esquematicamente concebida como uma inviolável e impiedosa hierarquia onde os fortes sobrepujam os fracos, a natureza em geral e o mundo animal em particular eram usados como modelo e justificação da visão nazista do mundo, merecedores, por isso, de respeito e proteção. Nesse cenário, os arianos eram os predadores dominantes e o resto do mundo, as suas presas; seu comportamento era uma decorrência da ordem do mundo natural. Os nazistas não se viam como uma ameaça à civilização: ao contrário, eram os agentes da sua restauração sob um arranjo mais orgânico a que a supremacia ariana servia de diretriz, justa e universal.

O interesse pelo bem-estar dos animais foi também usado pelos nazistas como um modo de acentuar a humilhação de suas vítimas. Alçar os animais a uma posição mais elevada na ordem natural e legislar em prol de seu conforto e segurança era um modo indireto de remeter judeus, ciganos e não arianos em geral a um status inferior ao de animais de baixa sensitividade, como as lagostas: um judeu podia ser colocado numa câmara de gás, mas uma lagosta não podia ser cozida numa panela de água fervente.

Essa grotesca contradição é bem ilustrada pelo Projeto Angorá, um programa de criação de coelhos desenvolvido pelas SS nos campos de concentração de Auschwitz, Dachau e Buchenwald. Os coelhos, cujas peles eram usadas como isolante térmico nos casacos de voo dos pilotos da Luftwaffe, viviam em magníficas coelheiras, bem cuidados e alimentados pelos prisioneiros. Contudo, Heinrich Himmler, o chefe das SS, que dirigia o projeto e o mantinha perfeitamente documentado, os queria também para outro propósito: fazer com que os prisioneiros mortos de fome se lembrassem, ao preparar-lhes a comida e limpar-lhes as gaiolas, de que tinham menos valor e eram menos dignos de respeito e direitos na ordem nazista do que os animais que tinham sob seus cuidados.

Toda pessoa que ama os animais parece ser essencialmente boa — ou pelo menos, inversamente, toda pessoa capaz de ferir deliberadamente um animal não parece sê-lo. Desgraçadamente, a relação dos nazistas com os animais destrói tal suposição. Fazia pouco tempo que eu, refletindo sobre certas perguntas jamais respondidas a respeito de nossos parentes e a obstinada relutância de meus avós em visitar sua cidade de origem, na

Hungria, levantara o véu que cobria uma parte da minha própria história familiar. Meus avós, ambos de famílias judias assimiladas, deixaram a Hungria por vontade própria, na década de 1920, abandonando sua porcelana chinesa, suas pratarias e seus quadros favoritos, para se estabelecer na América — primeiro no México, depois nos Estados Unidos. Eles costumavam me contar histórias sobre o seu passado, povoadas de irmãos, irmãs e primos que não cheguei a conhecer. Mas sempre que eu perguntava onde morava agora esse ou aquele parente, era hora de lanchar ou ir brincar no quintal. No final, acabei esquecendo esses fantasmas — pessoas que entravam e saíam das histórias como atores que o diretor coloca e tira de cena a seu bel-prazer. Nunca me foi dito que algum deles morrera. Eles simplesmente desapareciam da narrativa, como se nunca tivessem existido.

Tarde demais para fazer-lhes novas perguntas, eu vim a saber que esses irmãos, primos e sobrinhos, lacunas vaporosas no passado da família, haviam morrido em campos de concentração, sacados de cena pouco antes do fim da guerra, quando provavelmente já imaginavam ter conseguido sobreviver a ela. Caiu, então, sobre mim, o entendimento de que se meus avós tivessem, algum dia, voltado à Hungria para visitá-los, não encontrariam parentes nem amigos; talvez nem mesmo reconhecessem seus lugares de origem.

11

Os cães heróis da Primeira Guerra Mundial — Satan, de Verdun; Rags, de Galípoli; Michael, o Cão Mensageiro; Stubby, o Cão Herói — já haviam demonstrado a utilidade da espécie nos campos de batalha, mas as Forças Armadas dos Estados Unidos não o perceberam a tempo de criar uma unidade especializada. No começo da Segunda Guerra Mundial, a situação não era diferente. Havia nos Estados Unidos entre 13 e 15 milhões de cães, mas a força norte-americana de cães militares resumia-se a 50 huskies a postos no Alasca. Pouco depois de entrar na guerra, as Forças Armadas anunciaram necessitar de 300 mil cães treinados para envio à

Europa e ao Pacífico o mais rápido possível. À falta de outra opção, a maioria teria de ser doada por civis. No melhor dos casos, os cães seriam devolvidos aos seus donos no fim da guerra.

A ideia da Dogs for Defense, organização que ajudou a realizar o recolhimento dos cães, proveio de um grupo de treinadores e tratadores profissionais de Nova York liderados por Arlene Erlanger, proprietária do Pillicoc, um canil especializado em poodles. Providenciado o apoio do AKC e tomadas as providências cabíveis junto à Intendência — unidade do Exército que cuidava dos animais e equipamentos —, iniciou-se o processo de separação das famílias norte-americanas de seus cães.

A exemplo de Helene Walker, Erlanger era uma respeitável senhora nova-iorquina com empregadas e motoristas à disposição. Mas era também uma mulher pragmática e voluntariosa que tentara, sem sucesso, convencer o Exército a criar uma unidade canina durante a Primeira Guerra Mundial e estava decidida a não permitir que o fato se repetisse na Segunda. Por ocasião do ataque a Pearl Harbor, ela disse a um repórter do *New York Sun*: "Os cães devem desempenhar um papel nessa hora. Outros países usam cães há anos em seus exércitos e o nosso não. Pensemos no que os cães podem fazer."

Numa foto a que tive acesso, Erlanger aparece sentada ao lado do general-intendente Edmund Gregory: ele num uniforme coberto de medalhas, ela num sobretudo azul da Marinha, com luvas brancas, barretina e uma estola de chinchila sobre um dos ombros. Embora pareça estar a caminho de um almoço no country club, Erlanger fora encontrar-se com Gregory para entregar-lhe a custódia de centenas de cães de guarda recém-doados à Dogs for Defense. Depois de organizar o recolhimento dos animais, ela não retornou, no entanto, à sua paz suburbana: no transcurso da guerra, escreveu um manual técnico para o Exército dos Estados Unidos — *TM 10-396 War Dogs* — contendo um protocolo-padrão de treinamento de cães e foi contratada como consultora especial da Intendência para a produção de boletins e filmes sobre o tema.

Nos primeiros dias da guerra, submarinos alemães avistados na costa leste e no golfo do México despertaram o temor de que espiões e sabotadores pudessem se infiltrar nos Estados Unidos. Por isso, a primeira missão da Dogs for Defense foi guardar os aeroportos domésticos, as instalações militares e os serviços públicos. A população foi exortada a doar animais com 1 a 5 anos de idade, mais de 45 centímetros de altura e "que não tivessem medo de tempestade nem de barulho". Podiam ser de raça ou mestiços, desde que atendessem às exigências.

Anúncios da Dogs for Defense apareceram nos diários, revistas e cinejornais. Um deles, patrocinado pela Purina Dog Chow, continha o desenho de um militar ao lado de um pastor-alemão e, ao fundo, seis soldados marchando em formação com seus fuzis. A legenda dizia: "Joe e Shep Assumem o Comando — Liberando Seis Homens para Outras Tarefas!" O anúncio explicava a importância dos cães no esforço de guerra: "Já foi provado, aqui e no estrangeiro, que a percepção noturna de um cão bem-treinado tem acuidade equivalente à de pelo menos seis guardas humanos. É por essa e outras razões que o Exército dos Estados Unidos está recrutando cães para o serviço militar. O general de divisão Edmund B. Gregory, intendente-geral do Exército dos Estados Unidos, estima que teremos necessidade de milhares de cães treinados. Precisamos de cães voluntários, já!"

Em poucos meses, os norte-americanos já haviam doado 19 mil mascotes à Dogs for Defense, lotando os canis dos Centros de Recepção e Treinamento de Cães de Guerra da Virgínia, Nebraska, Mississippi, Montana e Califórnia. Dentre eles estavam Jack, o pastor-belga de 3 anos doado ao serviço por Joseph Verhaeghe, de Floral Park, Nova York; Butch, o doberman pinscher do Sr. Walter Dipping, de Chicago, oferecido ao Corpo de Fuzileiros Navais; Chips, o pastor-alemão da Sra. Edward Wren, de Pleasantville, Nova York, que veio a receber a Cruz de Serviços Notáveis por liberar uma casamata inimiga na Sicília, "com total desapego à própria segurança"; Peppy, o doberman da família do Sr. J. F. Bryan, de Long Island, que passou três dias desaparecido em Guam depois de alvejado em ação. Havia também o poodle da atriz Greer Garson, o pastor-alemão de Mary Pickford, o doberman de Rudy Valee e o dinamarquês do violinista Jascha Heifetz, Great Dane. Até Lee doou um cão — Truline von Pondview, mãe de Rin Tin Tin III, morta em ação no Pacífico Sul.

Foram tantos os cães doados à Dogs for Defense que a quantidade de exposições e concursos caninos caiu abruptamente em todo o país. Um característico título da coluna de cinofilia do *New York Times*, de 1942, dizia: "Dogs for Defense Segue Recrutando — Demanda por

Incorporações Caninas É Incessante Devido ao seu Valor em Todas as Frentes — Kennel Club de Suffolk County Decide Suspender a sua Exposição Anual em Huntington." Muitas exposições realizadas, dentre elas a do Kennel Club de Westminster, doaram sua renda à Dogs for Defense.

Quem doava um cão à Dogs for Defense recebia pelo correio um cartão com os seguintes dizeres:

> Tenho a satisfação de comunicar que o seu cão, cujo nome, raça e número de identificação especificados (em anexo), chegou a esta seção em boas condições. Não temos, no momento, condições de prever a sua adaptabilidade aos rigores do treinamento militar. Estamos seguros de que o(a) Sr.(Sra.) entenderá que os interesses do segredo militar estarão melhor atendidos se novas informações forem retidas daqui para frente. Grato por sua generosa doação neste momento de emergência nacional, o seu, [assinatura do comandante].

Metade dos cães doados foi devolvida em poucas semanas aos seus donos por não ter passado nos testes físicos ou por serem os animais pequenos ou nervosos demais. A outra metade foi submetida a um programa de obediência de oito semanas, em que se praticavam ataques a manequins de Hitler e do imperador Hirohito. Os primeiros resultados foram decepcionantes. Os tratadores e treinadores que dirigiam o programa tinham experiência em exibições caninas, mas não sabiam ensinar os animais a atacar infiltrados e farejar minas terrestres. O enfoque era pouco claro e o programa, apenas semioficial; a Dogs for Defense era uma entidade civil e as Forças Armadas nem sequer haviam criado uma unidade canina. No ano seguinte, porém, o secretário da Defesa criou oficialmente o Programa de Cães de Guerra, no âmbito da Intendência-geral. Munida do manual de Arlene Erlanger, a unidade canina estava a caminho.

As famílias doadoras inundaram a Intendência-geral do Exército de cartas e cartões de Natal e aniversário destinados aos seus cães. Milhares de mensagens enviadas diretamente ao general-intendente perguntavam sobre o desempenho desse ou daquele cão: se Skipper se saíra bem no treinamento básico, se Thor aprendera a localizar aviões, se Ginger já sabia levar mensagens e se Lucky, Tippy e Cappy estavam comendo a ração servida pelo Exército. De início, os militares fizeram o possível para responder a todas as cartas, mas com o aumento do número de animais o procedimento tornou-se impraticável. A correspondência passou, então, a ser respondida por meio de certificados de avaliação com timbre do Departamento da Guerra.

Na linha de frente, os militares que lançavam mão dos cães escreviam ocasionalmente aos seus donos — em geral quando havia más notícias. O primeiro cão morto em ação foi Rollo, um doberman pinscher atingido por fogo de metralhadora nas ilhas Salomão. Inúmeras fatalidades se seguiram. "A notícia que lhes trago não é boa", escreveu um Fuzileiro Naval chamado Guy Wachtsletter ao Sr. e Sra. Leo Raymond, de Ridgefield, Washington, a respeito de Tubby. "Tubby foi atingido e morreu na noite de 31 de agosto. Ele tem oito "japas" a seu crédito (...) comportou-se o tempo todo como um verdadeiro fuzileiro e morreu instantaneamente, sem um gemido, atingido no coração. Nós o enterramos no cemitério de Fuzileiros Navais, ao lado de outros heróis desta campanha. Logo que possível eu lhes enviarei uma foto de seu túmulo. Ele tem uma cruz com seu nome e posto. Tubby era cabo."

Não houve apelo à doação de cães na Primeira Guerra Mundial. Se tivesse havido, não teria causado a comoção ocorrida na Segunda. Em 1917, os cães ainda eram vistos como um tipo superior de animal de fazenda, empregados, o mais das vezes, como pastores e caçadores. Nessas circunstâncias, treiná-los como soldados nada teria de extraordinário. Nos primeiros filmes de Rinty, por exemplo, ele é retratado como companheiro, não como mascote: raramente aparece dentro de casa e sua intimidade com os donos provém da condição de funcionário, não de membro da família.

No início da Segunda Guerra Mundial, o cão era um objeto prosaico da cena doméstica moderna. Os norte-americanos haviam migrado em massa do campo para a cidade e os cães foram atrás, promovidos de trabalhadores rurais e animais de quintal a equipamento e companhia domésticos. Depois que se tornaram nossos acompanhantes — nossos amigos —, colocá-los para trabalhar, em tarefas de altíssimo risco ainda por cima, requeria um grande comprometimento com a causa. Em 1942, a guerra era a maior das causas: toda renúncia se apequenava ante a perspectiva de um mundo controlado por Hitler.

O Exército sabia dos padecimentos envolvidos na doação. "Reconhecendo o valor sentimental e monetário dos cães, emprestados por seus donos pelo tempo que durar a guerra, o Exército lhes dedica cuidado e atenção permanentes", dizia a *Fighting War Dogs of World War II*, publicação das Forças Armadas, de 1944, destinada a promover a Dogs for Defense por meio de artigos como "Cão Captura Japa", "Skippy Soma 200 Horas de Voo com a AAF", "Queenie Morre em Ação" e "Terrie — da Califórnia à África".

Um dos artigos, intitulado "Menino Oferece Cão em Sacrifício ao Esforço de Guerra", fala de um escoteiro chamado Eugene Knispel, que mandou uma carta ao comandante da Intendência com os dizeres "Como escoteiro e detentor do privilégio de ser dono de um excelente pastor-belga jovem e inteligente, julgo que é minha obrigação para com meu país oferecê-lo à Defense para treinamento. Eu ficaria bastante orgulhoso se meu cão pudesse pertencer à Unidade K-9.* Os senhores me fariam a gentileza de informar como posso alistá-lo?

Eugene Knispel é, atualmente, veterinário em Nova Orleans. Quando consegui localizá-lo, pelo telefone, em sua clínica, o Dr. Knispel ficou atônito. Aos 81 anos de idade, já fazia 70 desde que cogitara ceder seu cão. Disse-me que ele se chamava Ferdinand, nome do protagonista do clássico infantil *O Touro Ferdinando*, um animal manso e pacifista que se recusa a participar de uma tourada. Quando a guerra começou, Eugene morava com sua mãe divorciada num apartamento em Manhattan, na rua 97, naquela época um lugar bastante problemático. A mãe trabalhava fora e Eugene costumava ficar sozinho. Era muito apegado ao cão, que descreveu como "meu amigo, e também meu protetor". Ferdinand devia ser um autêntico troféu, porque, segundo Knispel, poucos meninos do

* Em inglês, a pronúncia do nome K-9 se assemelha à do adjetivo *canine* (canino). (N.T.)

bairro tinham cães e, ainda por cima, Ferdie tinha pinta de primo do grande Rin Tin Tin. A mudança da família para Long Island, quando sua mãe arranjou emprego numa propriedade onde Ferdinand não era aceito, foi um duro golpe para Knispel. Ele tinha 13 anos, uma idade em que é difícil perder qualquer coisa, que dirá um cão. Não sabia o que fazer com Ferdie até o dia em que ouviu falar da Dogs for Defense — num cinejornal, ele acredita. "Fiquei orgulhoso por oferecer Ferdinand", disse-me. "Eu esperava que ele se saísse bem. Depois de Pearl Harbor, o lema entre nós, garotos, passou a ser: 'Hitler fede.'"

Knispel não lembrava se Ferdinand chegou a ser aceito pela Dogs for Defense ou o que foi feito dele. O que tinha como certo era que ele e sua mãe saíram de Manhattan sem o cão. Ele nunca mais o viu.

12

Embora desejasse se alistar, Lee, aos 50 anos, já não era considerado apto para o serviço ativo. Todavia, a sua fama como treinador de cães era bem vista pelos militares, que o convidaram para participar do processo de avaliação e treinamento dos cães doados em Camp Haan, Riverside. Outros treinadores de Hollywood, como Earl Johnson e Carl Spitz, também trabalhavam para o Exército, mas não tinham trunfos do quilate de Rin Tin Tin III, capaz de inspirar as pessoas a doarem seus cães para o esforço de guerra. Lee levou Rinty a Camp Haan, onde ele foi tatuado com seu número de série e patente (sargento) e submetido ao mesmo regime de treinamento, de seis semanas, dos outros cães.

Tal como na Primeira Guerra Mundial, os cães eram treinados para as funções de sentinela, mensageiro, acompanhante, detector de minas, localizador de aviões e cão de cadáveres. A Força Aérea dos Estados Unidos começara também a testar o lançamento de cães em paraquedas atrás das linhas inimigas. (Segundo um relatório do programa, um boxer chamado Jeff "fez 13 saltos, 12 dos quais bem-sucedidos".) Decidido a empregar cães em papéis mais relevantes que o de mero apoio, o general Douglas MacArthur enviou uma unidade tática de oito tratadores e seus doberman pinschers — a raça oficial dos Fuzileiros Navais, que os chamavam carinhosamente de Devil Dogs (Cães Diabólicos) — às ilhas Salomão. Fuzileiros e cães constituíam uma equipe: os cães participavam dos desembarques anfíbios e ficavam ao lado dos soldados nas trincheiras. Eram especialistas em descobrir soldados inimigos e levar mensagens quando os rádios falhavam, fato corriqueiro nas regiões úmidas do Pacífico Sul. A experiência foi avaliada como um grande sucesso, embora nem tanto para os cães: cinco deles foram mortos em combate e os que restaram, sacrificados devido à contaminação por tifo.

Rin Tin Tin III não teve chance de ser enviado à linha de frente. Sua missão foi servir como garoto-propaganda do destacamento agora conhecido como Unidade K-9. Um comunicado de imprensa de 1943, emitido desde Camp Haan, explicava: "Um dos voluntários civis mais atarefados e dispostos a tudo nesta guerra é um cão. Um animal belo, inteligente e destemido, que dá o máximo de suas inúmeras aptidões para ajudar o país. Ele é ninguém menos do que Rin Tin Tin III, neto do famoso ator de cinema de quem herdou seu nome. (...) Era intenção de seu dono alistar Rin Tin Tin como cão de guerra no Exército regular, mas se percebeu que Rin Tin Tin poderia ser mais útil permanecendo como voluntário, livre das inúmeras restrições impostas pela vida militar." O pastor-alemão foi alçado à categoria de "raça canina oficial" do Exército dos Estados Unidos, e Rin Tin Tin III, celebrado como exemplo de desempenho dos cães norte-americanos na guerra.

Lee e Rin Tin Tin III percorreram toda a Califórnia promovendo a Dogs for Defense. Em Camp Haan, Rinty foi empregado em vários testes, alguns bastante arriscados. Num deles, entrou com uma máscara canina numa câmara de gás em operação; noutro, teve de percorrer um campo minado para se avaliar a capacidade canina de driblar minas terrestres. Nas horas de folga, recebia artistas de cinema e teatro em visita a Camp Haan, como foi o caso de Bob Hope, Jack Benny e Kate Smith. O boletim de Camp Haan relatou que "a Srta. Smith ficou impressionada com a ordem e a limpeza observadas na cozinha dos cães".

Hollywood foi à guerra, mas a guerra também foi a Hollywood. Uma de suas mais improváveis heroínas ficcionais foi uma cadela britânica chamada Lassie, que o público conheceu em *Lassie Come-Home* (*A Força do*

Coração), um bestseller da literatura adolescente de 1940, que falava da linda collie dos Carraclough, uma família pobre de Yorkshire. Quando Sam Carraclough perde o emprego, a família se vê obrigada a vendê-la a um vizinho rico e inescrupuloso. A história descreve a "sofrida majestade aristocrática" de Lassie e sua determinação de reencontrar Joe, o filho mais novo dos Carraclough.

Eric Knight, autor de *Lassie Come-Home*, nasceu na Inglaterra, mas foi criado nos Estados Unidos. Não teve um cão quando criança, porém adorava os collies, a raça favorita dos habitantes de Yorkshire. Em Nova York, trabalhou como roteirista e repórter. Foi assim que uma reportagem para o *Saturday Evening Post* o levou de volta à Yorkshire da sua infância com o objetivo de investigar a pobreza na região. Descobriu, então, que a situação de algumas famílias era tão crítica que elas se viram obrigadas a vender seus collies para comprar comida. A reportagem, um relato ficcionalizado da vida de uma dessas famílias, foi tão elogiada que um editor o convidou a transformá-la num romance. Poucos meses depois, *Lassie Come-Home* foi a público.

Até onde sabemos, Lee não conheceu Eric Knight, mas há em suas vidas um inusitado paralelismo: ambos nasceram, com poucos anos de diferença, na década de 1890; ambos perderam o pai antes de terem idade suficiente para saber que tinham pai; ambos passaram parte da infância longe da mãe — no caso de Knight, quando sua mãe arranjou um emprego na Rússia e ele foi morar com parentes em Massachusetts; ambos serviram na Primeira Guerra Mundial e estiveram envolvidos na Segunda (Knight foi major dos Serviços Especiais do Exército dos Estados Unidos); finalmente, ambos viram chegar ao público os personagens que criaram. Ao contrário de Lee, porém, Knight não pôde testemunhar o impacto de Lassie na cultura popular: três anos depois da publicação de *Lassie Come-Home*, morreu num acidente aéreo dos Serviços Especiais no Suriname.

Em 1943, ano da morte de Knight, o seu livro foi levado às telas sob o título *Lassie, a Força do Coração* (*Lassie Come Home*; *Come-home*, conforme o título do livro, é uma expressão inglesa para cães capazes de encontrar o caminho de casa; os produtores tiraram o hífen para tornar o título mais universalmente compreensível). O filme foi estrelado por Roddy McDowall, no papel do taciturno Joe Carraclough. O pai de Joe, Sam Carraclough, foi representado por Donald Crisp, ator muito familiarizado com cães de cinema: sua esposa, Jane Murfin, fora coproprietária de Strongheart junto com o primeiro marido, Lawrence Trimble.

Mais de mil cães se candidataram ao papel principal. A personagem de Lassie era fêmea, mas, no filme, como mais tarde na TV, foram empregados machos no papel. A razão é que os machos têm pelagens mais exuberantes e, ao contrário das fêmeas, não estão sujeitos aos sangramentos anuais, período em que ficam propensas à sarna e à queda do pelo. Os machos são também maiores, o que faz com que os atores-mirins pareçam mais ternos e infantis ao seu lado (devido a essa ilusão de ótica, puderam-se usar meninos mais velhos e experientes em papéis mais infantis).

O cão que obteve o papel foi um macho tricolor chamado Pal, propriedade do treinador de animais Rudd Weatherwax. Weatherwax treinara cães de cinema como Asta, a terrier pelo de arame do filme *A Ceia dos Acusados*, mas sua grande ambição era encontrar um pastor-alemão de qualidade estelar, por ser essa a única raça regularmente utilizada nos papéis principais. Quando as demandas hollywoodianas de Weatherwax escasseavam, ele treinava mascotes-problemas para clientes particulares. Foi assim que Pal chegou ao canil de Weatherwax: estava enlouquecendo o dono com a mania de latir para automóveis e persegui-los. Weatherwax conseguiu dar jeito nos latidos, mas não nas perseguições. O dono acabou por abandoná-lo no canil. Weatherwax gostava de Pal, mas, como os collies eram pouco demandados no cinema e ele não precisava de mascote, acabou cedendo-o a um amigo.

Meses depois, no entanto, ao saber que a MGM estava formando o elenco de *Lassie, a Força do Coração*, Weatherwax decidiu resgatar Pal e levá-lo aos testes. O antigo perseguidor de carros, agora um cão adestrado, saiu-se tão bem que ganhou o papel. Belo e expressivo, Pal fez um brilhareco nas filmagens com seu especial talento para dar-se ares de infelicidade. O resultado foi tocante. Diz-se que Louis B. Mayer, presidente da MGM, chorou quando assistiu ao filme pela primeira vez. Convencido do imenso apelo do astro canino, Mayer providenciou a divulgação de dezenas de diferentes retratos de Lassie-Pal, seguida de uma intensa campanha na imprensa. Seguindo os passos de Lee e Rinty, Weatherwax saiu em turnê com o cão depois da estreia para apresentá-lo em cinemas e arenas de todo o país. Três anos depois do lançamento, o collie havia se tornado a terceira raça mais popular dos Estados Unidos.

13

Em 1943, um collie astro de cinema era uma novidade: durante décadas, Hollywood fora dominada pelos pastores-alemães. Um ou outro cão de outra raça e algum mestiço ocasional conseguiam papéis, mas desde que Strongheart entrara em cena, nenhum cão que não fosse pastor-alemão jamais estrelara um filme, que dirá tornara-se uma celebridade. Ainda por cima, os collies eram totalmente diferentes dos pastores-alemães — ambos cães de pastoreio, mais ou menos do mesmo tamanho, mas opostos sob todos os demais aspectos. Os pastores eram fortes, de pelagem curta e espessa, perfil bem-definido, fronte enérgica e sagaz, olhos negros e expressão intensa e impaciente, como que aguardando você terminar o que tinha a dizer para ir cuidar das urgências do dia. Sua postura quase sempre semiagachada denotava vigilância e prontidão. Conhecidos como soldados e policiais, os pastores-alemães eram resistentes, austeros e ativos. Os collies, ao contrário, pareciam tímidos e contemplativos, com os olhos encobertos, as orelhas dobradas e o focinho longo, fino e de aspecto frágil. Mesmo abanando o rabo, pareciam sempre a ponto de chorar. Eram criados para trabalhar no mau tempo, mas a pelagem, grossa como um edredom, dava-lhes um aspecto bizarro, com pernas e patas delicadas demais para suportar o corpo avantajado.

Além de primeiro collie a estrelar um filme, Lassie foi a primeira protagonista do cinema. A personagem de Lassie não era incidentalmente feminina — era caracteristicamente feminina pelas definições tradicionais: bonita, meiga, sensível e propensa a sofrer por amor. Antes de Lassie, os personagens caninos da cultura popular sempre haviam sido machos: astros de ação em filmes de ação. As fêmeas, quando apareciam, faziam papéis menores. Muitas gerações de Nanettes filmaram ao lado de Rin Tin Tin, mas somente como esposas dedicadas. Sandow, uma pastora-alemã, estrelou três filmes mudos, *Avenging Fangs* dentre eles, mas sempre disfarçada de macho.

Por essa época, o nosso modo de ver os cães havia mudado significativamente. A posse de mascotes explodira nos Estados Unidos. Entre 1947 e 1953, a população canina no país saltou de 17 para 22 milhões e crescia quatro vezes mais depressa do que a humana. Mas não era só uma questão de números: mudara também o nosso relacionamento com os cães: já não viviam sob telheiros nos quintais, mas dentro das casas como membros da família. Até então, eles haviam sido os heróis ideais porque nós os conhecíamos sem poder, de fato, conhecê-los; apesar de familiares, eram estranhos ainda, enigmáticos e misteriosos, e não eram da *nossa* raça. À medida, porém, que aumentou o número de proprietários, os cães passaram a compartilhar lares e a comer os restos dos jantares, perdendo assim boa parte da sua mítica alteridade. Tornaram-se mais populares e menos idealizados. Os cães afetuosos passaram a despertar mais interesse do que os cães heróis. Lassie inspirava amor, não assombro. Não era fabulosa. Era nobre, mas não se esperava que fosse extraordinária. Nunca era referida da forma como fora Rin Tin Tin — era a mascote perfeita e amiga meio maternal, não o Cão Prodígio, o Cão Maravilha, o Cão Maioral, o Cão Herói da Jovem América. Elegante, melancólica, resignada, dedicada — Lassie era um receptáculo de emoções, não uma guerreira, uma atleta ou um superintelecto como haviam sido, em outra época, os pastores-alemães.

Além de popularizar os collies, *Lassie, a Força do Coração* foi também o primeiro filme canino assumidamente dirigido às crianças. Os filmes de Rin Tin Tin, bem como quase todos os outros protagonizados por cães, eram películas de ação, repletas de crimes, perigos e aventuras. Os atores eram todos adultos. As crianças, quando apareciam, eram incidentais e, via de regra, apenas bebês.

Lassie, a Força do Coração foi uma mudança total. Se a jornada de Lassie é o fio narrativo do filme, seu centro temático não é a inteligência demonstrada por ela para vencer as dificuldades — como teria sido num filme de Rin Tin Tin —, mas a força do relacionamento entre um menino e seu cão. Os adultos são secundários — às vezes maus, às vezes irrelevantes. O filme sugere a riqueza e o fascínio da vida interior das crianças e dos cães e, o mais importante, o caráter absolutamente singular da sua relação.

Lassie, a Força do Coração e o sucesso de Lassie aconteceram numa época em que Rin Tin Tin estava, para todos os efeitos, ausente de

Hollywood. Em 1943, Lee e Rinty estavam em Camp Haan, trabalhando para a Dogs for Defense. Rinty não fazia um filme desde *Law of the Wolf*, de 1939. Contudo, ainda que Lassie e Rin Tin Tin não tenham coincidido em Hollywood, a rivalidade entre eles foi, é certo, colocada em movimento. Desde sempre, as agências de notícias se deleitaram com as rivalidades entre astros e estrelas: se não as tinham reais para explorar, as fabricavam. Os atritos entre celebridades eram exagerados para espicaçar o público e mantê-lo interessado quando não havia filmes para assistir. Houve rivalidades famosas em Hollywood — as irmãs Joan Fontaine e Olivia de Havilland, por exemplo, não se falavam —, mas a maioria era essencialmente falsa, como no caso de Fred Allen e Jack Benny. Cães atores também haviam sido contrapostos pela imprensa, mas já fazia décadas que Rin Tin Tin suplantara Strongheart em popularidade e proeminência e nenhum outro cão ator chegara perto de alcançá-lo. Rin Tin Tin jamais teve um rival à altura. A concorrência de Lassie, no entanto, era de outro gênero. A MGM explorava suas diferenças contrastando a natureza dócil de Lassie com a propensão de Rin Tin Tin para se envolver em quatro ou cinco lutas a cada filme. De acordo com a MGM, Lassie fazia "tudo, menos rosnar".

Lassie, a Força do Coração foi considerado um dos melhores filmes do ano de 1943. Para capitalizar a sua popularidade, a MGM produziu quatro continuações. Os novos filmes, que pouco ou nada tinham a ver com o livro de Knight, foram, no entanto, massacrados pela crítica. Por ocasião do lançamento de *Lassie nas Planícies do Ouro*, o último da série, em 1951, a MGM, que não havia pago a Weatherwax por seu trabalho, ofereceu remunerá-lo com os direitos da personagem Lassie. Weatherwax aceitou e, durante os sete anos seguintes, dedicou-se a fazer turnês pelo país com Pal, anunciado como "Lassie, o famoso cão do cinema". Em 1947, poucos anos depois de *Lassie, a Força do Coração*, Rin Tin Tin, que jamais havia coestrelado um filme com um menino, rendeu-se aos novos tempos fazendo *The Return of Rin Tin Tin*, seu primeiro filme menino-e-cão, dirigido ao público infantil.

14

James English nos assegura que a MGM procurou Lee, em 1942, com a proposta de um "polpudo contrato" para usar Rinty num filme sobre cães de guerra. Lee a teria recusado por estar excessivamente atarefado em Camp Haan. O mais provável, no entanto, é que o projeto tenha simplesmente empacado. A MGM chegou a mandar a Camp Haan, para começar a fazer apontamentos sobre o tema, dois roteiristas que, de acordo com English, foram recrutados para o serviço militar poucos dias após sua chegada. "Foi o fim do filme sobre os cães de guerra."

Não obstante, Lee via como auspiciosas as perspectivas de seu novo cão. Agradava-lhe a simetria com o passado. O primeiro Rin Tin Tin fora um cão de guerra e o mesmo valia para Rin Tin Tin III. Para Lee, era um sinal. Talvez o encanto tivesse pulado uma geração — a de Junior —, mas retornara com força nos testes de guerra. Lee começou a falar a todo mundo da "notável semelhança" — de atitude e resposta ao treinamento — entre o avô e o neto. Até seus infortúnios pareciam semelhantes: o atropelamento de Rinty III por um jipe durante manobras de campo fez Lee se lembrar da pata quebrada do velho Rinty; um presságio de que este cão era também extraordinário.

Lee e Rin Tin Tin tinham muito trabalho e uma vida plena de significado. Além das visitas a hospitais militares e orfanatos, como nos tempos do velho Rinty, Lee participava da seleção dos cães a serem treinados em Camp Haan. Eles ficariam lá até serem dispensados pelo Exército, no fim da guerra.

Os cães de guerra voltavam para casa com um certificado expedido pela Intendência:

> DISPENSA HONROSA.
> O Cão de Guerra ____, Tatuagem Nº ____, tendo servido nas Forças Armadas dos Estados Unidos da América, recebe, na forma deste documento, o Certificado de Serviço Fiel e Dispensa Honrosa.

A despeito das reiteradas garantias de que seus cães não haviam mudado durante o serviço, muitos proprietários se mostravam apreensivos. O filme *A Coragem de Lassie*, sucesso de bilheteria do ano de 1946, contava a história de uma collie meiga e dócil cuja experiência na guerra a transformara em matadora (até que Elizabeth Taylor lhe devolvesse seu temperamento habitual). Segundo a biografia de Lee, começaram a circular rumores de que "era impossível reabilitar um cão de guerra porque o treinamento os marcara com um irremediável instinto assassino". A Intendência declarou que os cães, antes de serem devolvidos aos seus donos, seriam "reprogramados" com afagos, bom trato e muitas brincadeiras para retornar ao "estado de docilidade anterior".

Preocupado em tranquilizar as famílias, o Exército divulgou fotos de cães desmobilizados descansando tranquilamente em suas casas, com legendas do gênero "Caesar no gramado de sua casa" e "Spike na vida civil". Publicou, também, cartas comprobatórias de reencontros bem-sucedidos: "DOLF chegou ontem, em excelentes condições (...) e reconheceu imediatamente cada um de nós"; "Obrigado pelo tratamento e treinamento dispensados ao nosso cão MIKE. (...) ele ainda se lembra das brincadeiras que fazia antes de entrar para o Exército"; "Quero agradecer-lhes pelo maravilhoso cão que nos foi devolvido. SMARTY é um perfeito exemplo de saúde e boa disposição. Foi um sacrifício para Herbie doá-lo às Forças Armadas, mas agora ele está recebendo a recompensa: o cão mais bonito e bem-treinado que já vimos".

Os jornais também registravam os regressos exitosos. Uma reportagem de 1944 intitulada "Goofy, o Cão Guerreiro, Volta para Casa", dizia que o serviço militar corrigira o comportamento do cão. Depois de 17 meses na linha de frente, Goofy estava feliz por ter voltado à sua casa na Pensilvânia e tivera até um alegre reencontro com seu melhor amigo, um pastor-belga de nome Wacky. Pelo menos até a chegada do carteiro. "O carteiro ficou nervoso com Goofy", dizia a matéria, "por lembrar que ele o mordera antes de ir para a guerra". Goofy cheirou-lhe os sapatos, mas não o atacou. Aliviado, o carteiro disse que ele provavelmente aprendera boas maneiras no Exército.

❖ ❖ ❖

A Dogs for Defense foi desmobilizada no fim da Segunda Guerra Mundial, mas os cães continuaram a fazer parte das Forças Armadas. A maioria ainda provinha de doações particulares, embora tenha havido mudanças nos termos de doação. Foram extintos os informes de progresso e a volta para casa no fim do serviço. Os cães doados passaram a ser propriedade das Forças Armadas dos Estados Unidos, como sempre fora com outros animais mantidos pelos militares — cavalos, camelos, mulas e burros. Usaram-se cães na Coreia e no Vietnã, nas Operações Tempestade no Deserto e Escudo do Deserto e nas guerras do Iraque e Afeganistão.

Há alguns anos eu tive oportunidade de assistir a uma avaliação de potenciais cães-recrutas por uma unidade do Exército. A prova aconteceu num campo de futebol de um subúrbio de Boston, numa manhã ensolarada de maio. Quando cheguei, havia meia dúzia de pessoas no campo, encostadas em seus carros, de braços cruzados, vendo seus cães cumprirem suas fainas ante três oficiais do Exército em uniforme de serviço e pranchetas contra o peito. A maioria era composta de doberman pinschers e pastores-alemães cujos donos me disseram tê-los trazido por serem demasiado agressivos, dominantes ou malvados para servir de mascote. O Exército era o seu último recurso — coisa totalmente diferente do que existira em 1942, quando mandar o próprio cão para a Unidade K-9 era como oferecer uma parte de si mesmo ao serviço militar.

Todas as pessoas com quem converso sobre a Dogs for Defense têm opiniões enfáticas a seu respeito. Algumas a detestam. Quem não cresceu durante a Segunda Guerra Mundial, ou só viveu guerras que lhe parecem facultativas, insensatas ou interesseiras, tem dificuldade de apreciar o sacrifício pessoal que era mandar sua mascote para a guerra. Mesmo que o pai e o avô tenham servido e lutado, abrir mão da mascote em favor da guerra parece-lhe ainda mais absurdo. A maioria de nós tem consciência de que as pessoas ruins fazem coisas ruins e as boas podem ser forçadas a enfrentá-las; os cães não. Por isso, a ideia de mandá-los para a guerra parece uma traição de seu compromisso com os humanos, fundado na confiança e na promessa não expressa de não comê-los quando provavelmente poderiam.

15

Em 1947, depois que todos os cães que sobreviveram à guerra foram redomesticados e mandados para casa, Lee e Rin Tin Tin III retornaram ao sítio El Rancho Rin Tin Tin. Lee, uma vez mais, estava quebrado. Sua declaração de imposto de renda mostra ganhos modestos — 1.150 dólares pela venda de potros, 210 pela venda de filhotes e 3.225 pelo alojamento de cavalos. O salário de Eva como secretária pagava as contas da família.

O pensamento de Lee se fixara, como de hábito, no cinema. Depois de quatro anos em Camp Haan, Rinty, agora, era um cão maduro e bem-treinado. Embora já não tivesse relações importantes em Hollywood, Lee estava determinado a fazer uma nova investida com Rinty III.

A indústria cinematográfica já não se parecia em nada com a Poverty Row que ele percorrera com Rin Tin Tin na década de 1920, mas a cidade ainda era surpreendentemente pequena. As pessoas faziam negócios esbarrando umas nas outras. Foi assim que, numa exibição equina, Lee topou com um executivo de cinema aposentado chamado George Schaefer, um fã do velho Rinty que, por acaso, vinha cogitando criar uma nova produtora. Movido pela propaganda de Lee em favor de Rin Tin Tin III, Schaefer decidiu dar um pulo em Riverside para conhecê-lo. Segundo Lee, Schaefer ficou tão impressionado com Rinty que "telefonou aos seus sócios e advogados para que fossem se reunir com ele no sítio". Naquela mesma noite, na mesa de jantar de Lee, Schaefer fundou a sua nova produtora, a Romay Pictures, para produzir um filme estrelado por Rin Tin Tin III.

Também dessa vez Lee tinha uma ideia própria para o roteiro. Naquela época, centenas de órfãos de guerra europeus vinham sendo alojados em lares adotivos norte-americanos. Lee pensara na história de um órfão que supera o trauma da guerra por meio de seu laço afetivo com um cão. Talvez o cão pudesse ser também um órfão, salvo da solidão pelo amor do menino. Lee nunca se cansava desse tema, independentemente de quantos anos houvessem se passado desde a sua temporada em Fred Finch. Muitos anos depois de ter perdido Jack, ele não deixava de acreditar que um cão pudesse completá-lo. Lee fechava o círculo na esperança de fazer recomeçar a sua vida.

Restava, porém, a questão: alguém ainda se lembraria de Rin Tin Tin, o astro do cinema? Muitos anos haviam se passado desde que Junior filmara *Law of the Wolf* e *Hollywood em Desfile* e muitos mais desde o auge de Rin Tin Tin. Schaefer, no entanto, parecia disposto a arriscar.

William Stephens, sócio de Schaefer, escreveu um roteiro baseado na história sugerida por Lee. *The Return of Rin Tin Tin* foi filmado naquele mesmo ano. O ator mirim Robert Blake (então conhecido como Bobby Blake) fez o protagonista Paul, um órfão emocionalmente problemático oriundo de um país (não especificado) destruído pela guerra. A mãe adotiva de Paul nos Estados Unidos, incapaz de criar um vínculo com o menino, opta por deixá-lo numa instituição religiosa da Califórnia, aos cuidados de um sábio padre — uma versão da experiência de Lee com o Fred Finch. Rin Tin Tin III faz o papel de um cão que foge de seu dono cruel e encontra abrigo na instituição na mesma época da chegada de Paul. (Como observou a colunista social Louella Parsons, o filme "baseia-se na velha e confiável fórmula 'menino, cão e padre'".) Paul e Rin Tin Tin acabam curando um ao outro. "Eu não posso amar ninguém", soluça Paul, abraçado ao cão, numa cena crucial: "Mas eu te amo, Rin. Eu te amo!"

Rinty, além dos saltos e piruetas de praxe, faz uma vez mais o papel de cão sofredor injustamente acusado, mas que acaba salvo por sua bondade. Todavia, seu personagem é totalmente diferente dos que fazia o velho Rinty. O primeiro Rin Tin Tin era o astro principal, mas não só. Suas emocionantes acrobacias eram capitais na trama e seu ponto de vista, onisciente; seu desempenho era a força do filme e sua inteligência e determinação o *deus ex machina* da história. *The Return of Rin Tin Tin* não exigiu tanto de Rinty III. Embora anunciado como astro do filme, o belo animal é um personagem dentre outros, muito menos central na história do que o amedrontado menino de topete. As acrobacias do cão impressionam, mas embelezam a história em lugar de conduzi-la. O relacionamento entre Rin e Bobby Blake é o fio condutor da história, mas o personagem que se esforça para mudar é o menino, não o cão.

Ao contrário do velho, o novo Rin Tin Tin não trazia dentro de si o conflito entre a selva e a civilização, entre sua natureza de lobo e sua capacidade de apegar-se aos humanos. Não simbolizava o conflito entre o superego e o id. Aqui, o problema do cão é meramente circunstancial: ele precisa fugir de seu dono cruel. O primeiro Rin Tin Tin sempre aparecia como um pouco melhor, mais inteligente e mais sensível do que os demais personagens. O Rinty de *The Return of Rin Tin Tin* é, pela primeira vez, apenas um cão.

Antes de lançar o filme, Schaefer contratou a firma Buchanan and Company para investigar o interesse do público em Rin Tin Tin. O resultado da pesquisa saiu na *Brooklin Eagle* de novembro de 1946:

> Pesquisa nacional abrangendo cidades de todos os tamanhos, de comunidades rurais a metrópoles de todo o país (...) revelou que a "personalidade" mais conhecida do mundo do cinema é o astro canino Rin Tin Tin. (...) 70,3% de todas as pessoas pesquisadas — agrupadas em faixas etárias de 6 a 15 e 16 a 45 anos — conheciam o nome Rin Tin Tin, porcentagem jamais alcançada por qualquer outro astro do cinema. Dentre os que afirmavam conhecer o nome Rin Tin Tin, 94,6% o identificavam corretamente como o cão ator do cinema.

Esses números assombraram todo mundo, até mesmo Lee. Os produtores exultaram. Para garantir que todas as pessoas que conheciam Rin Tin Tin assistissem ao filme, a Romay lançou uma agressiva campanha publicitária, de alcance quase similar às atuais. Um concurso oferecia um "autêntico filhote de Rin Tin Tin" a quem lhe propusesse o nome mais sugestivo. As revistas *True Comics*, *Parents Magazine* e *Calling All Boys* fizeram do filme matéria de capa. A Gaines Dog Food, que dera cabo do longo relacionamento de Lee com a Ken-L-Ration, colocou anúncios de página inteira com Rin Tin Tin na *Life* e no *Saturday Evening Post* ("Um Cão Esperto sente nos ossos — a maravilhosa diferença que é ter CADA PEDACINHO do seu corpo alimentado por GAINES!"). Vários tipos de chamarizes de público foram sugeridos aos proprietários de cinemas: barris cheios de biscoitos caninos no saguão; marchas de veteranos de guerra até o cinema na noite de estreia; desfiles de bandas colegiais pelas cidades com os membros acompanhados de seus cães; incentivos aos escolares para fazer desenhos de Rin Tin Tin nas aulas de arte e redações com o tema "Por que quero ver Rin Tin Tin no cinema".

O primeiro Rin Tin Tin morrera 14 anos antes do lançamento de *The Return of Rin Tin Tin*, mas estava mais vivo do que nunca. Era como se não tivesse morrido. Lee se sentia "constantemente maravilhado" com o fato de crianças pequenas demais para terem visto Rin Tin Tin no cinema e que não tinham, por essa razão, a menor possibilidade de sentir sua falta, reagirem ao novo cão como se fosse um velho amigo. Elas "chamavam Rinty pelo nome, o conheciam, o amavam, pediam fotos suas autografadas". Lee supôs que elas haviam conhecido Rin Tin Tin por intermédio dos pais. Um concurso publicitário de redação chamado Memórias de Rin Tin Tin tinha como tema "Por que Eu Gostava do Velho Rin Tin Tin e Estou à Espera de 'THE RETURN OF RIN TIN TIN'". O material promocional prévio ao concurso dizia: "Milhões de pessoas se lembram da grandeza de Rin Tin Tin. Aproveite a chance de levar os adultos de sua cidade para revê-lo no cinema promovendo este concurso." A cultura popular é captura de uma época por meio de um olhar e um gesto. Artistas populares são construídos pelo tempo e, à medida que perdem relevância, implodidos por ele. Rin Tin Tin, assim como a ideia de dedicação heroica que ele representava, provara, no entanto, ser algo mais. Os pais o estavam legando aos seus filhos. Ele derrotara o tempo. Tornara-se um clássico.

As críticas foram entusiásticas:

"Artista consumado, tão bom de câmera quanto seu célebre avô, Rin Tin Tin III pertence a uma ilustre linhagem."

"O astro canino do momento é Rin Tin Tin III. (...) Digno representante de sua tradição, ele soube honrar sua procedência com talento e personalidade cinematográfica."

"Definitivamente, o cão justifica o título de astro do cinema."

A nota negativa foi a queixa da American Humane Association — AHA —, uma organização humanitária, junto à Associação Cinematográfica dos Estados Unidos por conta de algumas cenas no filme. Numa delas, descrita como "inquestionavelmente sugestiva de crueldade para com animais", o antigo dono de Rin Tin Tin o persegue e o castiga. (Numa nota, a AHA também censurava a cena em que o padre Matthew diz uma mentira, "um raciocínio capcioso, impróprio para um padre, que certamente fará muita gente se sentir ofendida".)

Lee tratava bem os seus cães. Mas os animais sem fama passavam maus bocados na Hollywood de antigamente. Os cavalos recebiam o pior tratamento: eram derrubados, empurrados em trincheiras, esfalfados e até atiçados a choques. Para fazer um cavalo cair usavam-se fios enrolados em seus tornozelos ou enfiados em buracos abertos em seus cascos; bastava ao cavaleiro dar um puxão para levá-lo ao chão. Em 1935, 125 cavalos foram derrubados em *A Carga da Brigada Ligeira*, 25 dos quais morreram na queda ou tiveram de ser sacrificados.

Quatro anos mais tarde, o diretor do filme *Jesse James, Lenda de uma Era sem Lei*, com Tyrone Power, quis fazer uma tomada em que um caubói saltava na água com seu cavalo. Um dublê levou o cavalo, vendado, até um penhasco, onde havia uma rampa escorregadia debruçada sobre o lago. Em consequência da queda, o cavalo fraturou a coluna e teve de ser sacrificado. Foi um momento crítico na indústria do cinema. Só os primeiros fotogramas daquela tomada foram utilizados no filme, mas a sequência completa do animal mergulhando na água — vergado, impotente, as patas enrijecidas — veio a ser divulgada por defensores do bem-estar animal. A AHA, fundada ainda no século 19 para proteger animais e crianças, publicou um libelo contra a indústria do cinema em que citava *Jesse James* como um exemplo particularmente odioso de como ela tratava os animais. (Nesse mesmo ano, na Inglaterra, a organização de proteção animal Dumb Friends League exigiu uma reforma similar.) Em resposta às denúncias, a Associação Cinematográfica dos Estados Unidos introduziu, em seu código de produção de 1940, uma nova seção proibindo o uso de fios e rampas, assim como outras práticas abusivas. A AHA, por sua vez, abriu um escritório em Hollywood para controlar a aplicação das novas regras.

A despeito dos receios da AHA, as cenas "sugestivas de crueldade com os animais" em *The Return of Rin Tin Tin* foram mantidas. Nunca houve acusação de que o cão estava sendo surrado, apenas um registro de que a cena retratava um ato de crueldade. *The Return of Rin Tin Tin* foi lançado no mesmo ano de *A Luz É para Todos*, *Duelo ao Sol* e *O Solteirão Cobiçado* — uma formidável concorrência. Ainda assim, o filme foi um sucesso, atraindo um público tão devotado quanto o que afluíra aos cinemas uma década antes para ver o velho Rinty.

16

"ATENÇÃO, CRIANÇAS! Grande Espetáculo no Palco e na Tela, com dupla aparição do Cão Mais Famoso do Mundo. Lee Duncan e Rin Tin Tin III, ao vivo, em nosso palco. Não percam essa Incrível Demonstração das Proezas e Habilidades do maior Prodígio da Inteligência Canina. Venham ver, no palco, a sua Espantosa Capacidade de Entender os Comandos do Treinador. (...) Depois assistam, na tela, ao 'cachorro pensante' em *The Return of Rin Tin Tin!*"

Em novembro, Lee saiu de Riverside com Rinty para uma turnê nacional de oito semanas destinada a promover o filme. A relações-públicas do estúdio recebera uma enxurrada de pedidos. "Rin Tin Tin é decididamente popular", ela escreveu a Lee, encaminhando-lhe bilhetes de associações de veteranos, hospitais, grupos de escotismo ("Os escoteiros querem que Rinty autografe tiras de papel especial"), clubes de cinofilia e orfanatos. Governadores e prefeitos pediam a Lee e Rinty que fizessem paradas em suas cidades.

Eva e Carolyn acompanharam Lee em algumas visitas. Um artigo descreveu Eva como "uma mulher bem-vestida, apesar da aparência cansada"; Carolyn era "a sua rechonchuda filha de 8 anos". De resto, elas permaneciam na penumbra ou em casa, em Riverside.

"Famoso Cão nos Visitará nesta Quarta-Feira!"

"Crianças Deficientes Odeiam se Despedir de Rin Tin Tin!"

"Rin Tin Tin Recebido pelo Prefeito."

"Astro Canino Assina Livro de Hóspedes da Cidade."

"Astro de Cinema de Família Ilustre Chega à Cidade com Casaco de Pele".

Lee não parava de trabalhar. Seguiu-se outra turnê, com outra rodada de aparições pessoais: visita à instituição de caridade local, ao hospital e ao orfanato; participação numa exposição canina, na feira municipal e num desfile; demonstração no Clube de Cinofilia, na prefeitura e na pista do aeroporto local. Tudo o que Lee queria era que a história continuasse a se desenrolar, como um carretel, na trilha luminosa da recordação.

Dear friend,
Thank you for writing.
We have lots of action and
adventure planned... so keep
watching our program.
Best regards,
Rip, Rusty, and
©H. B. Leonard Films, Inc.

O FENÔMENO

1

Na época em que consegui localizar Bert Leonard, tudo o que dele restava cabia num boxe privado de um armazém em Los Angeles. Protegido por uma concertina e orlado por um renque de palmeiras, o armazém fica, por coincidência, na mesma rua da casa que pertencia a Bert quando ele produziu *As Aventuras de Rin Tin Tin*, na década de 1950. O programa, um dos mais populares da TV em todo o mundo, rendeu-lhe o suficiente para comprar uma mansão estilo Tudor, com quadra de tênis, num bairro elegante perto de Griffith Park. Quando, anos depois, o dinheiro acabou, ele teve de vendê-la. As únicas propriedades que lhe restaram foram o jazigo do cemitério de Forest Lawn, em Hollywood Hills, onde foi sepultado em 2006, e o boxe, localizado nos fundos de uma área desolada, solitária como um túmulo e destituída de quase todas as qualidades do entorno.

O boxe de Bert fica num dos blocos mais distantes da entrada. Quando estive lá, a cerca de arame que separa o armazém da calçada estava empastelada de folhetos e páginas de jornal arremessadas pelo vento fremente da Califórnia. Perto dali, um homem baixo, de colete jeans e tatuagens esmaecidas do Iron Maiden, mexia no motor de um automóvel. Salvo isso e o rumor distante do tráfego, o lugar estava silencioso. Ao subir um lance de escadas, uma lâmpada acendeu sobre o patamar e me assustou. Parei um momento para me acalmar. Em meio ao silêncio sufocante, ouvi o suave farfalhar das asas de um passarinho que fizera seu ninho sobre uma viga do hall. Atento à minha presença, saltitante, ele acompanhou com os olhinhos brilhantes o meu movimento até a porta do boxe. Fiquei pensando por que um passarinho teria escolhido morar ali, num armazém, sobre um bloco quente de concreto, em vez de, digamos, em algum lugar dos amplos espaços livres de Santa Mônica. A natureza é misteriosa. Vasculhei a bolsa à procura da chave.

Fazia anos que eu buscava Bert Leonard. Ele fora, em sua época, um personagem típico de Hollywood, mas já não havia lá qualquer traço da sua passagem — nenhuma relação com algum estúdio, nenhum projeto em andamento, nenhum negócio a ser fechado. Tampouco achei um endereço ou um telefone. Liguei para todos os seus amigos que consegui localizar: depois de dizer o quanto gostavam de Bert e de lembrar que ele ainda lhes devia dinheiro, todos admitiram fazer muitos anos que não o viam e desconhecer seu paradeiro. Era terrivelmente frustrante, para mim, não poder perguntar-lhe sobre a sua experiência de trabalho com Lee, sobre o seu fascínio por Rin Tin Tin e sobre um milhão de outras coisas que me pareciam fundamentais.

Acabei encontrando-o da pior maneira possível: no obituário. Esse me levou a sua filha Gina. Poucos meses depois, nos encontramos em sua casa em Los Angeles. A conversa foi esclarecedora, decerto, mas não me satisfez. Eu já estava de saída quando ela mencionou, casualmente, o boxe no armazém. Dizendo ter uma chave guardada em algum lugar, subiu rapidamente as escadas enquanto eu esperava, ansiosa, do jeito que a gente fica quando puxa a alavanca de um caça-níqueis. Um minuto depois, ela desceu com uma chave na mão, que me entregou advertindo-me não ter a menor ideia do que poderia haver dentro do boxe. Explicou-me que houvera um problema com ele quando Bert ainda era vivo — falta de pagamento ou algo do gênero. O boxe estava, agora, aos cuidados da mãe de Gina — Jenny, uma das quatro ex-esposas de Bert —, mas ninguém da família tivera a oportunidade de ir ver o material lá guardado para saber se valia a pena conservá-lo.

A chave abriu o cadeado, mas a tranca estava emperrada. Bati com o cadeado na porta, fazendo um estrondo que ecoou pelo corredor vazio. Na segunda pancada, a porta abriu.

Boxes de armazéns estão cobertos por um véu de privacidade e silêncio. Certa vez, eu tive oportunidade de acompanhar o leilão do conteúdo de um conjunto de boxes de locatários inadimplentes. Como não era facultado aos interessados examinar seu conteúdo antes do leilão, a abertura de cada boxe era algo tão instigante e perturbador quanto assistir ao desnudamento de uma pessoa. O que se revelaria quando a porta fosse aberta? Um conjunto de cadeiras de cozinha; uma trouxa de roupa suja; um monte de livros; de luminárias; de bugigangas; uma pilha de barras de ouro?

Os últimos anos da vida de Bert foram bastante atribulados. Endividado até a alma e sem residência fixa, ele teve de se livrar de tudo o que era supérfluo e difícil de transportar. Todas as coisas que conservara estavam agora à minha frente, empilhadas até o teto do boxe nº 3.482. O lugar, do tamanho de uma vaga de estacionamento em Nova York, estava tão entulhado que fui obrigada a me esgueirar, pé ante pé, para dentro, ombro à frente, até esbarrar num arquivo metálico. Peguei a lanterna que trazia no bolso e a apontei para uma grande pilha de caixas sobre o arquivo, algumas embarrigadas, outras amassadas como panquecas, sob pressão do próprio peso. Enquanto, no hall de entrada, o passarinho chilreava uma melodia, eu iluminava as etiquetas das caixas, onde se lia "Rin Tin Tin", "Rin Tin Tin", "Rin Tin Tin".

2

O período da vida de Lee entre a produção de *The Return of Rin Tin Tin*, em 1947, e a entrada em cena de Bert, em 1953, foi de calmaria. No passado, Lee costumava emendar filmagens e turnês publicitárias, às vezes antes mesmo de terminar a que estava em curso. Dessa vez, porém, depois da turnê ele e Rinty retornaram a Riverside e lá ficaram.

Lee passava horas a fio no Quarto das Recordações, onde recebia visitantes e contava histórias sobre os tempos do velho Rinty. Dedicava-se, também, ao treinamento de seus cavalos. Se estivesse trabalhando com algum deles quando chegava a hora de pegar Carolyn na escola, ia buscá-la de carroça, o que a deixava mortificada.

Por essa época, os Duncan viviam com conforto, mas não eram ricos, nem de longe. Eva continuava a trabalhar como secretária e a casa nova seguia sendo um sonho distante a ser realizado por ocasião do próximo grande sucesso de Rin Tin Tin. Mas onde ele estava? *The Return of Rin Tin Tin* não fora um fiasco nem um sucesso de bilheteria, apenas um filme razoavelmente popular e lucrativo. E ficou nisso. Lee tinha um contrato com a Romay Pictures para uma nova série com Rin Tin Tin, mas a empresa faliu e fechou as portas antes de iniciar-se a segunda produção. Paradoxalmente, os pastores-alemães viviam um novo ciclo de prestígio: Harvey, Rex III, Zorro e Mr. Lucky estrelaram filmes no fim da década de 1940, e o carismático Flame, treinado por um jovem da Carolina do Norte chamado Frank Barnes, protagonizou três novas séries.

O filme que Lee mais desejava ver realizado era, no entanto, o da sua história pessoal — a saída do orfanato, a participação na guerra, a descoberta do filhote e sua transformação em astro de cinema. Essa ideia não lhe saía da cabeça, não tanto por vaidade quanto por necessidade de afirmação. A primeira tentativa, na época de Camp Haan, abortara; dessa vez, Lee propôs a história a Everett Freeman, roteirista de Hollywood que acabara de concluir os scripts de *O Homem de 8 Vidas* e *O Homem de Bronze*. Interessado, Freeman começou a trabalhar na abordagem cinematográfica da história. Tudo parecia caminhar bem até Freeman mandar, por carta, a frustrante notícia de que, como "o material, até aqui, não se desenvolveu como um drama bem-sucedido", ele estava abandonando o projeto. (Disse, na oportunidade, que a história de Lee o inspirara a escrever um musical do gênero um-homem-e-seu-cão, com "todos os ingredientes de um filme maravilhoso" e Rinty no papel principal, mas Lee não se interessou.)

Lee já passara dos 50. Não era velho, mas disse a James English, sem outra explicação, que dificilmente voltaria a fazer excursões prolongadas. Essa declaração, talvez uma simples manifestação de fastio da vida itinerante, parece, no entanto, indicar algo mais.

Estaria Lee começando a pensar no futuro? Rin Tin Tin III também não era jovem: filmara *The Return of Rin Tin Tin* aos 7 anos e, apesar de ainda ativo e não muito distante de seu apogeu, já começara a declinar. Lee escolheu um dos filhotes de Rinty III para assumir o posto de Rin Tin Tin oficial e parecia estar pensando também na sua própria sucessão: como quem se prepara para sair de cena, começou a dizer às pessoas que os cães ficariam a cargo de Carolyn, que a essa altura tinha apenas 8 anos de idade.

3

A grande sensação da indústria do entretenimento era uma nova mídia: a TV. A tecnologia fora desenvolvida no fim da década de 1920, mas só depois da Segunda Guerra Mundial as empresas norte-americanas começaram a produção em massa de aparelhos. Em meados da década de 1940, havia 17 mil no país, a maioria na região Nordeste. De repente, a TV "pegou": em 1949, 250 mil aparelhos eram vendidos mensalmente em todos os Estados Unidos e novos programas criados em ritmo alucinante. O primeiro programa para crianças, *Small Fry Club*, de Bob Emery, estreou em 1947; em 1949, *Hopalong Cassidy* foi o primeiro programa infantil de caubóis. William Boyd, que iniciara a carreira como ator romântico no cinema mudo, era Hopalong, um vaqueiro já grisalho, franco e paternal, que exortava seus pequenos fãs a jurarem um credo de oito pontos que incluía ser bondoso com os animais e atravessar a rua com cuidado.

Hopalong Cassidy projetou-se para além da TV de um modo até então desconhecido por qualquer personagem de cinema: como mercadoria. Um milhão de canivetes Hopalong Cassidy foram vendidos nos primeiros dez dias de lançamento e camisas Hopalong Cassidy em tamanhos infantis, pretas, cor que os fabricantes sempre haviam considerado demasiado austero para as crianças, esgotaram-se num piscar de olhos, junto com chapéus, lancheiras, relógios de pulso, pratos, toalhas, sabonetes e dezenas de outros produtos Hopalong. O licenciamento desses produtos transformou-se, rapidamente, numa indústria de 200 milhões de dólares.

Na trilha de Hopalong seguiu-se um chorrilho de novos programas de caubóis, dentre os quais *Sky King*, *Steve Donovan*; *Western Marshal*,

The Gene Autry Show e *O Cavaleiro Solitário*. No centro de todos eles havia um homem forte, ainda que distante, que distribuía perfeita justiça — em outras palavras, um pai idealizado que apelava, provavelmente, a uma geração de jovens que perdera seus pais por algum tempo, ou para sempre, na guerra. Os caubóis da TV se adequavam perfeitamente ao mundo do pós-guerra: aquele em que a autoridade armada resolvia os problemas e em que até mesmo os bons eram capazes de violência, se violência se fizesse necessária.

A paisagem desolada dos filmes de caubói tinha o aspecto informe e indefinido dos primórdios da nação. Os indivíduos atendiam por apelidos ou eram estranhos inescrutáveis que não tinham passado nem vínculos, fossem órfãos ou não. A distinção entre o bom e o mau era absolutamente precária. E dado que, durante a guerra, os homens se ausentaram compulsoriamente de casa, as mulheres conquistaram uma nova autoridade. Os filmes de caubói serviram para recolocar o mundo em seu lugar. Tudo voltava a ser como antes. Restabelecia-se a ordem: os homens assomavam sobre a paisagem e as mulheres se apequenavam diante dela, reduzidas a minúsculos objetos decorativos. Para os norte-americanos, um filme de caubói era o caráter nacional visto como num espelho convexo; para os estrangeiros, que consumiam essas distrações na mesma velocidade com que elas eram produzidas, os westerns eram a fantasia do renascimento, o ajuste de contas com o passado — uma novidade interessante, tosca e elementar. No fim da década, respondiam por sete entre os dez programas de maior audiência e cerca de trinta deles estavam sendo produzidos para o horário nobre.

Rin Tin Tin não fora esquecido, mas os empresários do ramo do entretenimento o queriam na TV, não no cinema. Para contrabalançar a crescente influência da televisão, os filmes estavam ficando maiores e mais espetaculares — e menos adequados às solenes histórias caninas que eram a especialidade de Rin Tin Tin. Lee, que não tinha a nova mídia em bom conceito, era cético. Não obstante, produtores e diretores começaram a frequentar El Rancho na tentativa de convencê-lo de que a TV era o lugar ideal para Rin Tin Tin. Michael Curtiz, que dirigira *Casablanca* e *Almas em Suplício*, foi mostrar-lhe uma proposta para uma série televisiva com Rin Tin Tin, que pensava em financiar ele próprio. O projeto deu em nada e é difícil saber se Lee o recusou ou se Curtiz não quis arriscar o próprio dinheiro. Todavia, Lee tinha outros pretendentes: o produtor Richard Talmadge; o diretor William Collier Jr.; a Apex Film, que acabou produzindo o programa *O Cavaleiro Solitário*; Harry Webb, que produzira e dirigira filmes da Mascot Pictures; e Chester Franklin, que dirigira antigos filmes de Rin Tin Tin, como *Tough Guy*, *The Silent Accuser* e seu primeiro sucesso, *Where the North Begins*. Outro produtor, Alfred Seale, queria criar um programa em estilo reportagem — quase um programa de entrevistas sobre cães — tendo Rin Tin Tin como anfitrião e convidados especiais do gênero "cães-guias, cães heróis (isto é, cães que acordaram a família quando a casa se incendiou), campeões de exposições caninas, cães que contribuíram para a ciência médica etc.".

Lee rejeitou todos eles, uma intrigante resistência considerando-se a sua obstinação em manter Rin Tin Tin no centro das atenções. Uma possível explicação é a sua intuição de que o projeto certo ainda não surgira.

4

Herbert Leonard era um homem do cinema. Não podia, portanto, imaginar que acabasse na TV. Para ele, a televisão era uma moda passageira que jamais ameaçaria a indústria cinematográfica.

Antes de desembarcar em Hollywood, no fim da década de 1940, Bert passara uma curta temporada na Universidade de Nova York e servira como piloto de caça da Marinha na Segunda Guerra Mundial. Estivera durante algum tempo com seu irmão Roger no México, onde, segundo disse certa vez, começava o dia "comendo as seis vadias" que moravam na casa. Adorava mulheres, mas tinha propensão para se encantar justo com as inadequadas e indisponíveis. Com menos de 30 anos, já era divorciado.

Interessava-o a indústria do cinema. Seu tio Nathan Spingold era membro do Conselho Diretor da Columbia Pictures, mas Bert nunca lhe pediu ajuda: queria construir seu próprio caminho. Mudou-se para Los Angeles e conseguiu uma vaga de iniciante com Sam Katzman, produtor que atendia pela alcunha de Jungle Sam. Katzman tinha orgulho de ser conhecido como o maior e mais irascível muquirana de Hollywood. Seus filmes eram horríveis. Uma de suas manias era usar uma bengala, com um dedo médio esculpido na ponta, que brandia sempre que alguém se aventurava a pedir-lhe dinheiro. Katzman gostou de Bert e começou a ensinar-lhe o business. Até então, ninguém jamais tratara Bert como filho. O pai de Bert era caixeiro-viajante e esteve praticamente ausente durante toda a sua infância. Só apareceu quando Bert começou a ganhar dinheiro suficiente para poder emprestar.

O que Lee Duncan tinha de bronco e sonhador, Bert tinha de atrevido, impetuoso, lascivo e determinado. Troncudinho, tinha faces aveludadas, cabelo preto como azeviche e um sorriso malicioso. Não era propriamente bonito, mas trazia um brilho nos olhos que cativava as pessoas. Não fugia de briga e se orgulhava de escrever cartas desaforadas às pessoas que discordavam dele. Em Hell's Kitchen, bairro de Nova York onde cresceu, os garotos eram bons de briga e Bert era ótimo. Nunca perdeu uma luta na Associação da Juventude Católica, onde praticava boxe. Mesmo depois de adulto, estava sempre pronto para uma refrega. Atracou-se, certa vez, com o ator George Maharis durante os testes para o seu programa *Rota 66*. Maharis, que era mais jovem e forte que Bert, perdeu a luta, mas conseguiu o papel.

Quando começou a trabalhar com Jungle Sam, Bert ficou tão fascinado pelo processo de filmagem que seu interesse pelas mulheres, pelo menos por um tempo, regrediu. Toda vez que algum jovem funcionário de Jungle Sam o convidava para uma festa com a promessa de sair dela com uma ou duas garotas, Bert recusava. Preferia passar o tempo livre aprendendo a preparar as câmeras e ajustar as luzes. "Os caras me odiavam porque eu não queria sair para transar", disse Bert a um amigo. "Foi assim que comecei no negócio do cinema."

Bert foi inesperadamente promovido em 1949, durante uma filmagem, devido ao falecimento do diretor de produção. Preocupado com o cronograma, Katzman perguntou a Bert se poderia terminá-la — isto é, gerenciá-la até o fim. Bert disse que sim e, durante os quatro anos seguintes, foi diretor de produção de oito outros filmes de Katzman, em sua maioria produções baratas, como *Killer Ape*, *Alçapão Sangrento* e *Sky Commando*. Acabou tornando-se indispensável a Katzman, que o queria no estúdio para sempre. Para fazer Bert parar de sonhar, Katzman abriu-lhe contas ilimitadas com os dois maiores bookmakers de Hollywood e deu-lhe um assistente para fazer e gerenciar suas apostas. Não havendo no país uma só corrida de cavalos que não o interessasse, Bert fez amplo uso da linha de crédito de Katzman. Mas não se deixou iludir. Ele sabia que Katzman o queria endividado a ponto de não poder jamais largar o emprego.

5

Há alguns anos, durante uma audiência para uma das muitas ações judiciais envolvendo os direitos do personagem, Bert foi inquirido sobre o início de sua relação com Rin Tin Tin. Encontrei a gravação do depoimento em seu boxe de aluguel. Com uma elegante camisa sem colarinho, Bert, apesar de quase octogenário, ainda tinha o rosto redondo e aveludado de um menino. Quando o advogado pediu-lhe que descrevesse o começo de sua relação com Rin Tin Tin, ele se impacientou. "É como... dizer como foi construído este edifício", disparou, começando a erguer a voz.

A relação de Bert com Rin Tin Tin era para ele um mecanismo tão complexo, e tão essencial, que se tornou difícil precisar o momento em que tudo começou. Um deles, com certeza, foi a tarde de domingo do ano de 1953 em que Bert foi a Riverside com um dublê, Hugh Hooker, que queria colocá-lo em contato com Lee. Bert já conhecia Rin Tin Tin. Como disse mais tarde a um repórter: "Eu tinha só 10 anos quando o primeiro Rin Tin Tin morreu, mas, como milhões de pessoas, nunca o esqueci." Ainda assim, relutou. Não estava interessado na TV, mas tinha 31 anos de idade, cinco de trabalho em Hollywood e uma ânsia de autonomia que não cabia na conta de apostas coberta por Jungle Sam. Depois de pensar bem, decidiu ir a Riverside para ver o que havia para ser visto.

Os primeiros minutos da visita devem ter sido curiosos: Lee com sua roupa habitual de caubói, talvez acompanhado de um ou dois cães, à espera de Bert, quem sabe, no Quarto das Recordações; Bert, jovem, falante e inquieto, mordiscando um de seus charutos favoritos a imaginar o que, exatamente, o teria levado àquele lugar. Em lembranças posteriores, Bert deu a entender que alguns dos diretores que cortejavam Lee estavam no sítio quando ele e Hooker chegaram — o que só teria tornado ainda mais patente e incômoda a sua juventude e a sua falta de status hollywoodiano. A favor de Bert pesava o fato de Lee gostar de gente jovem e de achar que tinha um talento especial para identificar nas pessoas a centelha do gênio. Seguro de ter descoberto esse talento com seus cães e convencido de que essa sua aptidão se aplicava também aos seres humanos, Lee viu em Bert algo que o agradou.

Bert também viu em Lee algo que o agradou e saiu do encontro decidido a conquistar-lhe a aprovação. A ideia do programa veio rapidamente. "Eu estava filmando qualquer coisa para Katzman no Corrigan Movie Ranch, pensando em todos aqueles diretores querendo agradar Lee Duncan para obter os direitos de Rin Tin Tin", disse Bert ao seu amigo Rob Stone numa longa conversa gravada antes da sua morte. "Saí caminhando até (...) o Forte Apache, sentei-me para almoçar e em três minutos e meio já tinha o formato completo."

Ocorrera a Bert que um western militar talvez fosse o veículo perfeito para Rin Tin Tin e que a história poderia ter o clássico formato menino, cão, homem e trapalhão, reunidos pelas circunstâncias, enfrentando juntos as vicissitudes da vida. Mais tarde, Bert diria que, embora a sua ideia fosse boa, "o único gênio do programa era o cão". Mas foi o gênio de Bert que encontrou a história perfeita para Lee.

A história imaginada por Bert se passava no vasto território do Arizona por volta de 1870 — mais de quarenta anos antes de o território se tornar estado. O cão e o menino eram os únicos sobreviventes de um ataque índio. Um destacamento de cavalaria do Exército dos Estados Unidos, comandado por um tenente sisudo e íntegro e um sargento afetuoso, porém meio atrapalhado, coloca o menino e o cão sob sua proteção. O cão solene e bravo faria dupla com o tenente solene e bravo, e o sargento apalermado contrastaria com o menino, que faz de tudo para parecer maduro.

Depois de colocar a ideia no papel, Bert convenceu o roteirista Douglas Heyes a desenvolvê-la em parceria. "No fim de semana seguinte, preparamos uma apresentação completa e fomos atrás de Lee", disse Bert a Rob Stone. "Lee era da Aeronáutica, um militar. Ele adorou a minha ideia da cavalaria e disse 'Vamos fazer'. Éramos aviadores; tínhamos isso em comum. Ele me disse: 'Vamos fazer', e eu perguntei: 'Quanto você quer?' Ele me respondeu: 'Dez por cento', e eu disse: 'Fechado!' Fizemos o acerto ali mesmo, com um aperto de mãos. Ele nunca quis assinar contrato; disse: Bert, fechamos com um aperto de mãos." Bert lhe deu 10 dólares para formalizar o acordo.

O nome do programa era *As Aventuras de Rin-Tin-Tin.* (Bert hifenizou o Rin Tin Tin do título, como queria Lee, embora este só usasse maiúsculas no início do nome.) Apesar do título focado no cão, o seriado era amplo e Rinty um personagem menos central do que o menino, chamado Johnny na proposta original. Dizendo que a gama de temas a serem explorados era "ilimitada", Bert adiantou uma dezena de sugestões para episódios envolvendo minas de ouro abandonadas, deuses-coiotes apaches, invasores de terras, raptos, batalhas com os comanches e quadrilhas de foras da lei. Mesmo não sendo um aficionado por cães nem por faroestes, o fato é que as histórias lhe acorriam naturalmente. Bert gostava de imaginar enredos. "Deus deve ter me dado o dom de inventar histórias", gostava de dizer. "Eu sempre achei que um enredo tinha de ter foco, muito sentimento e ser capaz de prender a atenção desde os primeiros minutos com algum tipo de estímulo ou incitamento. E eu sabia fazer isso." No que respeita a Lee, por maior que fosse o seu apreço pelos temas do Oeste e dos soldados de cavalaria, o apelo maior do projeto deve ter sido a ideia do órfão com seu cão.

O Rin Tin Tin oficial já não era mais Rinty III, e sim Rinty IV, o "monte de pelo" mencionado por James English na parte final de seu livro. Rinty IV era um filhote bastante jovem quando seu pai, Rinty III, retornou de Camp Haan. A sua unção como Cão Nº 1 de El Rancho Rin Tin Tin se deu sem notícia nem alarde. Rinty III nasceu em 1941, de modo que em 1953 já era um cão idoso, aposentado, quem sabe, talvez até falecido.

Não há, em nenhum lugar, registro ou menção à troca de guarda, o que parece indicar que Lee finalmente se rendera à força do legado de

Rin Tin Tin. Com a quarta geração de Rin Tin Tins à vista do público, Lee já sabia ter criado algo que significava mais do que um cão, ou um momento, em particular — algo cuja realidade era, de certa forma, elástica. A intensidade dessa ligação com o velho Rinty era tão especial que todos os cães que vieram depois se fundiram, em sua mente, em um único cão — repositório e continuador do que o velho Rinty havia iniciado. Lee nunca falou em sucessão quando este era vivo, quase como se não se atrevesse a mencionar a hipótese da morte de Rin Tin Tin. Agora, ele se preparava para ela. Fez saber que Rinty IV era o atual representante da estirpe e que três outros Rin Tin Tins estavam sendo preparados. Não haveria interrupção.

Lee cuidaria para que sempre houvesse um Rin Tin Tin e percebera que chamar a atenção para cada nova encarnação de Rin Tin Tin tornava menos perceptível a sua continuidade. Agora, cada cão dava lugar ao seguinte, silenciosa e completamente, como se vivessem todos num universo que passara a existir fora dos limites do tempo.

6

Bert rascunhou uma descrição formal do seriado e foi a Nova York se encontrar com os executivos da televisão. Depois de explicar que se tratava de um filme de meia hora de duração com "Rin Tin Tin, o famoso cão do cinema", a proposta dizia: "Ao considerar um seriado para a TV (como qualquer projeto no mundo dos negócios), devemos primeiro nos perguntar: POR QUÊ? Por que um seriado de TV sobre as aventuras de um *cão* — mesmo um tão célebre e memorável como Rin-Tin-Tin?" O programa era dirigido às crianças. Elas iriam adorar, assegurava Bert, porque toda criança passa por uma fase em que dedica todo o seu afeto a "algum cão — o único animal com que pode compartilhar, sem palavras, lealdade desinteressada e reciprocidade total".

A seção seguinte era surpreendente. Começava assim: "A dor de um menino com a perda de seu cão é a tristeza mais monumental que ele jamais há de experimentar." Poderia Bert ter escrito isso? Poderia Bert até mesmo ter pensado tal coisa? Bert cresceu em Nova York, e não tinha animais de estimação. O texto continuava: "Depois dessa perda, ele está preparado para qualquer coisa que o amadurecimento lhe reserve. Um menino e seu cão, juntos, desfrutam a forma de companheirismo mais gratificante que existe — um grau de empatia que nunca mais experimentarão em suas vidas." Meu palpite é que Lee escreveu isso ou falou a Bert sobre a perda do seu primeiro cachorro e do seu cordeiro de estimação.

A seção seguinte volta a soar como a voz de Bert: "Muitas crianças de hoje não têm o privilégio de conhecer essa extraordinária experiência pessoal. A cidade, a vida de apartamento, o ritmo mecânico da nossa época, tudo isso torna cada vez mais improvável o clássico relacionamento entre uma criança e seu cão. (...) Rin Tin Tin é o nome mais famoso do mundo canino. Nesse seriado de TV que ora propomos, ele representa a somatória das nobres características que todo menino atribui ao SEU próprio cão — ou que todo menino que não sabe o que é essa alegria projeta no cão que almeja um dia vir a ter. Rin Tin Tin é o cão ideal e, portanto, o ídolo natural de todo menino, tenha ou não um cachorro — uma força poderosa, capaz de atrair telespectadores de TODAS AS IDADES. Ao lado de Rin Tin Tin, o seriado teria "um menino do campo, de uns 9 ou 10 anos", e um tenente "garboso, másculo e dinamicamente correto na apreciação e trato das situações, além de atraente às mulheres, embora *não* indevidamente *atraído por* qualquer mulher que venha a encontrar em suas aventuras". Não faltaria ação: "Nós a teremos em grande quantidade." Como produtor, Bert descreve a si próprio da maneira mais hiperbólica: "Não há, em Hollywood, nos últimos sete anos — na verdade, em *nenhum* período similar de sua história —, um produtor mais prolífico." A proposta também incluía Lee, "o verdadeiro astro da série, o homem *por trás* do cão (...) seu notável proprietário e treinador (...) pioneiro da indústria do cinema (...) nome ilustre da cena hollywoodiana por sua reputação como treinador e gestor do produto Rin Tin Tin".

Os executivos da Screen Gems, braço televisivo da Columbia Pictures, adoraram a proposta e incumbiram Bert de preparar, o mais rápido possível, 26 episódios. A expectativa original era de que o programa fosse vendido a um conjunto de emissoras isoladas, não a uma rede nacional. Um programa em rede nacional tinha maior impacto e prestígio, mas em 1953 havia somente quatro grandes redes de TV — CBS, NBC, ABC e a DuMont Television Network, que, apesar de pioneira, já não existiria em 1956. A Screen Gems não esperava atrair um grande patrocinador — pré-requisito para um programa em rede. A maior esperança era a Quaker Oats, matriz da Ken-L-Ration, antigo patrocinador de Lee, mas ela desistiu por já estar comprometida com outro programa animal, chamado *Zoo Parade*.

Bert e o roteirista Douglas Heyes escreveram quatro roteiros e os enviaram à Screen Gems, mas o resultado não agradou aos executivos. "Eles disseram: 'Nós lemos os roteiros e, coletivamente, achamos uma porcaria', lembrou Bert. Eu disse: O quê? Não concordo, de forma alguma. E eles disseram: 'O que é isso que vocês fizeram? Fábulas?' E eu disse: 'Não sei o que vocês têm em mente, mas sei que é isso o que eu tenho em mente.' Eles disseram que eu estava errado, e eu disse que não estava — aqui tem ação, aqui tem pessoas, aqui tem o cão e é assim que tem de ser. Aí eles disseram: 'Você vai questionar os sete anos de experiência de todos nós?' Então eu disse: 'Vou. Se eu for atrás de vocês e fracassar, não terei aprendido nada; se eu fizer do meu jeito, terei aprendido alguma coisa. Quem disse que eu preciso de vocês? Eu sou o melhor diretor de produção dessa droga de negócio — esqueçam o contrato — estou fora!'"

Os executivos foram, então, ao tio de Bert, Nate Spingold, presidente da Columbia Pictures, para dizer-lhe que Bert estava louco e que Spingold precisava chamá-lo às falas. "Nate disse: 'Mandem-me os roteiros, deixem eu dar uma olhada'", lembrou Bert. "Então, Nate os lê e diz: 'Eles são fantásticos, vocês da Screen Gems é que estão loucos.' E foi o fim da discussão. Nunca mais tive de escutar nenhuma merda dos caras da Screen Gems, mas a partir daí eles passaram a me odiar."

A despeito de suas dúvidas sobre a possibilidade de conseguir um grande patrocinador, antes de vender o programa no varejo a Screen Gems levou os roteiros ao presidente da Kenyon & Eckhart, uma grande agência de publicidade de Nova York. Para sua surpresa, a agência gostou do programa e sugeriu que a Nabisco, fabricante do cereal Shredded Wheat e dos biscoitos caninos Milk-Bone, poderia se interessar em patrociná-lo. Depois de estudar a proposta e os roteiros, a Nabisco concordou. As únicas exigências eram que Bert lhes desse garantias de que o programa não conteria crime, violência, sexo ou material de mau gosto, nada que fosse "crítico, desdenhoso ou debochado em relação aos Estados Unidos", nem nenhuma cena que mostrasse membros do elenco comendo produtos da concorrência — em especial torradas e "casquinhas de sorvete". Além disso, Rin Tin Tin não poderia nunca aparecer comendo carne, porque faria concorrência com os alimentos caninos da Nabisco. Bert concordou e, com a Nabisco a bordo, a ABC decidiu comprar o programa. Ele iria ao ar toda sexta-feira, às 19h30, em todas as emissoras da rede.

Em 1954, um novo programa de TV era algo especial, um acontecimento anunciado com fanfarras. Um programa estrelando Rin Tin Tin, dada a estirpe do cão, era uma notícia ainda mais sensacional. Nas palavras de vários comunicados de imprensa e matérias de jornal, Rin Tin Tin era "o primeiro astro de quarta geração da história de Hollywood". Como disse a Associated Press: "O fabuloso Rin Tin Tin está prestes a realizar o seu maior triunfo — virar astro da TV. Quando [o programa estrear], uma nova geração estará assistindo aos feitos heroicos de um astro que há duas décadas eletrizou seus pais." O colunista de TV do *Los Angeles Mirror* escreveu: "Seguindo a tradição da família, Rin Tin Tin IV vai agora latir na TV, em seu próprio seriado."

Excetuando-se a DuMont, a ABC era a rede mais limitada, com apenas 40 afiliadas — contra 164 da NBC e 113 da CBS —, porém estava em ascensão. Na primavera de 1954, a ABC era o centro das atenções graças às audiências públicas Exército-McCarthy, a investigação do Senado para decidir se o senador caçador de comunistas Joseph McCarthy havia atuado indevidamente no episódio do tratamento dado pelo Exército a um de seus oficiais. Na crença de que as audiências eram enfadonhas, a CBS e a NBC só levavam ao ar resumos noturnos, ao passo que a ABC, que tinha poucos programas diurnos, optou por transmiti-las ao vivo, na íntegra. O resultado foi que as audiências, apaixonadas e teatrais, trouxeram à rede milhões de novos telespectadores.

Além de *As Aventuras de Rin-Tin-Tin*, naquele outono a rede ABC estreou vários programas: o primeiro *Concurso Miss América*, com apresentação de Bess Myerson e John Daly, o show de variedades musicais do maestro Lawrence Welk e um programa chamado *Disneyland*, produzido pela Disney Studios para coincidir com a inauguração de seu primeiro parque de diversões em Anaheim, Califórnia.

Bert retornou de Nova York eletrizado pela receptividade do programa, mas apavorado com a tarefa que tinha pela frente — pedir demissão do emprego. Katzman ficou tão furioso com a notícia que botou Bert porta afora. "Ele não me perdoou até cerca de duas semanas antes de morrer", lembrou Bert mais tarde. "Eu estava num autódromo e fui correndo lhe falar. Ele tinha um péssimo aspecto. Eu disse: 'Sam, você não pode morrer sem fazer as pazes comigo.' Ele era meu mentor, meu pai. Eu não podia deixá-lo partir com raiva de mim."

De certa forma, ao deixar Katzman e receber de Lee o legado de Rin Tin Tin, Bert estava trocando um pai por outro. Katzman era seu mentor, mas Lee, recém-adquirido parceiro de devoção, tornou-se credor de seu respeito e gratidão. A chegada de Bert foi igualmente decisiva na vida de Lee, que não conhecera seu pai e não tinha irmão nem filho homem. Bert foi o depositário do trabalho da sua vida, o herdeiro que sempre almejara encontrar — e que o levou a esquecer que prometera tal lugar à sua filha. Carolyn se lembra do pai anunciando que Bert estava "entrando" — o termo exato que ele usou. À primeira vista, pareceu-me um modo estranho de descrever o que estava em curso. Depois, julguei-o adequado: era como se Lee estivesse tentando dizer que Bert estava "entrando" para a família, o seu verdadeiro sentimento, algo muito maior do que um mero acordo comercial. Carolyn se lembra também do entusiasmo de Lee para com Bert. "Ele dizia: 'Bert é um jovem fantástico, tem uma família linda e uma maravilhosa carreira pela frente. Ele vai fazer muitos filmes e promoverá Rin Tin Tin daqui em diante.'"

Quando Bert entrou na vida dos Duncan, Carolyn tinha 14 anos, era quase uma mulher adulta. Depois de passar a vida à sombra dos cães, ela agora estava sendo eclipsada por um adventício de Hollywood, que da noite para o dia assumiu o papel pelo qual ela lutara desde que se entendia como gente. Até hoje, já mãe e avó, seu rosto se crispa ao falar da relação do pai com Bert, de "sua visão compartilhada sobre como as coisas eram e como poderiam ser". Carolyn fala sobre esses fatos com contida exaustão, uma espécie de rugosidade do espírito longamente polida com a lixa do esquecimento. "Eu vi meu papel com Rin Tin Tin se desvanecer", lamentou. "Percebi que não faria parte daquilo." Carolyn nunca mais se sentiu próxima do pai.

7

O elenco de *As Aventuras de Rin-Tin-Tin* foi formado no começo de 1954. Coube a Lee Aaker, de 10 anos de idade, o importante papel do menino, que se chamava "Johnny" nas primeiras versões, embora Bert cogitasse as alternativas "Dusty" e "Rusty". Aaker, filho da proprietária de uma academia de dança de Los Angeles, era um menino pequeno e robusto, de cabelo escorrido e nariz arrebitado, com uma cara larga e de aspecto macio como massa de vidraceiro. Desde os 8 anos atuava profissionalmente e coestrelara vários filmes importantes, como *Matar ou Morrer*, *O Maior Espetáculo da Terra* e *Hondo — Caminhos Ásperos*. Na época dos testes de seleção, acabara de filmar um episódio da série *Ford Television Theater*, "E, de Repente, Você Ficou Sabendo", com Ronald Reagan.

Para o papel do tenente Rip Masters, Bert queria Richard Denning, um ator veterano que estrelara *O Monstro da Lagoa Negra*. Contudo, Denning estava indisponível e o papel foi dado a um ex-tenista profissional do Texas chamado James Brown — jovem de voz profunda e beleza clássica, alto, de cabelos negros, queixo forte e sorriso imaculadamente branco. Para o papel do sargento Biff O'Hara foi escolhido Joe Sawyer, ator de cara gorda e amassada, especialista em papéis de coadjuvante. Rand Brooks, o tíbio Charles Hamilton, marido de Scarlett O'Hara em *E o Vento Levou*, foi o escolhido para o papel de cabo Boone.

A tarefa de treinar e dirigir o cão foi oferecida a Lee, que preferiu não aceitá-la: as longas jornadas de trabalho em Los Angeles já não lhe convinham. Deu-se por satisfeito em aconselhar Frank Barnes, treinador que acabou contratado. O que mais interessava a Lee era ter seu cão no programa. Esse Rinty era grande e claro, com uma sela escura no dorso, nariz aquilino e olhos brilhantes e sedutores. Embora só tivesse 2 anos de idade, já passara por longas tardes de treinamento no sítio, o que o deixou pronto para as câmeras. Lee preparara também um sobrinho de Rinty, Rin Tin Tin II (a numeração não sequencial foi atribuída pela AKC) e um pastor-alemão chamado Hey You, para usar como substitutos. Hey You, quando filhote, fora bicado no olho por uma galinha e ficara com uma cicatriz perceptível. Mas como sabia morder e rosnar sob comando, Lee o achava perfeito para as cenas de luta.

Uma tarde, durante a pré-produção do programa, Lee trouxe Rinty ao set de filmagem para mostrá-lo a Bert. Deu-lhe, então, uma série de comandos e fez com ele uma cena. Bert não gostou nada do que viu. Não entendia de cães, mas sabia perfeitamente o que queria. E não era Rinty IV.

Sam Manners, diretor de produção de *As Aventuras de Rin-Tin-Tin*, estava presente quando Lee trouxe Rinty IV ao teste de seleção. É uma das poucas pessoas ainda vivas dentre todas as que trabalharam no programa. Em uma recente conversa que tivemos em sua casa, em Los Angeles, perguntei-lhe qual foi exatamente o problema com Rinty IV. Ele me encarou um momento, depois riu.

"Por que não o utilizamos?", repetiu ele, recurvando uma orelha em minha direção. "Eu já vou lhe dizer." E se ajeitou na cadeira. Então disse: "Nós não utilizamos o cão de Duncan porque ele era burro. Não sabia fazer nada! Bert ficou desnorteado quando viu que o cão de Lee não sabia fazer nada."

Rinty, burro? Eu sabia que o velho Rinty era irascível e que Junior era inepto, mas fiquei pasma de ouvir que Rinty IV era burro. Como acreditar que Lee apresentara um cão despreparado para a tarefa, ainda mais considerando que, se o ungido não servia, poderia ter escolhido outro animal de seu canil? Imaginando que Manners pudesse ter se confundido — afinal, já haviam se passado 50 anos — achei por bem repetir a pergunta pedindo que ele explicasse melhor. Obstinado, ele disse que se lembrava "como se fosse ontem". Poucas semanas depois, conversei com um dos dublês do seriado, Max Kleven, que repetiu o que Manners dissera — Rinty IV não estava apto a fazer o papel.

Bert decidiu, então, recorrer a um dos cães de Frank Barnes, um pastor-alemão mesclado de creme e negro cujo pai, Flame, fora destaque do cinema no começo da década de 1950. Bert considerava Flame Jr., a que todos se referiam pelas iniciais JR, "absolutamente brilhante". Disse a Rob Stone que Flame era capaz de atender ao comando de abrir uma gaveta específica de um arquivo, pegar um objeto determinado e entregá-lo a uma pessoa previamente indicada.

Pouco tempo depois da dolorosa prova, Bert informou a Lee que utilizaria JR no papel principal e que um outro cão de Barnes, Blaze, seria seu dublê a maior parte do tempo. Hey You faria as cenas de luta. Rinty IV, disse Bert, faria aparições ocasionais, mas não teria qualquer papel específico, salvo o de receber os fãs do seriado em visita a El Rancho Rin Tin Tin. Era como se Rinty IV tivesse se tornado rei de uma monarquia constitucional — encarnaria o personagem, mas teria pouco a fazer. "Este Rin Tin Tin é um cão de sítio", disse Eva Duncan a um repórter do *New York Times* naquele mesmo ano, como que reconhecendo que estar no sítio era, na verdade, a sua principal tarefa.

Durante todo o tempo de exibição do seriado, o fato de Rin Tin Tin não ser o cão de Lee foi tratado com cautela. Em 1958, Rin Tin Tin foi indicado para o Prêmio PATSY, o equivalente animal do Oscar. A festa de premiação, no hotel Ambassador, teria como anfitrião o cavalo de Roy Rogers, Trigger. (Os anfitriões do ano anterior haviam sido os atores Piper Laurie e Ronald Reagan e o PATSY dado a Francis, a Mula.) Antes do evento, a secretária de Bert mandou-lhe um bilhete dizendo que Lee Aaker e sua mãe planejavam comparecer, assim como Lee e Eva Duncan e Frank Barnes e sua esposa, Pauline. Um cão teria de estar presente à cerimônia — algum Rin Tin Tin, real ou fictício. "Do jeito como estão as coisas", escreveu a secretária, "JR será o cão — mas você deve estar ciente dos riscos potenciais da situação".

Lee nunca questionou a decisão de Bert de não utilizar Rinty IV e jamais escreveu uma linha sobre o assunto. A decepção deve ter sido tão grande que ele achou melhor tirá-lo da cabeça. Talvez não tenha treinado Rinty tão bem quanto imaginava e, seguramente, já começara a aceitar a ideia de que Rin Tin Tin não era mais um cão de carne e osso. Na verdade, a exata definição de quem Rin Tin Tin realmente era se tornara um tanto confusa. Havia o personagem do seriado da TV, que se chamava Rin Tin Tin, havia Rin Tin Tin, o cão que vivia no sítio em Riverside, e havia os cães de Frank Barnes, que representavam Rin Tin Tin no seriado. Todos, agora, faziam parte do legado, uma espécie de companhia de cães artistas que representavam o personagem conhecido pelo público sob o nome Rin Tin Tin. Qualquer que fosse o cão que colocasse a marca de sua pata nas fotos, que recebesse as crianças nos parques e feiras — era, naquele momento, Rin Tin Tin. A companhia de cães que representava o personagem jamais foi publicamente reconhecida.

A ligação de Lee com Rinty IV nem de longe se comparava à que ele construíra com o Rin Tin Tin original, o que teria, quem sabe, tornado a sua decepção mais suportável. Na verdade, seus sentimentos para com Rin Tin Tin IV são difíceis de avaliar. Eu não encontrei nos papéis de Lee nenhuma menção a Rinty IV — nenhuma exaltação de seus talentos e aptidões, nenhuma linha sobre seu trabalho em parceria. Descobri, no entanto, uma sugestiva entrevista dada por ele a um jornal da Califórnia em 1954. Sob o título "Descobridor de Rin Tin Tin Ainda Aguarda Animal Tão Extraordinário quanto o Primeiro Ancestral", o repórter cita as seguintes palavras de Lee: "Eu gastei uma fortuna com a descendência de Rinty, procurando cães que pudessem replicar todas as extraordinárias características de Rinty (...) mas sempre faltou alguma coisa." A matéria prosseguia:

> Com suas lembranças e esperanças, seus cadernos e suvenires, Duncan mora num autêntico memorial do célebre astro canino capaz de saltar quase como um antílope e se expressar para as câmeras quase como um humano. (...) No sítio, um pequeno anexo da casa principal é uma espécie de museu Rinty I, com paredes cheias de fotos e condecorações emolduradas e mesas repletas de suvenires. Por trás de cada um deles há uma história, que Duncan sente grande prazer em contar.

Lee jamais fraquejou em sua crença de que sempre haveria um Rin Tin Tin. Todavia, a essa altura já aceitara que Rin Tin Tin igual ao primeiro jamais voltaria a existir — jamais voltaria a existir um cão de guerra achado, ainda filhote, num golpe de sorte, e que num golpe de sorte teria a sua vida transformada numa prodigiosa odisseia. Jamais voltaria a existir o cão com quem ele viajara pelas Sierras quando jovem, assim como jamais voltaria a existir aquele jovem. A própria ideia desse cão se desdobrara para abarcar vários outros cães. Lee deve ter concordado com a opinião de Bert sobre Rinty IV ou ao menos se reconciliado com ela. Pouco depois do desastroso teste, assinou um adendo ao contrato com Bert que continha a frase "Flame, o cão que executa todo o trabalho de Rin Tin Tin...".

8

Logo que o elenco foi formado, Bert filmou o episódio-piloto de *As Aventuras de Rin-Tin-Tin* e enviou o resultado a Nova York, para que a Screen Gems o mostrasse aos potenciais patrocinadores. O prospecto comercial prometia "pura diversão, com muita ação e excepcionais oportunidades de vendas junto ao público juvenil". E prosseguia:

> Em cada episódio, um turbilhão de dramas humanos: uma apaixonante série sobre Rin Tin Tin (...) o cão mais famoso de todos os tempos!
>
> Um heroico menino, Rusty (Lee Aaker), companheiro e amigo de Rin Tin Tin
>
> O dramático conflito Homem *vs.* Natureza, com rios caudalosos, incêndios florestais, explosões de minas, animais selvagens e batalhas com os índios (...)
>
> A personalidade de Rin Tin Tin, como a dos Fairbank e dos Barrymore, *sobreviveu ao tempo e à mídia* (...)
>
> Rin Tin Tin atua num ambiente em que a sua inteligência semi-humana exerce o máximo de seu potencial. (...) sem a artificialidade

dos cães do FBI e espiões atômicos, que espreitam as ruas da cidade e andam em aviões a jato. Não há referências sexuais nem quaisquer influências que possam comprometer a inocência da ação.

Excepcionais Oportunidades de Merchandising com Rin Tin Tin. Empresas disputam licenças de patrocínio antecipando-se ao que hoje se considera uma das melhores oportunidades de merchandising do setor. (...) Esse entusiasmo se baseia na premissa de que Rin Tin Tin é um personagem vendido por antecipação! Ninguém quer esperar para ver se Rin Tin Tin vai dar certo — Rin Tin Tin já deu certo há muito tempo!

A última página do prospecto continha uma descrição do seriado à maneira de um haicai:

A *grandiosidade* de uma fronteira inóspita...
A *magia* do nome mais famoso do reino canino...
O *mistério* de uma inteligência animal semi-humana...
O *magnetismo* da personalidade do menino...
A *alegria* reinante num velho forte de cavalaria...
A *nobreza* dos desafios interpostos aos homens pela Natureza,
tudo isso (...) no mais importante veículo de vendas de nossa época.

O diretor comercial retornou a Lee boas notícias:

Friskies, produto alimentar canino — ansiosíssimo para comprar o programa. Henri, Hurst e McDonald, representando a Armour Meats: agência EXTREMAMENTE interessada no programa. Vários gerentes de marca assistiram ao programa e se mostraram entusiasmados. Dancer, Fitzgerald: reagiram propondo uma nova sessão para o executivo da Peter Paul Mounds. Boa possibilidade de que Chunkies compre cerca de 8 mercados. BBD&O: excelente sessão para altos executivos da área de TV. Nestlé: reunião com vice-presidente responsável pela publicidade. Entusiasmado, mas recém-renovou a conta de *Space Patrol.*

Bert queria filmar *As Aventuras de Rin-Tin-Tin* em cores. Na proposta, escreveu: "A TV em cores já não é um sonho distante; estará disponível no futuro *imediato.*" Na verdade, ele estava um pouco à frente da história. Embora a tecnologia já existisse havia décadas, a TV em cores ainda era muito pouco difundida nos Estados Unidos. A quase totalidade dos 30 milhões de televisores existentes no país era em preto e branco quando o Tournament of Roses, tradicional desfile de Ano-Novo em Pasadena, na Califórnia, foi o primeiro programa de TV transmitido em cores, em janeiro de 1954. Dez anos depois, menos de 5% dos aparelhos em uso nos lares norte-americanos eram em cores.

A Screen Gems queria fazer *As Aventuras de Rin-Tin-Tin* com o menor orçamento possível. Cor estava fora de questão. Bert aprendera a trabalhar com pouco dinheiro desde a época de Katzman, mas a Screen Gems queria um orçamento ainda mais exíguo, no máximo 50 mil dólares por episódio, 5 mil menos do que indicado por Bert. Para isso, o estúdio propôs que o número de extras fosse reduzido e que o elenco de apoio se tornasse intercambiável. Em vez de um ator fazer um soldado de cavalaria, outro, um índio comanche, e um terceiro, um cidadão comum, um único profissional faria os três papéis. Para a Screen Gems, as crianças não ligariam se um mesmo rosto aparecesse em papéis diferentes, e até contraditórios. Para isso havia a maquiagem. O problema da interação entre diferentes personagens representados pelo mesmo ator poderia ser resolvido por meio de diferentes ângulos de câmera. Seria filmado primeiro um lado da luta, ou da conversa, e depois o outro, com outros trajes e ângulos de câmera.

Não foi difícil para Bert executá-lo. Cada extra recebia um conjunto completo de trajes — uniforme de soldado da cavalaria, roupa indígena de couro de veado, calça e camisa de musselina de habitante da cidade. Para facilitar as frequentes mudanças de vestuário, estendiam-se pedaços de lona sobre cordas esticadas entre duas árvores. O elenco de 12 atores trabalhava sem parar. "Num minuto estava-se fazendo um índio, no seguinte, um soldado", lembrou Sam Manners, com um muxoxo. "Fazíamos o truque com ângulos de câmera. Chegamos a ter pessoas matando a si mesmas."

A polêmica sobre filmar ou não em cores foi somente a primeira de uma série: Bert se chocava com o estúdio em quase todas as questões. Eu cheguei a abrir um arquivo chamado "Conflitos de Bert com a Screen Gems etc.", só para organizar as cartas e telegramas irados que encontrara. É incrível que Bert tenha produzido o programa, considerando a quantidade de vezes que ameaçou deixá-lo. Eu poderia ter aberto um segundo arquivo com os bilhetes em que ele anunciava à Screen Gems "Este será o nosso último ano juntos" ou "Vou discutir com o meu advogado o encerramento do contrato" e variações sobre o tema.

Não creio que Bert estivesse blefando. Ele tinha absoluta confiança em si mesmo e se eriçava toda vez que lhe diziam que o jovem produtor de seu primeiro seriado para a TV tinha de prestar contas aos executivos seniores. De modo geral, ele via a interferência do estúdio como um insulto. "ELES aprovam a versão final do roteiro? ELES aprovam o plano de produção?", rabiscou num bilhete para si mesmo após um contato telefônico com a Screen Gems. "Em toda controvérsia artística ou de produção são eles que têm a última palavra? Então eu devo ser um EMPREGADO." Ele se queixou ao seu tio, Nate Spingold, que os executivos da Screen Gems "me subestimam" e que "está ficando cada vez mais difícil conviver com essa gente".

Em 1954, no entanto, os estúdios ainda reinavam em Hollywood. Roteiristas e diretores e, em alguma medida, atores eram vistos como bens fungíveis, fáceis de realocar sempre que necessário e, em última instância, de substituir. A reação se deu nesse mesmo ano, quando François Truffaut trouxe a público o seu ensaio "Uma Tendência do Cinema Francês", em que dizia que os diretores eram os verdadeiros autores de seus filmes da mesma forma como os escritores eram os autores de seus livros. A "teoria do autor" ainda não mudara a mentalidade geral em Hollywood, mas Bert a abraçara com todas as suas forças. Em se tratando de seu programa, era destemido e determinado, inteiramente possessivo, pode-se dizer, e o deixava claro em memorandos, cartas, telefonemas, telegramas e confrontações pessoais. Sam Manners fervia de excitação com as histórias das brigas e altercações de Bert. Depois de me contar várias delas, recostou-se na cadeira, deu um suspiro e, com um brilho nos olhos, disse: "Ah, Bert. Eu o adorava. Ele se indispunha com todas as pessoas que conhecia."

Bert se sentia particularmente ofendido quando questionavam o seu julgamento. Altercava-se regularmente com Irving e Fred Briskin, dois dos principais executivos da Screen Gems responsáveis pela supervisão de *As Aventuras de Rin-Tin-Tin*. Antes mesmo de começarem as filmagens, os irmãos Briskin questionaram a escolha de Douglas Heyes como roteirista principal da série. Furioso, Bert mandou-lhes um bilhete em que, depois de lembrar as qualificações de Heyes, passava ao que via como o verdadeiro problema: a atitude desrespeitosa dos Briskin. "Eu passei vários meses imaginando e criando o programa. (...) Não sou um amador na produção de filmes. Sempre levarei conselhos em conta — para aceitá-los ou rejeitá-los de acordo com meus critérios." O bilhete parece ter deixado Irving Briskin perplexo. Ele respondeu: "BERT LEONARD: eu não gostei do tom desse bilhete e o considero totalmente desnecessário — talvez seja melhor nos reunirmos os três para resolver tudo rapidamente. (...) Você não tem um CENTAVO investido nesses filmes & eu quero proteger o meu dinheiro." Num bilhete que se seguiu a outro dos memorandos incendiários de Bert, Briskin o censurou: "Bert, acredito que é melhor para todos nós você parar de fazer tempestade em copo d'água por causa das nossas sugestões." Uma das cartas de reclamação de Bert foi-lhe devolvida sem resposta, salvo por um comentário de Fred Briskin, escrito na margem direita com um lápis preto de ponta grossa: "BERT: O que você espera conseguir com cartas como estas? Um inimigo?"

Bert se envolvia rotineiramente em confusões com Ralph Cohn, fundador da Screen Gems e sobrinho de Harry Cohn, presidente da Columbia Pictures. Cohn tinha pouco mais idade do que Bert, mas gostava de tirar onda de veterano. Envolvido desde o início em *As Aventuras de Rin-Tin-Tin*, prestava escrupulosa atenção a cada detalhe da série. Bert enviou seu primeiro memorando beligerante a Cohn não mais que uma semana depois de a Screen Gems ter decidido montar o programa, reagindo a uma suposta manifestação de menoscabo da qual não se tem registro. "Quero crer que a minha capacidade de levar essa série a bom termo *não* está em causa", escreveu Bert. "O fato de eu ter uma mente aberta e estar pronto para discutir e incorporar algumas de suas sugestões não significa que esteja disposto a submeter minhas ideias sobre a série ao pensamento de quem quer que seja. Este é o *meu* programa e pretendo comandá-lo."

Bert tinha motivos para achar que Cohn o via com reservas. Em fevereiro de 1954, ele teve acesso a uma carta que Cohn escrevera a Irving Briskin criticando dois roteiros da série. Cohn queixava-se a Briskin de que, embora não visse nada de "fundamentalmente errado" com os roteiros, achava-os inadequados. Por exemplo, observou que a série carecia de uma frase que fosse a sua marca registrada — "da mesma forma como 'Aiô, Silver!' era a marca registrada de *O Cavaleiro Solitário*", disse, apesar de já haver pedido a Bert para criar algo do gênero. Não gostou, também, que o episódio do "Chefe Apache" tenha começado com uma cena de guerreiros apaches, assim como "A Educação do Cabo Rusty" com uma cena de Rip Masters. Ele queria que todos os episódios começassem com Rin Tin Tin.

Na carta, Cohn pedia a Briskin que pressionasse Bert no sentido de manter o foco em Rin Tin Tin. "O cão é o elemento mais interessante do seriado", escreveu. "Suas ações, sua inteligência e seu relacionamento com os personagens deveriam ser sempre destacados." Queria mais cenas "em que o cão estivesse envolvido por pura diversão e que demonstrassem a sua extraordinária inteligência". E prosseguia: "[Rin Tin Tin] deveria ser mais plenamente desenvolvido como um personagem que o público infantil admire por seus talentos e procure replicar em seus próprios cães. Eu pedi um tipo de relacionamento do menino com o cão que fizesse o público infantil invejá-lo e ter vontade de imitá-lo."

Cohn queria, também, eliminar vários itens, que listou para Briskin:

> 1. Cenas em que as crianças são submetidas a situações impróprias de horror e medo. No roteiro de "Índio", a vida das crianças é ameaçada pelos índios. Grandes patrocinadores, sempre atentos às associações de pais e mestres, aos grupos de orientação infantil e outros (...) não comprarão um programa a que eles façam objeção. 2. Cenas com diálogos demasiado longos e sem objetivo. 3. Diálogos típicos do Oeste. Heyes insistiu que eles tinham mais a ver com o Sul do que com o Oeste, mesmo assim eu pedi para evitar. 4. Frases e expressões que estivessem além do entendimento das crianças. Por exemplo: "Estripar batatas".

Para terminar, Cohn externava a opinião de que Bert precisava ser orientado "em quase todos os detalhes". Dizia que Bert planejava fazer o menino "montar uma graciosa mula branca" no seriado. Cohn detestou a ideia e disse que observara a Bert que uma mula branca — ainda que graciosa — "não atenderia aos desejos de todos os meninos e meninas telespectadores". Ele queria que o menino montasse "um belo pônei índio, malhado".

Com seu tom implicante e sua fixação em minúcias, essa carta só poderia ser superada por uma coisa: Bert Leonard e Ralph Cohn — ambos nova-iorquinos, opiniáticos, mandões e desaforados — enfrentando-se cara a cara num estúdio hollywoodiano, no começo de 1954, a respeito de se um órfão das Grandes Planícies em 1870 estaria mais apropriado montando um belo pônei índio ou uma graciosa mula branca.

As afrontas de Bert não eram puro narcisismo. Ele amava os personagens que criara para *As Aventuras de Rin-Tin-Tin* e queria protegê-los. Ralph Cohn tinha a seu cargo a supervisão da versão radiofônica de *As Aventuras de Rin-Tin-Tin*, criada para complementar a série da TV. O programa, na opinião de Bert, era um desastre. Achava que os roteiros eram fracos e que o animal que fazia Rin Tin Tin estava "a anos-luz de seu latido". E queria que Cohn soubesse o que pensava a respeito. Depois de revisar um dos roteiros, Bert escreveu: "Eu só posso lhe dizer, Ralph, que este é um dos piores trabalhos que já passaram pelas minhas mãos. (...) O texto não tem um pingo de imaginação e a relação entre as pessoas é totalmente estranha à maneira como elas são tratadas na série da TV. Se não forem tomadas providências imediatas a respeito, serei obrigado a levar a questão [ao meu advogado] para proteger meus interesses."

Algumas semanas depois, Cohn disse a Bert que Rusty deveria mencionar Ivanhoé num episódio do rádio. Bert ficou tão chocado com essa ideia quanto ficara Cohn com seu plano de fazer Rusty montar uma mula branca. Sua mensagem a Cohn dizia que "Rusty (...) vive num Forte Apache e não tem instrução nem cultura; não pode, portanto, saber nada sobre Ivanhoé e as Cruzadas". E acrescentava: "Você me havia dito que acompanharia de perto a criação e adaptação do programa de rádio. No entanto, a relação entre os personagens e o tratamento do cão não seguem o que já temos como estabelecido e aprovado. Por exemplo, Rin Tin Tin não dorme em barracões, mas no alojamento de Rusty, como toda criança sabe. Além disso, Rin Tin Tin não rosna para Rusty nem o ameaça sob nenhuma circunstância. E nem passa pela cabeça de Rip Masters pôr um afiador de navalha na mão do menino. Em todas as situações, o menino e o cão são tratados com a dignidade que merecem como autênticos heróis." Satisfeito por ter feito suas observações, Bert concluía dizendo: "Aguardo ansiosamente a sua resposta."

No começo da primavera, Bert estava às voltas com os problemas do início das filmagens. Além disso, ele e sua esposa, Willetta, ganharam o seu primeiro filho, um menino, a quem deram o nome Steven. Os nomes eram outro motivo de discussão na esfera profissional. Embora Bert tivesse decidido que o nome do personagem seria Rusty, Irving Briskin o irritava com sua insistência em chamá-lo de Dusty. Um belo dia, ele disse a Bert que o menino tinha de se chamar Dakota Bill. Não contente, apegara-se também ao problema de como os personagens se refeririam ao cão. Rin Tin Tin? Rinty? Apenas Rin? Embora fosse essa uma decisão que Bert, sem dúvida alguma, considerava de sua alçada, Briskin declarou, num memorando a Bert: "Eu o advirto a não usar o nome 'Rin Tin Tin' quando falado, sobretudo por Dusty. Não permita que ele chame o cão por outro nome que não 'Rinty' e, por favor, trate de evitar que os personagens o chamem de 'Rin'. Aqueles que não o conhecem, estrangeiros, por exemplo, podem se referir a ele como 'Rin Tin Tin', mas as pessoas ao redor devem, imediatamente, chamá-lo somente de 'Rinty'."

Eles ainda não haviam criado um slogan — a "marca registrada" com que Rusty-Dusty-Dakota Bill atiçaria o cão e que, esperava-se, deveria se tornar tão popular quanto "Aiô, Silver!". Em seu primeiro rascunho, o roteirista Douglas Heyes usou "Pega, Rinty!",* mas Irving Briskin — que parecia sentir prazer em criticar Heyes — o questionou. "NÃO GOSTO", rabiscou ele numa cópia do texto. "É MUITO COMUM. TALVEZ 'LUTE, RINTY!', OU 'ENCRENCA, RINTY!'.

* Go get'em, Rinty.

Anexou também uma nota mais longa, cheia de observações críticas. "Havíamos combinado que a frase não seria essa. Em nossa opinião, você precisa criar algo melhor, como 'Enfrente-os, Rinty!' (...) alguma alternativa ao já batido 'Pega, Rinty!'. (...) Quero alertá-lo também para o que eu chamo de texto confuso. Há uma cena em que você vai fazer o major entrar e ordenar posição de sentido, vai fazer Rusty mergulhar numa mala, vai fazer O'Hara disparar pelo corredor e abrir outra mala, vai fazer Rinty pular para dentro de uma mala e vai fazer O'Hara se levantar em posição de sentido. Tudo isso em uma única cena! Isso é má técnica de roteiro e você está se iludindo. Quero adverti-lo, uma vez mais, de que esta é a história de um menino e um cão. Não me interessam os adultos."

Bert disse a Briskin que ele e Heyes haviam experimentado todo tipo de slogan: "Pra Cima, Rinty!", "Ataca, Rinty!", "Luta, Rinty!", "Encrenca, Rinty!", "Avante, Rinty!", "Vai, Rinty!" Então ele se lembrou de uma interjeição de cavalaria, "Io-Ho!", que era usada para reunir a tropa quando não havia clarins à disposição. Ele gostava do som. "Poderíamos usá-la como 'Io-Ho, Rinty!'", escreveu. "Pessoalmente, eu gosto mais de 'Pega, Rinty!', porque tem força e ritmo, com a vantagem de que o seu sentido literal abarca todo tipo de ação que se poderia exigir do cão. Mas continuo aberto a sugestões." Todos adoraram. Heyes foi instruído a eliminar 'Pega, Rinty!', e substituí-lo por "Io-Ho, Rinty!" em todos os roteiros.

Agora só faltava criar uma sequência breve e "distintiva" para abrir cada episódio. Depois de horas de trabalho minucioso, Bert finalmente conseguiu uma sequência de abertura de 45 segundos que, tinha certeza, "seria como uma convocação a todas as crianças para se sentarem para assistir a *Rin Tin Tin*". A tropa se alinha para a revista, e Rusty e Rinty entram também em forma e prestam continência junto com os soldados. Bert acreditava no encanto da cena: um menino e um cão em formação, muito mais baixos que os soldados, o primeiro se esforçando para parecer sério e crescido, e o segundo, para parecer humano. Cohn recebeu de Bert o roteiro dessa que, durante muitos anos, foi uma das aberturas mais famosas da TV:

A. CLOSE-UP RIN-TIN-TIN
— grande closeup cabeça-e-escápulas contra o fundo simples do céu. Sobre isso: COMEÇA O TOQUE DE CLARIM
EXT. INTERIOR DA PALIÇADA DO FORTE APACHE — DIA

B. ÂNGULO DIREÇÃO ALOJAMENTOS COM CLARIM EM PRIMEIRO PLANO
— soldados saem das portas em tropel, portando rifles — correm na direção da câmera para formação simples, enchendo a tela.

C. ÂNGULO SOBRE PASSARELA ATÉ RIN-TIN-TIN

D. TOMADA MÉDIA NA ÁREA DO ESTÁBULO — RUSTY
— menino do campo, de 8 ou 9 anos, vem do plano de fundo para o primeiro plano carregando uma sela do Exército, grande demais para ele, que coloca apressadamente num suporte e corre para entrar em forma. Veste um uniforme de cavalaria improvisado e um chapéu de cavalaria. Sobre isso: SOBREPÕE:

(Título)
COM RUSTY "COMPANHIA-B"

E. ÂNGULO SOBRE RIN-TIN-TIN
Ele salta da elevada passarela para uma carroça do Exército abaixo, daí para uma pedra e desce até o chão já correndo.
CÂMERA SUSTENTA nele, que corre, também, para entrar em formação.

F. TOMADA MÉDIA-LONGA
Rin-Tin-Tin alcança o espaço vazio na formação e se agacha em posição de sentido ao lado de Rusty.

G. DUAS TOMADAS DE RIN-TIN-TIN E RUSTY
Posição de sentido. (Cessa o toque do clarim.)

VOZ
Direita — volver!

Depois de apresentar Masters e O'Hara, a sequência conclui:

Música atinge o clímax enquanto SOBREPÕE:
(Intertítulo #1)
E ESTRELANDO
(Intertítulo #2)
RIN-TIN-TIN

FADE OUT.
ENTRA O PRIMEIRO COMERCIAL

9

Bert sugeriu à Screen Gems filmar no México para reduzir custos, mas o estúdio decidiu fazê-lo no Corriganville Movie Ranch, uma propriedade de 800 hectares num vale ao norte de Hollywood, perto do Passo de Santa Susana. Em 1954, o proprietário da gleba era Ray "Crash" Corrigan, dublê e ator com créditos em filmes como *O Satânico Dr. Zabor* (ele faz o gorila) e *Captive Wild Woman* (faz um macaco). Corrigan comprou a gleba em 1936, depois de ouvir dizer que havia um tesouro espanhol enterrado ali. Não encontrou nenhum tesouro, mas logo percebeu que o terreno — coberto de cactos e rochas e salpicado de cavernas e charcos — tinha a clássica paisagem do Oeste e ficava perto o bastante dos estúdios da cidade para servir de locação para filmes.

Os estúdios começaram a usar o sítio regularmente. Parte dele foi aberta ao público como uma espécie de parque temático, onde atores desempregados encenavam brigas e tiroteios. Em Corriganville, John Ford filmou o seu clássico *Forte Apache — Sangue de Herói* e Howard Hugues filmou *Vendetta*, num set de aldeia corsa especialmente construído para esse fim. Filmes pornográficos leves, vagamente instrutivos, conhecidos como "estudos da figura humana" foram filmados numa parte do sítio conhecida como Silvertown. Sam Katzman, também, fez ali dezenas de filmes, razão pela qual Bert conhecia tão bem o lugar. Bert filmou *As Aventuras de Rin-Tin-Tin* no Forte Apache de Corriganville, não muito longe do lugar onde lhe acorreu a ideia do seriado. *Lassie*, *O Cavaleiro Solitário* e *Have Gun Will Travel* eram filmados, simultaneamente, em partes diversas da propriedade.

O arrendamento de locações do tipo Corriganville para filmes de faroeste foi, durante anos, um negócio bastante lucrativo. Cada vez que o gênero parecia ter ficado obsoleto, o lugar era reequipado para adequar-se à nova situação. De 1936 até o fechamento do último set, em 1966, o Corriganville Movie Ranch foi usado por 3.500 diferentes produções, mais do que qualquer outra locação externa nos Estados Unidos. Depois que os faroestes saíram de moda na década de 1960, Corrigan vendeu a propriedade a Bob Hope, que a desmembrou para construir Hopetown Homes, um bairro suburbano de casas em múltiplos níveis, com gramados agressivamente irrigados, estranhamente perdidas em meio à paisagem ressecada e vazia. Com a dinamitação do monte Camelback para a abertura da rodovia Ronald Reagan, a propriedade foi dividida em duas. Não demorou muito para que a periferia norte de Los Angeles começasse a se estender por sobre o que haviam sido as terras silenciosas e agrestes do rancho. Curiosa para ver se algo em Corriganville ainda conservava o aspecto que exibe nas cenas do seriado, fui visitá-lo certa manhã. Um sujeito chamado Greg Anderson, historiador amador local que conhecia bem a área, se ofereceu para me guiar.

Quando Anderson se aproximou de mim naquela manhã, no estacionamento, não pude deixar de notar que ele usava um uniforme do Exército, de 1870. "Sou um personagem", disse ele, em resposta à minha expressão estranha. Ele polia os botões metálicos no paletó. "Este é da cavalaria. Tenho um cheyenne também, e alguns outros mais, mas este me pareceu mais adequado para o dia de hoje."

Enquanto descíamos um caminho rendilhado pela luz que era filtrada pelas copas dos carvalhos, Anderson discorria sobre as cenas que haviam sido filmadas em cada lugar e apontava as rochas e árvores junto às quais haviam atuado os astros e estrelas do cinema. Chegamos, finalmente, a uma piscina vazia, com o fundo riscado de rachaduras e fendas de onde brotavam tufos de capim. Nas bordas, havia arranhões e pedras lascadas. "Skatistas", disse Anderson, consternado, e arrematou: "E pensar que John Weissmuller costumava nadar nesta piscina." Eu, que cresci vendo e detestando os filmes de Tarzan de Weissmuller, que passavam na TV tarde da noite, um atrás do outro, devo ter visto essa piscina centenas de vezes, mas jamais a reconheceria sem as falsas videiras e palmeiras usadas para compor o cenário.

Enquanto caminhávamos, Anderson me contou que era um velho aficionado dos filmes de faroeste. Quando descobriu que tantos deles haviam sido filmados aqui, teve de se render ao fascínio de um lugar capaz de assumir tantas identidades diferentes. Começou, então, a gravar todos os faroestes da TV, para aprender a identificar a maior quantidade possível de formações rochosas de Corriganville. "Com o tempo, eu já nem via os filmes", disse. "Desligava o som e estudava cada cena com todo cuidado para reconhecer a locação." Ele me garantiu que podia ver qualquer faroeste filmado ali — independentemente de quanta preparação cênica houvesse — e me dizer exatamente de que rocha se tratava. Passara muito tempo, muitas horas mesmo, trabalhando nisso.

Um hobby inusitado, creio. Parece, no entanto, que, por mais particular e especializado que seja um hobby, sempre há alguém interessado em dedicar-se a ele. Mergulhar tão completamente num único tema de interesse significa que esse interesse deixa de ser alguma coisa que essa pessoa faz; ela acaba se tornando sua escrava. Mas, para muita gente, esse tipo de dedicação é confortante. Talvez, abraçar essa causa tão explícita seja como fiar tudo o que se sabe, sente e considera em uma única linha — tão fina que pode ser passada pelo buraco de agulha de uma vida.

Anderson abaixou-se para pegar uma coisa qualquer caída no chão. "Sabe, agora que sei tudo sobre esse assunto", disse, olhando-me de relance: "eu me sinto importante".

Deixamos a piscina de John Weissmuller e nos acomodamos sob a ramagem de uma árvore. Eu pedi a Anderson que me mostrasse o Forte Apache, onde foram filmadas *As Aventuras de Rin-Tin-Tin*, mas ele me disse que o Forte fora derrubado em 1967. Meus olhos traíram uma intensa decepção. Como prêmio de consolação, ele apontou algumas interessantes rochas cinematográficas e disse que podia me levar para ver a crista do morro onde Rin Tin Tin posava ao fim de cada episódio. Caminhamos, então, até o limite da área arborizada e a paisagem, de repente, se abriu. O céu formava um grande lençol azul sobre a curva ascendente das montanhas enegrecidas e o chão à nossa frente era salpicado de pedras, como que atiradas ao azar em um ciclópico jogo de dados. Lá estava o morro, para além das pedras, com seu topo onde o cão se postava ao final de todos os episódios, semana após semana, ocupando por inteiro a tela da TV. Era por volta de meio-dia, hora em que o vermelho da terra, o cinzento das pedras e o ocre dos chaparrais, desintegrados pela explosão de luz sobre o granito, podiam ser capturados pelos tons de uma foto em branco e preto.

10

No outono de 1954, a programação da TV norte-americana tinha marionetes e desenhos, famílias típicas e celebridades, caubóis, detetives e Mickey Mouse. Astros vetustos como Arthur Godfrey e Red Skelton apresentavam programas no horário nobre. *The Jack Benny Program* apresentou um novo comediante chamado Johnny Carson. Na ABC, quase todas as noites começavam com um segmento de 15 minutos de *Kukla, Fran and Ollie*, um teatro de marionetes sem roteiro com Ollie, o dragão de um dente só, e Kukla, um palhaço de nariz vermelho e imensas sobrancelhas. A vida familiar era tratada em *As Aventuras de Ozzie e Harriet, Papai Sabe Tudo* e, é claro, *I Love Lucy*, o programa mais popular da TV. *O Cavaleiro Solitário* ocupava as noites de quinta-feira. Nessa época, fizeram sua estreia o primeiro *game-show* em horário nobre, *A Pergunta de 64 Mil Dólares*, e a série dramática *O Milionário*.

Outro cão com história em Hollywood também debutou na TV no outono de 1954. Rudd Weatherwax fechara um acordo com a CBS para a criação de um programa com Lassie, que a Campbell Soup Company se interessara em patrocinar. Tal como Lee, Weatherwax tinha mais interesse pelo cinema do que pela TV, mas depois de *Lassie — Nas Planícies do Ouro*, filme de 1951, nenhuma nova oferta para Lassie havia surgido. Em 1953, porém, um produtor independente o procurou com a ideia de levar Lassie para a TV. Pal, o cão que fizera os filmes, já era velho demais para aguentar os longos dias nos set de filmagem, mas Weatherwax tinha vários filhotes — Lassie Junior, Baby, Spook e Hey Hey — adestrados e preparados para o novo programa. O elenco de Lassie foi formado mais ou menos na mesma época que o de *As Aventuras de Rin-Tin-Tin*. Lee Aaker foi um dos finalistas em seus testes.

Tal como em *As Aventuras de Rin-Tin-Tin*, o menino de *Lassie* não tinha pai, mas tinha um cão. O menino de Rin Tin Tin era órfão de pai e mãe, mortos num ataque índio; o menino de *Lassie* era menos sozinho no mundo: morava com a mãe viúva e o avô numa fazenda em algum lugar da América rural. O mundo de Lassie era suave e pastoral. O cão fazia companhia e dava lições ao menino, Jeff, e o ajudava a sair de situações difíceis, em geral não piores do que um confronto inesperado com um animal selvagem. (Em temporadas posteriores, Lassie vive com outra família, cujo filho pequeno, Timmy, é muito mais propenso a acidentes: é ameaçado por um tigre na floresta, fica preso numa mina, cai na areia movediça, é exposto à radiação, é ameaçado por um elefante de circo fujão, é envenenado por frutinhas silvestres, é perseguido por um cão raivoso, é levado por um balão, é atropelado por um motorista, que não lhe presta socorro, é trancado num galpão por um ladrão armado e é quase morto por um chimpanzé que foge de um laboratório levando dinamite.)

Em geral, o ambiente de Lassie era mais leve e resguardado que o de *As Aventuras de Rin-Tin-Tin*, que incluía "tiroteios, facadas, socos, batalhas, flechas, ataques índios, brigas, coronhadas (mas não golpes de espada, estrangulamento, tortura e açoitamento)", de acordo com a análise da Associação Norte-americana de Cinema. Na verdade, *As Aventuras de Rin-Tin-Tin* eram consideradas tão brutais que os censores britânicos eliminaram algumas cenas — em especial as que mostravam Rin Tin Tin lutando — e os alemães proibiram sua exibição em feriados religiosos. Alguns episódios de Rin Tin Tin eram quase comicamente violentos, problema que gerava frequentes conflitos entre Bert e a Screen Gems. Num deles, Bert acabou cedendo ao estúdio em vários pontos:

> A morte do leão da montanha acontecerá em *off* e a crueldade da situação será minimizada. (...) eliminaremos o necessário para deixá-lo empolgante, mas de modo algum macabro. Na Cena 103, mostraremos penas de galinhas para indicar que os lobos as comeram — o que não me parece tão horrível, dado que não mostraremos as galinhas mortas — e eliminaremos o cavalo morto.

E finalmente:

Rusty não ficará preso numa armadilha para ursos: subirá em uma árvore para fugir dos lobos, o que é menos sangrento e assustador.

11

A estreia de *As Aventuras de Rin-Tin-Tin* aconteceu no dia 15 de outubro de 1954. O episódio se chamava "Encontrando Rin-Tin-Tin", história de como os "Fighting Blue Devils" do 101º Regimento de Cavalaria se tornaram guardiões de Rusty e Rinty — ou, nas palavras do sargento O'Hara, de "como foi que achamos esses dois órfãozinhos". Somente depois de conhecer a história pessoal de Lee Duncan eu percebi como essa história lembra a sua própria, assim como a do menino francês acolhido pelo seu esquadrão na Primeira Guerra Mundial — o "companheirinho" que adotaram como mascote até o dia em que autoridades francesas o levaram.

Ainda que confiassem num bem-sucedido retorno de Rin Tin Tin, Bert e Lee devem ter ficado assombrados com a receptividade do programa. Sucesso imediato, sob todos os aspectos, *As Aventuras de Rin-Tin-Tin* fez uma das carreiras mais meteóricas da história da TV e foi, desde o começo, o segundo programa de maior audiência da ABC, atrás somente do Walt Disney Show. Nove dos 30 milhões de televisores dos Estados Unidos sintonizavam *As Aventuras de Rin-Tin-Tin*, muitos milhões a mais do que *Lassie*, que estreara pela CBS havia um mês. E um êxito de crítica também. "Muita ação, tiroteios e perseguições, como nos filmes de caubóis de antigamente", escreveu um crítico no *TV Guide*. "Excelente diversão para as crianças e pura nostalgia para os adultos." Até a *New Yorker* rendeu-lhe homenagem, publicando, na seção "Talk of the Town", uma entrevista com o "alto, forte e orgulhoso cão cinzento e branco, de 4 anos de idade e 37 quilos, bisneto do primeiro Rin Tin Tin". No fim da matéria, basicamente uma entrevista com Eva Duncan, o seu autor, Philip Hamburger, observou que, depois do jantar no Stork Club, onde ignorou solenemente o rosbife, Rin Tin Tin "bebeu leite em uma garrafa de champanhe" e "passeou pela Broadway empurrando um carrinho de bebê com uma gansa chamada Susie".

Lee e Rin Tin Tin estavam de volta ao centro das atenções nacionais. Quantos anos haviam se passado? Pareciam décadas, até gerações — e, no entanto, era como se Rin Tin Tin fosse uma novíssima descoberta. O seriado passava em outros 70 países, como Canadá, França, Líbano, Quênia, Paquistão, Nicarágua, Cuba, Tailândia, Alemanha, Bermuda, Brasil, Itália, Nova Zelândia, Suriname e Japão. Tal como ocorrera décadas antes, Rin Tin Tin estava em toda a parte. Era um fator de conexão entre pessoas de todo o mundo, de diferentes culturas e circunstâncias, todas hipnotizadas pela câmera parada no alto do morro onde vigiava, alerta, o vigoroso cão, silhueta chapada contra o céu do Oeste num não lugar qualquer em algum momento da história intemporal dos Estados Unidos da América.

O sucesso os mantinha ocupados. No Corriganville Movie Ranch, elenco e pessoal de apoio trabalhavam seis dias por semana para produzir dois episódios semanais. De 30 a 40 cenas eram feitas todos os dias. O cronograma era tão apertado que os atores não tinham tempo de lavar e passar seus trajes. Os diretores se revezavam sempre ao meio-dia das quartas-feiras. Robert Walker, um veterano de Hollywood, dirigiu a maioria dos episódios até o dia em que, de acordo com Sam Manners, encheu-se de Hollywood e saiu para se tornar sacerdote mórmon. Os dublês, que ganhavam 17 dólares para cair dos cavalos, viviam cheios de hematomas.

Era uma enxurrada de solicitações de escolas, grupos cívicos, hospitais e rodeios. Todos queriam receber uma visita de Rin Tin Tin ou de alguém ligado ao programa. Embevecida, mas assediada, a Screen Gems contratou uma executiva da Kenyon & Eckhart chamada Wauhillau LaHay para administrar todo esse entusiasmo. LaHay era jornalista política antes de entrar para a Kenyon & Eckhart, e, alguns anos mais tarde, quando decidiu largar o negócio da publicidade, tornou-se correspondente dos jornais de Scripps Howard na Casa Branca. Seu pai era lobista da nação cherokee e líder do movimento pela criação do estado de

Oklahoma. LaHay gostava de descrever a si mesma como "uma moça índia de Muskogee, Oklahoma". Para os padrões da época, levava uma vida social bastante intensa; estava em seu terceiro casamento quando começou a trabalhar com Rin Tin Tin. Trabalhara durante toda a sua vida adulta, mas gostava de escandalizar as pessoas dizendo acreditar que a melhor coisa que uma mulher podia fazer era "encontrar um homem bom, casar-se com ele, ter filhos e ficar calada".

LaHay ocupou-se de Rin Tin Tin com o zelo habitual. Até seus memorandos pareciam crepitar. Começou criando uma lista de 13 ideias publicitárias, como: "Fazer Rin Tin Tin repórter do *Journal* por um dia — para cobrir entrevistas de gente como Milton Berle — bem bonito"; "Cão apresenta filhote a vencedora de 'Rainha por uma Noite'"; "Uma sessão de fotos de cadelas em êxtase ante a imagem de Rin". Tirou Lee de Riverside para ir a Nova York com Rinty para três dias de entrevistas, coletivas de imprensa, um encontro com os Escoteiros, uma apresentação num rodeio no Madison Square Garden e uma aparição no *game-show* da TV *I've Got a Secret*, onde celebridades tentavam adivinhar "segredos" dos competidores (o de Lee era que ele próprio havia treinado Rin Tin Tin).

Acostumado a turnês de imprensa, embora não a ser dirigido por uma pessoa proativa como LaHay, Lee pareceu bem adaptado à situação. LaHay lhe escrevia o tempo todo, com conselhos e sugestões. Antes de um evento de imprensa, mandou-lhe um bilhete exortando-o a não deixar de mencionar também os gatos em suas considerações iniciais porque "muitas pessoas gostam de seus felinos (...) e não queremos que elas pensem que estamos esquecendo seus animais de estimação. Poderia ferir seus sentimentos".

LaHay desejava mais publicidade para Eva e Carolyn Duncan. Até então elas haviam evitado os holofotes, mas LaHay foi irredutível. "Você tem de trabalhar, querida", escreveu a Eva. "Para começar, [eu quero] uma foto de Carolyn e Rinty em pose de treinamento. Não basta os dois olhando para a câmera, quero uma autêntica pose de trabalho — tipo mandando ele sentar ou demandando alguma coisa. Que idade tem Carolyn exatamente? (Podemos mentir um pouquinho.) A seção 'Teens in the News' a aguarda ansiosamente, de modo que quanto mais cedo melhor, meu bem."

Uma biografia maravilhosamente fictícia de Rin Tin Tin elaborada por LaHay começou a circular na imprensa — somando-se às muitas versões da sua vida produzidas ao longo dos anos. Na obra de LaHay, Rinty era filho de uma fêmea de pastor-alemão de Buffalo, Nova York, que fora recrutada para as Forças Expedicionárias do Exército pelo comandante William Thaw, do 135º Esquadrão Aéreo — o mesmo que fora piloto da Lafayette Escadrille — e que parira Rinty no porão do Hospital da Cruz Vermelha Norte-americana na França. No relato de LaHay, Rinty foi achado por Lee no hospital e imediatamente "sequestrado", passando a acompanhá-lo em seus numerosos voos de combate (fictícios). Rinty, como explicou LaHay, vivia em sibarítico luxo. Seu pajem o penteava pela manhã com uma escova de borracha extramacia e dava-lhe banho toda tarde numa banheira de porcelana. Ele morava num minipalácio de estuque com iluminação elétrica, água encanada, gamela de prata, rádio permanentemente sintonizado em música clássica e uma grande caixa de correio constantemente abarrotada com as cerca de 10 mil cartas enviadas toda semana por seus fãs.

A parte relativa às cartas dos fãs era verídica:

Caro Rinty, eu assisto ao seu programa toda sexta-feira à noite e acho você o cão mais inteligente do mundo.

Caro Rinty, eu adoro quando você salta pela vidraça para pegar um bandido. Diga olá a Rusty por mim.

Caro Sr. Duncan, meu nome é Janice. Mesmo sendo menina, eu gosto muito de cachorros e cavalos. Rin Tin Tin é e sempre será o meu cão favorito.

Caro Sr. Duncan, eu gosto de Rusty como se fosse meu irmão, meu irmão de verdade. Eu escrevi uma canção que vou colocar aqui, mas, antes, gostaria de saber se o senhor pode me enviar uma foto de Rusty e Rin Tin Tin. Eu não tenho as notas e a melodia da canção, mas estou trabalhando nelas.

Os fãs de *As Aventuras de Rin-Tin-Tin* escreviam milhares de cartas toda semana pedindo fotografias e autógrafos. Outros tinham dúvidas urgentes. Era verdade que Rin Tin Tin tinha uma licença canina de ouro? Era verdade que ele sabia contar/ler/voar? Era verdade que sua comida era fornecida pelo restaurante Romanoff, de Beverly Hills? Era verdade que ele usava um aplique no rabo para fazê-lo ficar mais peludo? (Duncan assegurava aos fãs que "cada fio de pelo do rabo de Rinty era dele mesmo".)

Alguns escreviam somente para dizer olá. Na volumosa correspondência disponível nos arquivos de Riverside, encontrei um lote de cartas enviadas por uma menina aos diversos membros do elenco, aos cuidados de Lee e Eva. Eu estava admirada com a paciência dos Duncan — Eva respondera pessoalmente a quase todas as suas inúmeras cartas — quando topei com a última resposta de Eva, enviada depois de quase um ano de correspondência regular. "Devo dizer-lhe, Marcy, que você é a nossa fã mais 'escrevinhadora'", dizia. "Permita-me ser totalmente sincera. (...) Eu ficaria profundamente grata se você FIZESSE O FAVOR de parar de mandar cartas ao El Rancho Rin Tin Tin! Você não acha que está exagerando um pouco? Toda semana chegam cartas suas para Rusty, Boone e o sargento O'Hara na nossa caixa de correio."

Lee recebia centenas de cartas de donos de cães, para os quais ele se tornara uma espécie de paradigma — o dono perfeito do cão perfeito. Em 1954, mais de 40% de todos os lares norte-americanos tinham pelo menos um cachorro, a maioria mestiços. As raças mais populares eram o beagle, o boxer, o cocker spaniel e o dachshund. O pastor-alemão e o collie, as duas raças representadas no horário nobre, eram, respectivamente, a quinta e sexta. Tal como fora nas décadas de 1920 e 1930 com o velho Rinty e na de 1940 com Rin Tin Tin III, Lee se distinguia como a pessoa mais apta a servir de intermediário entre a população humana e essa imensa nação canina.

Tal percepção foi reforçada quando, em 1956, ele escreveu um artigo para a revista mensal de generalidades *The American Magazine* intitulado "O seu Cão Também Pode Ser um Rin Tin Tin". A matéria aparecia com destaque ao lado de um artigo do então senador Lyndon Johnson, intitulado "Meu Ataque Cardíaco Ensinou-me a Viver". Lee expunha a sua filosofia de treinamento: "Você tem de ser um pouco mais inteligente que o seu cão e ter paciência para vir a conhecê-lo bastante bem. O resto vem com a experiência." Seus cães eram talentosos, admitia ele, assegurando, porém, aos leitores, que todos tinham capacidade de ser tão obedientes e espertos quanto Rin Tin Tin.

Essa era uma interessante diferença em relação à época do velho Rinty, quando a ênfase estava na excepcionalidade do cão: Rin Tin Tin era "um em milhões", como escreveu James English, um cão com que só se podia sonhar. De milagre, Rinty se convertera em modelo, o cão que qualquer um podia almejar, e ter, dentro de casa. Nos primórdios de Hollywood, o cinema era alquimia e seus astros e estrelas, Rin Tin Tin dentre eles, seres inalcançáveis que habitavam as telas das grandes criptas escuras e tinham o poder de assombrar e seduzir. A televisão, ao contrário, não passava de um simples caixote instalado na sala de estar, que exibia figuras estelares proporcionalmente pequenas, familiares, amigáveis e disponíveis. Essa intimidade fazia toda a diferença do mundo.

Depois da publicação de "O seu Cão Também Pode Ser um Rin Tin Tin", Lee foi cumulado de pedidos, perguntas e confissões. Pessoas que não tinham como cuidar de seus cães perguntavam-lhe se poderia acolhê-los e donos de animais problemáticos pediam que lhes ensinassem sortilégios. Saberia dizer como fazer o cão parar de cavar buracos? Latir para o carteiro? Pegar comida de cima da mesa? "Caro Sr. Duncan, meu cão macho é um medroso", dizia uma carta, "e minha cadela é arisca e medrosa também. O senhor daria um minuto do seu precioso tempo para ajudar um colega apaixonado por cães?". Outra, de um homem de Baltimore, começava assim: "Como faço para ensinar o meu cão a não entrar no incinerador? Ele vai para lá sempre que está sem a guia."

Muitas pessoas queriam saber de Lee como colocar seus cães (e até um guepardo, certa vez), no negócio do entretenimento. Outras, convencidas de que seus cães eram astros à espera de uma oportunidade, escreviam para alardeá-los: "Escrevo-lhe para falar do meu samoiedo, um belo e inteligente animal que aprendeu a contar pelos latidos. Ele conta dois para o número de partes em que se divide a Bíblia, quatro para o número de Evangelhos, dez para os mandamentos e quatro para o número de costelas que eu quebrei quando levei um tombo no ano passado." Outros se queixavam de que seus cães não tinham talentos naturais. "Caro Sr. Duncan, escrevo-lhe para falar de meus dois cães, Pogo e Topper", escreveu, em 1955, um homem do Kansas. "Eles não são particularmente brilhantes, mas aprendem a maior parte das coisas. Sabem saltar por argolas, mas eu não consigo fazê-los mancar. Tentei usar tipoias, mas não deu certo. O senhor poderia me dizer que método usa para ensinar o seu cão a mancar?"

Lee era especialmente demandado por donos de pastores-alemães. Alguns escreviam com questões menores, do tipo: como curar um pastor-alemão com a pele ressecada? Qual era, na opinião de Lee, a alimentação mais adequada à raça? Como identificar um bom filhote? Outros pediam soluções para problemas aparentemente mais sérios. Um bilhete escrito em papel florido dizia: "Caro Lee, o meu pastor-alemão tem uma péssima característica: a depravação."

Muitas pessoas diziam lembrar-se de Rin Tin Tin da época em que ele apareceu nos cinemas refrigerados do centro das grandes cidades — os velhos e degradados centros urbanos que agora eram trocados pelos subúrbios. Rin Tin Tin marcou uma inflexão do mundo conhecido que em 1954 já começava a desaparecer. "Poucas coisas são interessantes o bastante para afastar a nossa mente do ritmo voraz e insaciável da vida de hoje em dia, mas ontem eu pude reviver os anos dourados do cinema mudo", escreveu a Lee, em 1954, um admirador de Dakota. Disse que crescera vendo os velhos filmes de Rin Tin Tin e que ele e os amigos acreditavam que tudo o que ali se mostrava era real — produções mais ou menos documentais em que os operadores de câmera iam atrás de Rin Tin Tin registrando as suas proezas. Depois, passaram a achar que o cão era talentoso demais para ser real e concluíram que ele devia ser um robô mecânico. Ao final, deram-se conta de que Rin Tin Tin era um cão de verdade, mas excepcionalmente talentoso e bem-treinado. O admirador terminava a carta dizendo: "Esse pastor-alemão teve uma participação tão destacada na minha infância que eu nunca poderei esquecê-lo. Finalmente tenho a oportunidade de agradecer-lhe, Sr. Duncan, por ter tido um papel nessa história tão bonita, por ter tido um papel nos dias felizes da minha infância, por ter encontrado esse prodigioso cão-prodígio que é Rin Tin Tin."

Nas décadas de 1920 e 1930, Lee e a Warner Bros. receberam um sem-número de propostas de roteiro para o velho Rinty. Agora, Lee e Bert recebiam torrentes similares de ideias para episódios televisivos, que iam do trivial ao absurdo. Uma delas, para um episódio que seu autor intitulava "Rin Tin Tin e o Impostor" continha "um Índio Mestiço, um

Homem meio Gorila, um Pirata do Ar e uma Linda Garota de 14 Anos". A maioria das propostas era devolvida aos remetentes com recusas educadas do gênero "Obrigado por submeter-nos 'Rin Tin Tin e o Impostor', que ora lhe devolvemos", ou "Segue, em devolução, o roteiro intitulado 'A Pedrinha que Não Parou de Crescer'. Infelizmente, a história não tem valor para nós".

Algumas ideias, contudo, devem ao menos ter chamado a atenção de Lee. Uma propunha que Rusty "tome consciência do fato de não ter pai (...) tudo isso contribui para fazê-lo sofrer as aflições das crianças indesejadas". Quando Rusty decide fugir, "Rin Tin Tin percebe o seu drama interior e recusa-se a ficar para trás". O roteiro termina com uma reviravolta pouco ortodoxa, mas interessante: o 101º Regimento de Cavalaria decide adotar Rusty. O sargento o torna "legalmente filho de cada um dos soldados (...) enquanto a maioria dos meninos tem um único pai, ele tem cinquenta".

Bert também recebeu várias sugestões. Ele vinha desenvolvendo dois novos programas para levar ao ar em 1956 — *Circus Boy*, a ser estrelado pelo ator-mirim Micky Dolenz, futuro membro do The Monkees, e *Tales of the 77th Bengal Lancers* — e queria criar outros mais. Até o diretor de marketing da Screen Gems, um sujeito chamado Ed Justin, fez chegar a Bert uma proposta para uma série. Na carta anexa, Justin dizia, cheio de orgulho, que escrevera todo o programa — um seriado de aventuras intitulado *The Big Beaver* — em casa, num sábado de manhã. Bert não pôde resistir a uma resposta sarcástica: "Meu caro Ed, acho que você está perdendo o seu tempo trabalhando como publicitário. Você devia vir para cá escrever roteiros."

As sugestões mais inusitadas vieram de um candidato a roteirista chamado Warren Eugene Crane, que enviou a Bert uma lista de 20 potenciais séries de TV, algumas bastante sem graça (*Curiosidades que São Notícia, Hora Filatélica*), outras absolutamente anticomerciais (*Eu Amo um Poema a Cada Dia, A sua Caligrafia Conta uma História*). Outras, porém, se destacavam como obra de um homem com uma espécie de talento profético: A Carga da Brigada Mais Ligeira era "uma série sobre perda de peso"; Receitas da Família Crane era "Um Programa de Receitas Deliciosas criadas com base no Livro de Receitas da Minha Esposa, cujos refinados pratos são capazes de tentar o paladar do epicurista"; e, finalmente, "uma série humorística sobre uma cômica família de pioneiros e pioneiras que zombam do perigo como se fosse diversão".

12

Com o sucesso do programa, El Rancho Rin Tin Tin tornou-se um destino turístico: o lugar onde se podia ver, ao vivo, o cão-prodígio da TV. Lee, que sempre reservara o velho Rinty só para si, agora acolhia os visitantes, incentivava-os a brincar com Rin Tin Tin e nunca deixava de levá-los ao Quarto das Recordações para ouvir histórias do passado.

O fato de Rin Tin Tin IV não ser o Rinty que aparecia na TV não lhe causava desconforto. Caso contrário, ele não acolheria os visitantes, que a qualquer momento poderiam apontá-lo. Se por um lado os vários cães usados no programa eram tão parecidos entre si e com Rin Tin Tin IV que somente um exame atento poderia distingui-los, por outro era fácil deduzir que, se Rinty vivia em Riverside e o set de filmagem ficava a 100 quilômetros de distância, o cão do El Rancho não poderia ser o mesmo que aparecia na tela da TV. Mas ninguém se queixava.

Em meio à torrente de atenções criada pelo programa, Carolyn e sua mãe se esforçavam para se adaptar à versão mais recente da sua vida doméstica. Nunca fora fácil conviver com o cão famoso, e com o homem famoso por trás do cão, mas agora era menos ainda, especialmente para Carolyn, que certa vez me disse ter tido "a infância mais estranha do mundo". Todas as crianças que conhecia assistiam ao programa e fantasiavam viver a vida dela, com Rin Tin Tin em seus quintais. Ela, no entanto, sentia-se perdida, uma espécie de adendo — a reles e deselegante irmãzinha de um cão. Depois que uma foto sua apareceu num artigo sobre os Duncan publicado na *Western Horseman*, por exemplo, ela recebeu três propostas de casamento. Outra adolescente se sentiria lisonjeada. Carolyn, no entanto, sentiu-se diminuída, certa de que os pretendentes só queriam se aproximar de Rin Tin Tin.

Pelo menos a família agora tinha algum dinheiro e Eva finalmente conseguiu a casa que Lee lhe prometera quando foram para Riverside.

Um arquiteto local projetou uma construção baixa, com um pórtico elegante, grandes janelas de venezianas e a primeira piscina arredondada de Riverside. Eva escolheu os interiores: papéis de parede metalizados, vasos de plantas espalhados, utensílios e aparelhos elétricos e balanças de banheiro dobráveis. Para os pisos, carpetes brancos. ("Mulher corajosa", observou um repórter.)

Longe de ostentosa como poderia ser uma casa hollywoodiana, a nova residência dos Duncan era um espetáculo para os padrões de Riverside. O jornal local dedicou-lhe uma reportagem em duas partes e a Sociedade Pan-Helênica a incluiu em seu Roteiro Turístico de 1958. "Esta é a casa que Rin Tin Tin mandou construir por ocasião do 40º aniversário das atividades de seu amado dono na indústria do entretenimento", dizia o folheto. "Cortinas de linho (...) um fabuloso banheiro (...) móveis sob medida com couro especialmente escurecido e persianas feitas a mão (...)."

Passei longos dias em Riverside lendo os papéis de Lee, armazenados em grandes arquivos de papelão no anexo do museu municipal. Logo vi que estava com sorte. Lee era adepto de guardar coisas, copiar em carbono e recortar matérias de jornal, de modo que a sua vida estava toda documentada e preservada. Só o índice do material tinha vários centímetros de espessura.

Eu ia de Los Angeles a Riverside, uma viagem de 110 quilômetros quase diretamente para leste ao longo da falha de San Jacinto, por autoestradas cada vez mais retas e vazias. Passava batida por placas indicativas de lugares que nunca ninguém visita na Califórnia, como Avocado Heights, South San Jose Hills, Diamond Bar e Phillips Ranch, com suas fileiras de casas idênticas que, a distância, têm o aspecto de cicatrizes inflamadas. Eu fizera essa viagem tantas vezes que dirigia quase automaticamente, e me punha surpresa de já estar em Riverside quando parecia ter saído de Los Angeles minutos antes. A poucos quilômetros da cidade, um outdoor anunciava: COMPRAMOS CASAS FEIAS. Quando não estava perdida em sonhos, ele me dizia que estava chegando.

Era a mesma viagem que Lee fazia quando vinha de Hollywood. Naquela época, a interestadual 60 não era uma autoestrada: tinha somente duas faixas, irregulares e sulcadas por enxurradas repentinas. Um longo caminho, em sentido literal, e ainda mais longo em todos os demais, entre o esplendor de Hollywood e a poeira de Riverside. Na época em que o programa de televisão foi ao ar, Lee estivera 20 anos afastado de Hollywood, onde, a despeito das visitas ocasionais para ver as filmagens ou tratar de negócios com Bert e a Screen Gems, nunca mais se sentiu à vontade.

Muitas vezes, no caminho do museu, eu fazia um desvio por Field Lane para dar uma olhada na casa que era conhecida como El Rancho Rin Tin Tin. Field Lane, próxima ao acesso à via expressa, é uma estradinha que passa por um parque e um campo de golfe na margem norte da cidade, onde as rodovias dos vales Pomona, Riverside e Moreno se encontram. Riverside é árida, descampada e infernalmente quente. Tudo o que não está abrigado sob os carvalhos e pinheiros *ponderosa* da região fica tão quente que até parece queimar. Field Drive, no entanto, situada no canal do rio Santa Ana, passa sob aglomerados de árvores de tal modo que andar por ela produz um efeito estroboscópico, explosões de sol seguidas por muros de sombra. Abrindo a janela do carro, eu podia ouvir os estalidos das tacadas de golfe vindos do campo de Fairmount Park.

Os atuais proprietários da casa, o jovem casal Bradshaw, compraram-na em 1997. Boyd Bradshaw me disse que sabia, na ocasião, da sua ligação com Rin Tin Tin, mas era só. Desde então, ele e Lisa, sua esposa, pesquisaram sobre os Duncan e decidiram preservar o melhor que pudessem a casa original. Haviam modernizado uma parte dela, por exemplo tirando as camas separadas do quarto principal e algumas divisórias estilo bumerangue para criar uma grande sala de TV para os filhos. Fora isso, disse Boyd, a casa era quase exatamente a mesma de quando Lee, Eva e Carolyn lá moravam.

Eu a visitei uma tarde, depois de muitas horas nos arquivos, já com a cabeça cheia de Lee Duncan. Nesse dia, eu dera com o folheto do Roteiro Turístico de Riverside e ficara imaginando como Lee teria reagido a ele. Perguntei-me se era feliz por morar numa casa célebre ou se ela o fazia sentir-se como um hóspede do interior. Uma vez ele disse a um repórter que às vezes sentia falta de sua casa velha e arruinada porque lá não precisava se preocupar em pôr o chapéu no lugar certo e não pisar com os sapatos sujos no carpete branco.

O mais provável é que Lee estivesse feliz por ter satisfeito o desejo de Eva, que passara 20 anos à espera de uma casa nova. A sua vida continuava focada em seus cães e seus cavalos, muito distante da nova residência suburbana inspirada nos loteamentos de Orange County. Field Lane era uma estrada de terra na periferia da cidade quando Lee e Eva se mudaram para lá, e a casa original igualmente despretensiosa. Depois de pavimentada e arborizada, casas de múltiplos níveis, com acessos de veículos em semicírculo, começaram a brotar por toda a vizinhança. A velha casa já devia estar um tanto deslocada na época da sua demolição. Já a nova, mais adequada à versão moderna do bairro, era uma construção atraente, com um toque "artístico" mais ao gosto de Eva, que começara a esculpir e pintar e agora podia exibir a sua arte nas estantes embutidas. Lee é que devia se sentir estrangeiro.

Boyd Bradshaw mostrou-me a casa, indicando com orgulho as inovações do arquiteto. Caminhamos pelo exterior e demos a volta na piscina em forma de bolha, depois cruzamos o quintal para dar uma olhada no canil — um galpão com estrutura em "A" oculto pela vegetação e coberto de teias de aranha, em absoluto o pequeno palácio de estuque descrito pela propaganda de Wauhillau LaHay. Pareceu-me, no entanto, um excelente lugar para um autêntico cão de fazenda.

Com o sucesso de *As Aventuras de Rin-Tin-Tin*, Bert também se mudou — para uma casa Tudor em Los Feliz, nova e grande, com piscina e quadra de tênis, a um quarteirão do Griffith Park. Bert tinha apenas 39 anos de idade, mas o êxito do programa lhe dera estatura. Autoconfiança nunca lhe faltara, mas agora ele se permitia ser um pouco mais condescendente consigo mesmo. Gostava de fazer reuniões de roupão, apertando entre os dentes o charuto mais grosso que tivesse à disposição. Era um aficionado do tênis e jogava razoavelmente bem, apesar de não largar o charuto. Sam

Katzman já não cobria as suas apostas, mas ele ainda tinha o que parecia ser uma inesgotável linha de crédito, que muita gente acreditava ser paga pela Screen Gems em agradecimento por ter lhes trazido Rin Tin Tin.

Lee costumava oferecer, como cortesia, filhotes de Rin Tin Tin a pessoas envolvidas com o programa. Bert ficou com um. Eu não sei que nome tinha nem como era, só sei que saiu de uma das ninhadas do sítio de Lee. Para Bert e para Steve, o bebê de Willetta, então com 18 meses e começando a andar pela casa, era bom ter um animal de estimação.

Em algum momento desse período efervescente, o pai de Bert, Morton, fez uma de suas raras visitas a Los Angeles. Um dia, quando estava sozinho em casa tomando conta de Steven — dando uma ajuda, evidentemente, coisa que, segundo Bert, ele raramente fazia — Morton se afastou por um momento deixando o bebê com o cão, perto da piscina. Ao retornar, encontrou a criança afogada.

Eu não consigo imaginar experiência pior do que perder um filho, tragédia agravada, nesse caso, pelo envolvimento do próprio pai de Bert, que sempre estivera ausente da sua vida. O que de fato aconteceu nunca se poderá saber, mas, regra geral, cães não jogam crianças em piscinas por maldade. Ao contrário, conhecem-se muitas histórias de cães que salvaram pessoas de afogamento. Se o bebê e o cão estavam brincando de maneira descontrolada, é possível que o cão o tenha derrubado acidentalmente dentro d'água. Morton teria declarado que o cão empurrou a criança para dentro da piscina, como que sugerindo uma ação deliberada. Parece uma sinistra repetição da história do príncipe Llewellyn e de tantas outras tramas de filmes mudos de Rin Tin Tin envolvendo julgamentos errôneos e falsas acusações: a criança pode ter caído, e o cão, que mergulhou para tentar salvá-la, acabou acusado de um crime hediondo. Não bastasse, era uma terrível ironia o cão ter relação com Rin Tin Tin. O fato de ter acontecido no exato momento em que vinha provando o seu talento para se comunicar com crianças tornou a perda de Steven ainda mais dolorosa para Bert. A tristeza do casal não tinha fim. Em poucos anos veio a separação e, pouco depois, o divórcio.

13

Rin Tin Tin renascia em meio ao maior surto de natalidade da história, iniciado em 1946, quando os militares retornados da guerra se casaram. Setenta e sete milhões de bebês nasceram nos Estados Unidos entre 1946 e 1964. Minha família foi um produto típico dessa época: terminada a guerra, o meu pai, que atuara no Serviço de Informações do Exército, voltou para Cleveland, sua cidade natal, e casou-se com minha mãe em 1950. Trocaram a cidade por uma casa recém-construída no subúrbio, onde receberam meu irmão, em 1951, minha irmã, em 1953, e eu, em 1955. Em nosso bairro, toda casa parecia ter pelo menos duas ou três crianças e as escolas primárias brotavam como cogumelos. Era como morar numa colônia de férias. Éramos mais numerosos que os adultos. Quase toda noite, depois do jantar, todas as crianças da rua saíam para brincar. Passávamos uma hora inteira, de pijama, no lusco-fusco do anoitecer, andando de bicicleta pelas calçadas, caçando vaga-lumes, trocando figurinhas, queimando gravetos e correndo em zigue-zague pelos gramados com estrelinhas. Depois, entrávamos para assistir a TV.

As crianças do *baby boom* consumiam vorazmente todas as diversões — filmes, gibis, brinquedos e TV. Lidar com o surgimento desse exército infantil, essas hordas de alienígenas famintos, deve ter sido desconcertante para os nossos pais e fascinante para os sociólogos e os marqueteiros. As crianças e, principalmente, os adolescentes, nunca haviam sido observados, avaliados e tratados como um grupo social. Agora, a pura força do número os tornava uma força motriz da economia. A partir do *baby boom*, todos os produtos e serviços passaram a ser valorizados segundo a sua capacidade de apelar ao público infantojuvenil. As crianças não apenas tinham os seus próprios gostos, como pareciam ditar o que o restante da família, incluindo os pais, via, comia e comprava. Uma edição da *TV Guide* de 1955 trazia um artigo intitulado "Quem Manda no seu Aparelho de TV?". A resposta, de acordo com os cientistas sociais, era: as crianças.

Em dezembro de 1954, uma série em cinco episódios sobre o pioneiro Davy Crockett, estrelada pelo ator de gêneros Fess Parker, passou no programa *Disneyland*, da ABC. A rede esperava que a série fizesse sucesso, mas o que se viu foi um verdadeiro frenesi — não apenas em torno do programa, mas dos cerca de 3 mil produtos licenciados pela Disney com a marca Davy Crockett. Em poucos meses, os norte-americanos gastaram o equivalente a 800 milhões de dólares em produtos Davy Crockett: 14 milhões de livros, 4 milhões de cópias da música-tema do programa ("The Ballad of Davy Crockett" — "*Da-veeee, Davy Crockett, king of the wild fronteeeer!*") e muitos milhões de brinquedos e roupas. Hopalong Cassidy vendera um bom número de camisas pretas e chapéus brancos de caubói, mas o alcance das vendas de Davy Crockett foi muito maior. Alguns observadores se perguntavam se o furor continuaria até que toda criança dos Estados Unidos tivesse um conjunto completo da parafernália de Davy Crockett — chapéu de pele, espingarda, polvorinho, livro e disco.

O merchandising era uma ideia nova, mas Davy Crockett tornou claro que a associação de produtos a programas de TV tinha um poder avassalador. Cinco episódios bastaram para tornar Davy Crockett o rei do departamento de brinquedos. Alguns fabricantes ainda se mostravam reticentes, em especial porque boa parte das mercadorias nada tinha a ver com o programa e o personagem, salvo o próprio nome e a imagem. Uma coisa era vender um chapéu de pele igual, outra, muito diferente, vender um relógio de pulso Davy Crockett ou uma caneca de chocolate quente Davy Crockett. Bert, no entanto, acreditava que o marketing era o futuro da TV. Em 1955, ele disse a um repórter acreditar que o merchandising nos programas de TV poderia vir a ser "tão importante economicamente quanto a própria televisão" — uma ideia radical, na época, mas que, pelo menos no caso da TV voltada para o público infantil, revelou-se acertada.

Quase imediatamente após a estreia de *As Aventuras de Rin-Tin-Tin*, as lojas puseram à venda kits do El Rancho, uniformes, chapéus, clarins, revólveres e coldres da cavalaria com a marca Rin Tin Tin, além de conjuntos de cinto e suspensórios, discos dos toques de clarim do 101º

Regimento, canivetes, telescópios, walkie-talkies, gorros, flâmulas, óculos 3-D com cards coloridos, anéis mágicos de bronze, *buttons*, caleidoscópios, lancheiras, garrafas térmicas, carteiras, chinelos, quebra-cabeças e brinquedos mecânicos de todo tipo. O cereal Cheerios dava de brinde totens plásticos *As Aventuras de Rin-Tin-Tin*; a Nabisco Wheat Honeys dava cupons para trocar por seis máscaras diferentes de Rin Tin Tin. Com uma tampa de caixa e 1 dólar, podia-se comprar uma camiseta Rin Tin Tin; com mais tampas e mais dólares, podia-se comprar o uniforme de Rusty ou um visor com 24 slides em 3-D. Podia-se comprar até mesmo um Chrysler, aprovado pela "cavalaria mais bem montada do mundo" — a saber, o tenente Masters, o sargento O'Hara e o cabo Boone, que, num anúncio da Chrysler de 1956, apareciam uniformizados ao lado do carro, no Forte Apache.

Havia uma infinidade de produtos Rin Tin Tin: escovas, coleiras, guias e almofadas caninas Rin Tin Tin; bonecos de pelúcia Rin Tin Tin; cofrinhos, apoios de livros e calços de porta Rin Tin Tin; estojos para caixas de fósforos e abridores de cartas Rin Tin Tin; pesos de papel com miniaturas de Rin Tin Tin; baralhos e relógios de pulso Rin Tin Tin; fantasias de Rin Tin Tin com máscaras de borracha de pastor-alemão. A Breyer Molding Company de Chicago produzia o tantalizante Rin Tin Tin de plástico, de 20cm, que meu avô mantinha sobre a escrivaninha, fora do meu alcance. A fabricante de brinquedos Hartland produzia outro Rin Tin Tin de plástico, um pouco menor. A Royal Doulton, a Martindale e a Premier Porcelain faziam estatuetas de Rin Tin Tin em materiais de qualidade, numa variedade de poses, a começar da postura típica, agachado sobre uma pedra.

Empresas faziam fortunas com produtos Rin Tin Tin, "pré-vendidos a 13.750.000 crianças" — uma oportunidade "que só acontece uma vez na vida", de acordo com um anúncio da Pekett Headwear Company, detentora da licença para fabricar o chapéu oficial da cavalaria de Rusty, na revista *Merchandising News*. A Marx Toy Company vendeu milhões de modelos em plástico do Forte Apache nos Estados Unidos e na Europa. A Hermann Handkerchief, a Gem-Dandy Accessories, a Bradley Watch, a Brewster Shirt Company, a Spec-Toy, a Craftint, a Esquire Novelty, a Yunker Manufacturing, a fabricante de quebra-cabeças Gabriel & Son — todas operavam, em 1955, no limite de sua capacidade de produção para atender à demanda de produtos Rin Tin Tin.

Uma licença para fabricar produtos Rin Tin Tin valia ouro. Por isso, Lee e Bert eram constantemente procurados por todo tipo de doidos e embusteiros: quase todo dia chegava alguma proposta inusitada para uso da marca Rin Tin Tin, como escolas de adestramento, joias e horóscopos caninos. "Sr. Duncan, está claro que o senhor tem um grande interesse por cães e que não lhe desagrada a ideia de ganhar dinheiro", escreveu a Lee, em 1955, um professor de piano chamado Francis Bloom. Bloom queria o apoio de Rin Tin Tin para o sanitário canino que patenteara, projetado de modo a que o cão não ficasse com as patas presas no dreno nem se molhasse com o esguicho da água.

Parecia que todos queriam participar do fenômeno. Pessoas ofereciam a si próprias e aos seus cães para atuar no seriado e para escrever roteiros. Na década de 1950, vários grandes jornais escalavam repórteres para cobrir exposições caninas e temas animais. Alice Scott, titular da coluna "Blue Ribbon Dog", do *Los Angeles Examiner*, e autora de *How to Raise and Train a Pekinese*, propôs a Lee largar o emprego para criar "O Fã-Clube Rin Tin Tin das Crianças Americanas", que faria "encontros mensais em cada comunidade dos Estados Unidos". Outras ofertas tiveram menos receptividade. Em 1955, um compositor gravou e enviou a Lee a sua canção "A Balada de Rin Tin Tin", com um bilhete: "Creio sinceramente que um sucesso à altura de Davy Crockett está a caminho. Estou certo de que o senhor gostará. A canção tem pique e personalidade. Podemos vender 1 milhão de cópias". Lee repassou a canção a Bert, que ouviu e respondeu: "Caro Lee, eu a considero horrorosa." (Lee respondeu ao fã com uma versão mais educada da resposta de Bert: "O Sr. Leonard (...) a canção não é exatamente o que ele está buscando.")

As empresas que tinham contrato com a Screen Gems queriam que o seriado promovesse os seus produtos. As fábricas de creiom e de revistas pinte-por-números queriam uma cena de Rusty aprendendo a pintar e desenhar. O fabricante de chapéus queria muitas cenas de Rusty usando o seu chapéu. A Nabisco, que usava o sargento O'Hara em vários de seus comerciais, ameaçou processar a Screen Gems caso O'Hara não tivesse participação importante em uma quantidade suficiente de episódios.

O gerente de vendas da Karastan, ciente de que seus tapetes Rin Tin Tin não poderiam aparecer no programa — os tapetes Karastan não existiam em 1870 —, solicitou uma cena publicitária de Rin Tin Tin numa sala "olhando para um de seus tapetes com ciúme ou afeição" ou de Rusty deixando Rin Tin Tin com ciúme ao apontá-lo. Advertido pelo fabricante de revólveres de brinquedo de que Rusty estava dando poucos tiros, Ed Justin, gerente de merchandising da Screen Gems, enviou um memorando a Bert exortando-o a apaziguá-lo: "Bert, veja se é possível criar uma cena de Rusty usando os seus novos revólveres", implorou. "Seria bom mostrá-lo de vez em quando treinando a pontaria ou atirando em cabeças de cascavéis."

Muitas lojas faziam promoções especiais de Rin Tin Tin. A luxuosa loja de departamentos Bullock's, de Los Angeles, decorou o seu departamento de brinquedos à maneira do Forte Apache e o abarrotou de todo tipo de produtos Rin Tin Tin. Quando Lee Duncan esteve lá com Rinty e Lee Aaker, das 3 mil pessoas que compareceram, 2.500 tiveram de voltar para casa. A Kresge's, uma cadeia de lojas de artigos baratos, colocou perfis de papelão de Rusty e Rinty, de tamanho maior do que o real, nos corredores de algumas de suas lojas para promover clarins e conjuntos de revólver e coldre Rin Tin Tin. A promoção fez tanto sucesso que a empresa decidiu reproduzi-la em todas as suas 650 lojas espalhadas pelo país.

Bert, sempre atento ao merchandising, considerava Davy Crockett um marco a ser alcançado e — no que dependesse dele — superado. A sua exasperação com a Screen Gems ganhava, assim, um novo foco. Convencido de que estavam perdendo oportunidades, Bert escreveu uma irada mensagem a Ralph Cohn sobre um evento em Albuquerque a que 17 mil pessoas teriam comparecido, encontrando, porém, a loja com todos os produtos Rin Tin Tin esgotados. Ao ler a carta, esse número me pareceu excessivo; devia ser um erro de datilografia. Hoje, considerando a febre despertada por Rin Tin Tin naquela época, já não estou tão segura.

14

Devia ser gratificante, mas também um pouco estranho, para Lee, vê-lo acontecer — o seu cão em garrafas térmicas, apoios para livros e brinquedos mecânicos. A fama de Rinty não era novidade, mas nas décadas de 1920 e 1930 ela significara vender muitas entradas de cinema, dar muitos autógrafos e, no melhor dos casos, anunciar alimentos para cães. Agora, já não bastava aos fãs assistir passivamente — eles queriam, de alguma forma, ter as celebridades para si. O merchandising o tornara possível. Eles podiam ter um pedacinho do astro; ter um pedacinho de seu encantamento.

Lee visitava ocasionalmente o *set* de filmagem e dava sugestões de merchandising. Agradava-lhe a ideia de fabricar um "cachorro de balanço montável, com a cabeça de Rin Tin Tin no lugar da do cavalo", e planejava escrever um livro sobre adestramento baseado em seu artigo para a *The American Magazine*. Vencendo o pavor que tinha das câmeras, fez até um comercial com Rinty para a Pal Tiny Bits alimentos caninos, que ia ao ar durante *As Aventuras de Rin-Tin-Tin*. Todavia, ainda passava a maior parte do tempo em Riverside, com seus cães.

Lee toda a vida criara e vendera filhotes, a sua única fonte de renda nos anos em que não teve trabalho no cinema. Os pastores-alemães eram agora mais populares do que nunca. De acordo com um criador, o seriado de Rin Tin Tin "incendiara o país e estava virando a cabeça dos criadores da raça". Os filhotes de pastor-alemão de Lee eram os mais valorizados: mesmo cobrando 250 dólares por um filhote — o equivalente a 2 mil dólares atuais —, ele tinha mais pedidos do que era capaz de atender.

A Screen Gems gostava de presentear com filhotes de Rin Tin Tin os seus clientes mais importantes, como o presidente da Esquire Novelty e os executivos da Nabisco. Rotineiramente chegavam pedidos ao canil de Lee. De acordo com Ed Justin, Rinty estava "procriando como um louco". Certa vez, a Screen Gems pediu a Justin para providenciar o envio de cinco filhotes a um anunciante. "Cinco é impossível", respondeu Justin. "Rin Tin Tin está com hérnia de disco."

Para muitas pessoas, um filhote de Rin Tin Tin era um produto de marca. "Não somos ricos", escreveu uma mulher a Lee em 1958, "mas não resisto à tentação de perguntar-lhe o preço de uma cadelinha Rin Tin Tin. Fico rezando para poder comprar um filhote de Rinty". Um homem interessado em ter um filhote de Rin Tin Tin escreveu dizendo que seu pastor-alemão servira na Dogs for Defense, mas, infelizmente, retornara excessivamente ciumento de seu filho e, portanto, perigoso. O menino ainda chamava o cão durante o sono. Seria possível ceder-lhe um filhote de Rin Tin Tin? "Talvez não caiba no nosso orçamento, pois somos uma família de baixa renda", prosseguia a carta, "mas se houver alguma possibilidade, nós iremos tentar".

Ocasionalmente, Lee negociava. Certa feita trocou um filhote macho por dois faisões raros e, com frequência, vendia a prazo. Tinha o coração inapelavelmente mole para qualquer um que fosse apaixonado por Rin Tin Tin. Em 1957, recebeu de quatro crianças uma carta que começava assim: "Caro Sr. Duncan, nós adoraríamos ter um cachorro igual a Rin Tin Tin. Dawn trabalha de babá para juntar dinheiro, e Chris vende manteiga para a gente poder comprar um. Michael economiza tudo o que ganha, e Gail também trabalha de babá e vende manteiga. Já juntamos mais de 22 dólares e 55 centavos. Se não for suficiente, por favor escreva-nos dizendo quanto precisamos economizar." Lee respondeu-lhes dizendo que eles teriam um filhote se conseguissem juntar 25 dólares no fim do mês. Num telegrama enviado depois do Dia de Ação de Graças, os pais relatam que o filhote chegara bem e que Dawn, Chris, Gail e Michael estavam apaixonados por ele.

Os arquivos de Lee pululavam de cartas e telegramas de gente que lhe devia dinheiro da compra de filhotes. Todo mundo queria ter um herdeiro de Rin Tin Tin, mas aí vinha uma hérnia, o roubo da casa, a hospitalização da esposa, um tremendo revés nas corridas de cavalos ou ainda os efeitos da Grande Depressão — infortúnios que, por outro lado, só faziam aumentar a demanda por filhotes. Uma mulher do Missouri, Dorothy Bishop, pediu a Lee um filhote para pagar em prestações. "Com o Sr. Bishop inválido, preso à cama", escreveu, "nossos rapazes todos no mundo, tudo mudando o tempo todo (...) e a criminalidade batendo à nossa porta (...) minha filha e eu realmente precisamos de um cão de guarda autêntico e bem-treinado." Lee enviou-lhe um. Um telegrama de um dono inadimplente dizia SEM INTENÇÃO DE DESCUMPRIR CONTRATO CÃO MARAVILHOSO FALTA DINHEIRO PODEMOS ACERTAR PAGAMENTO A PRAZO. Uma texana que lhe comprou dois filhotes de Rin Tin Tin escreveu: "Eu lhe enviarei o dinheiro dos cães assim que puder. O senhor terá de confiar em mim, mas estou certa de que o fará. (...) Darei o melhor de mim para criá-los como dignos de seu famoso pai e exemplares de seu criador."

Lee não resistia. Tinha tanto orgulho de seus cães e tanta devoção ao legado de Rin Tin Tin que nada o fazia sentir-se mais grato e acessível do que encontrar quem os compartilhasse.

O número de pastores-alemães nos Estados Unidos vinha crescendo ainda antes de o seriado ir ao ar. Em 1947, havia 4.921 pastores-alemães registrados no American Kennel Club. Em 1954, antes da febre provocada por *As Aventuras de Rin-Tin-Tin*, esse número mais que triplicara, chegando a 17.400. Quando o seriado encerrou a sua passagem pelo horário nobre, em 1959, eram 33.735 pastores-alemães registrados no AKC.

Os pastores-alemães, conhecidos como "cães trotadores", têm passada longa e fluente. Ao trotar pela arena, o pastor-alemão transmite uma sensação de potência e leveza, como se andasse sobre um colchão de ar. Para tornar esse trote ainda mais dinâmico e alongado, os criadores começaram a buscar cães com traseiros profundamente angulados, em agachamento perpétuo, prontos para saltar à frente. A linha que ia da escápula aos quadris já não era horizontal, mas apresentava uma inclinação de quase 45 graus. Contudo, a endogamia necessária para a geração de cães com postura tão inatural produziu animais com propensão a displasia de quadris, catarata, hemofilia e agressividade. Outras raças populares criadas de modo a exacerbar suas qualidades expositivas sofreram a mesma degeneração.

"O sucesso, assim como ossos de galinha, é ruim para os cães", começava um artigo da revista *Life*, do ano de 1958, intitulado "A Triste Degeneração dos Nossos Cães". "Quanto mais uma raça se eleva nas graças do público, mais devastadora é a sua queda. Nenhuma se elevou tanto e caiu tão depressa quanto o pastor-alemão." Condenando a sua "reprodução em linha de montagem", o artigo trazia um gráfico dos "líderes da corrida canina, todos a caminho da queda inevitável".

Numa carta ao editor, Lee escreveu: "O senhor fala da degeneração do pastor-alemão — e com bons motivos." Ele explicou que seus cães eram criados para trabalhar, não simplesmente para trotar com aspecto vistoso. Assim como os de Frank Barnes, eles tinham ossos grandes (à exceção do primeiro Rin Tin Tin, muito mais leve que seus descendentes) e corpo firme e reto, sem o agachamento extremo que chamava a atenção nas exposições. Ainda assim, a tendência para pastores-alemães extremamente angulados continuou. Alguns pareciam quase deformados, incapazes de ficar eretos. Assim surgiu, entre os criadores de pastores-alemães, um "racha" entre os adeptos dos cães retangulares e os admiradores dos cães angulados, com trote longo. Enquanto isso, as pessoas pareciam querer o pastor-alemão que pudessem conseguir e o seu número seguia crescendo a cada ano.

15

Em 1955, depois do que foi descrito como "várias semanas de delicadas negociações", Rin Tin Tin, Lassie e seus respectivos parceiros Lee Aaker e Tommy Rettig apareceram juntos na capa da *TV Guide*. De acordo com o redator, a tensão no estúdio deixou todo mundo "à beira de um ataque de nervos" — uma licença dramática, quem sabe, mas o fato é que os dois partidos se viam com mútua desconfiança. Na época, os índices de audiência de *As Aventuras de Rin-Tin-Tin* eram ainda maiores que os de *Lassie*, mas Bert andava preocupado com seu declínio, recriminando a Screen Gems toda vez que se registrava uma queda. Quando os produtores de *Lassie* começaram a cortejar as Associações de Pais e Mestres de todo o país dizendo que o seu seriado era bem-visto pelas famílias, Bert exortou a produtora a preparar uma contraofensiva com sessões destinadas a promover a simpatia delas por Rin Tin Tin.

Lee estava ainda mais atento a quaisquer desafios colocados por *Lassie*. Embora não fosse um homem belicoso, ele não via Lassie com bons olhos. Quando Roy Rogers anunciou simultaneamente nas revistas em quadrinhos de Rin Tin Tin e de Lassie, ambas produzidas pela Western Publishing, Lee ficou furioso e exigiu do presidente da empresa recusar esse tipo de anúncios no futuro. Nenhum ator, extras inclusive, que trabalhasse em *As Aventuras de Rin-Tin-Tin* podia aparecer em *Lassie*. Quando um repórter do *Los Angeles Times* perguntou-lhe se os irmãos Hooker, dublês regulares do seriado, já haviam trabalhado em *Lassie*, Lee disparou: "O contrato dos irmãos Hooker é claro: eles só podem ser mordidos por Rin Tin Tin." Seriam mesquinhos os sentimentos de Lee para com Lassie? Não, se levarmos em conta o quão irritante devia ser, para ele, a equiparação de Rin Tin Tin, um cão de verdade, à bela, mas imaginária, Lassie. Havia, na história de Rin Tin Tin, algo mais profundo que Lee, Bert e, mais tarde, Daphne temiam ser equivocadamente interpretado, ou subestimado; algo que precisava ser protegido. O fato é que Lassie e Rin Tin Tin não eram, em absoluto, semelhantes. Lassie era uma popular personagem de livro que foi representada no cinema e, depois, na TV, por nove cães atores talentosos, o primeiro deles Pal, de Rudd Weatherwax. Rin Tin Tin era um cão de verdade convertido em ator.

Tal como sucede aos atores humanos, os personagens que Rin Tin Tin fazia nos filmes tinham outros nomes: Scotty, Lobo, Grey Ghost, Wolf Dog, Buddy, King e Satan, dentre muitos. Em alguns filmes seu personagem se chamava Rin Tin Tin, ou Rinty, mesmo quando ele e a história não tinham nada a ver com a sua vida. Em outras palavras, não eram aparições de Rin Tin Tin. Era como se, nos filmes de Humphrey Bogart, seus personagens se chamassem "Humphrey Bogart", o que obviamente nunca foi o caso. E por que ele se chamava "Rin Tin Tin" nesses filmes? Afinal, nomes de cães são fáceis de criar. O nome dele era usado porque atribuir-lhe outro qualquer, mesmo no mundo ficcional de um filme, parecia um desperdício da força do astro. Rin Tin Tin não era apenas um ator, mas uma espécie de franquia, aplicável a qualquer personagem que estivesse representando. Quer fosse um mestiço selvagem do Alasca, um cão militar da Primeira Guerra Mundial ou um cão de companhia de mineiros em algum lugar do Oeste, ele era sempre, mais que tudo, Rin Tin Tin. Usar seu nome fazia, também, parecer que Rin Tin Tin existia ao mesmo tempo dentro do filme e fora dele. Dentro do filme, era um personagem cinematográfico, em apuros cinematográficos, que existia em algum outro tempo e lugar; fora do filme, era Rin Tin Tin, o famoso cão ator do cinema. A fusão de ambas as manifestações destacava a artificiosidade do filme e a natureza autorreferencial da arte, a nossa fluida relação com as coisas que imaginamos e criamos. Na TV, Rin Tin Tin passou por outra transformação conceitual. O seriado não se passava na época de Rin Tin Tin IV nem na de qualquer outro Rin Tin Tin: passava-se em 1870, quase 50 anos antes do nascimento de Rin Tin Tin, a milhares de quilômetros de onde ele foi achado e em circunstâncias pelas quais ele e seus ancestrais jamais poderiam ter passado. Em 1870, o pastor-alemão sequer existia como raça. O enredo de *As Aventuras de Rin-Tin-Tin* era pura ficção. No seriado, Rin Tin Tin era uma criação, um personagem dotado de um conjunto de qualidades reunidas sob o nome "Rin Tin Tin" — firmeza de caráter, bravura, perseverança, heroísmo e lealdade. Embora existisse, na época em que o seriado foi feito, um cão vivo e real chamado Rin Tin Tin, ele ficava à sombra, no El Rancho Rin Tin Tin, ao passo que o personagem era representado por JR, um cão mais apto a representar na tela as coisas que Rin Tin Tin passara a significar.

16

O elenco de *As Aventuras de Rin-Tin-Tin* costumava sair em turnê, apresentando um espetáculo ao vivo de 20 minutos que começava com o tenente Masters — o ator James Brown — cantando com a sua potente e cálida voz de barítono. Em seguida, ele apresentava "o astro do nosso espetáculo", Rin Tin Tin, que entrava na arena numa carroça coberta acompanhado de Lee Duncan e Frank Barnes. Ao descerem, o apresentador anunciava: "Aqui está ele! A quarta geração de uma família que há mais de 30 anos diverte os Estados Unidos! E também o seu dono, o descobridor do primeiro Rin Tin Tin, o senhor Lee Duncan, e seu co-treinador, o senhor Frank Barnes!"

O cão que comparecia a essas apresentações era, quase certamente, JR, e não Rin Tin Tin IV, sobretudo porque Barnes, e não Lee, comandava as demonstrações. Lee assumira o papel do velho estadista, apresentando Barnes ao público como "meu parceiro de muitos anos" e dando um passo para o lado. Depois da apresentação do cão, atores vestidos de cavalarianos entravam e executavam manobras montadas, seguidas de um sketch em que índios apaches se esgueiravam até a pedra onde Rusty estava sentado, ao lado de uma fogueira. Então, Rin Tin Tin entrava como uma flecha e resolvia o problema.

O show ao vivo era muito popular, capaz de lotar arenas do tamanho do Madison Square Garden. A Screen Gems cogitou montar um espetáculo de duas horas de duração, para o que, como Ed Justin assinalou a Bert, "teríamos de contratar atores mambembes, cantores caipiras etc." Esse espetáculo mais longo nunca foi produzido. Devia ser mais difícil arranjar atores mambembes do que Justin imaginava ou, muito provavelmente, os astros, que já começavam a reclamar de seus salários, se opuseram. James Brown, em particular, se queixava do salário, dos roteiros e até da exigência de desembarcar do avião vestido de tenente Masters sempre que chegava para um espetáculo ao vivo.

Lee ganhava 10% dos lucros do seriado, além de direitos sobre as publicações de Rin Tin Tin. Isso lhe proporcionou rendimentos suficientes para construir a casa nova e desfrutar de confortos adicionais. Mas não ficou rico. Em 1958, ao receber seu primeiro cheque do Seguro Social, o jornal de Riverside registrou: "Embora não seja propriamente pobre, o Sr. Duncan declarou: 'Esse dinheiro é muito bem-vindo.'"

Ainda que se sentisse rotineiramente cansado, Lee ainda trabalhava sem parar. Instigado por LaHay, foi a Nova York várias vezes no primeiro ano do seriado para aparições no *Ed Sullivan Show*, no *What's My Line?* e no *Today*. Foi também julgador do concurso "Dê o Nome do Filhote", promovido por *As Aventuras de Rin-Tin-Tin*, que recebeu quase 1 milhão de sugestões. "Minha primeira proposta é 'Nani Wahine I Leke Duncan Von Rin Tin Tin'", dizia uma delas. "A segunda é 'Nani Kama'liivahine Von Rin Tin Tin'. Eu queria saber a opinião de vocês."

Lee aceitava, muitas vezes, trabalhos surpreendentes para um homem da sua idade e condição. Mesmo com Rin Tin Tin voltando a ser o cão mais famoso do mundo, com 2 milhões de gibis vendidos anualmente e 40 milhões de americanos assistindo ao seriado da TV, Lee aceitava comparecer a eventos, como a exposição de mascotes dos escoteiros de Riverside, onde tinha a tarefa de escolher o cão com "o rabo mais enrolado, os olhos mais expressivos, o nariz mais escuro, o latido mais barulhento, e o corpo mais comprido".

Parece absurdo, mas Lee o fazia por acreditar na poderosa ligação entre as crianças e seus animais de estimação, em sua profunda satisfação de vê-los admirados. Ele nunca esqueceu a sua própria experiência de menino carente de um animal que lhe preenchesse o coração.

Lee ainda queria sair com seu cão, só os dois — para se apresentar, para conhecer pessoas que o amavam e para contar suas histórias. Estar com Rin Tin Tin ainda era a coisa que mais o agradava. Sentia-se feliz ao lado dele, quer estivessem diante do público ou viajando juntos, apenas desfrutando a companhia um do outro, como fora em sua última e mais terna temporada nas Sierras com o velho Rinty.

O contrato de Lee com a Screen Gems estabelecia como opção sua estar ou não presente nas apresentações e espetáculos ao vivo de *As Aventuras de Rin-Tin-Tin*. Parece não lhe ter ocorrido que o estúdio talvez não quisesse que ele se apresentasse por conta própria. Quando um grupo de escotismo, ou um orfanato, pedia-lhe que fosse visitá-los com Rinty, o estúdio fazia questão de que Barnes e algum outro membro do elenco estivessem presentes também — uma exigência cara, às vezes difícil de coordenar com o cronograma das filmagens e que era motivo de aborrecimento para Lee. O estúdio, por outro lado, se mostrava cada vez mais impaciente com ele. Os memorandos trocados entre seus executivos começaram a se lhe referir como "excêntrico" e "às vezes problemático". Sua insistência em continuar fazendo apresentações públicas era "terrivelmente embaraçosa".

Para a Screen Gems, qualquer interferência em sua pretensão de ter total controle do programa era considerada um estorvo — exatamente aquilo que Lee — um dono de cachorro teimoso, tenaz e antiquado que por acaso acontecera em Hollywood — estava se tornando. Os executivos da Screen Gems, ao contrário, eram homens de Hollywood que por acaso produziam um programa sobre um cão. "Considerando que Lee Duncan é um excêntrico (...) e que é imperativo que Bert mantenha com ele boas relações, convém tomarmos alguma providência quanto a isso o mais rápido possível", pontificou Cohn num memorando, acrescentando que os contratos publicitários de Lee, anteriores ao seu contrato com a Screen Gems e, portanto, fora da sua alçada, eram, em sua opinião, "idiotices".

Quando as relações entre Lee e a Screen Gems se mostravam particularmente tensas, o estúdio lhe fazia um adiantamento de royalties. Foi assim que ele recebeu um aporte de 15 mil dólares ao se ver cumulado de dívidas com a construção da casa. ("Foi uma bênção", declarou Lee numa carta a Bert, "que nos aliviou consideravelmente a cabeça de preocupações".) A verdade era que o estúdio não precisava dele nem de seu cão; o apaziguamento era mera cortesia. Ainda que ele e o cão o tivessem inspirado, o seriado não dependia deles; sua ligação se tornara meramente simbólica.

Bert, que se preocupava com Lee e queria proteger-lhe a dignidade, fazia o que podia para mediar, explicando aos homens do estúdio a sua visão de mundo. Mesmo assim, o interesse maior de Bert era o que fosse melhor para o programa. No final, ficava apenas o desconforto. "Lee Duncan é um homem muito peculiar", explicou ele a Ralph Cohn. "Embora não faça mal a ninguém, ele vive de acordo com suas próprias regras."

A mais estranha posição era, provavelmente, a de Frank Barnes. Ele fazia o trabalho de Lee e seus cães o trabalho que Lee desejava para os dele. Sabe-se lá se por iniciativa própria ou por instância de Bert, Barnes sempre fez questão de render homenagens a Lee a cada oportunidade. Escrevia-lhe com frequência durante as turnês com JR, que era apresentado ao público, obviamente, como Rin Tin Tin. Uma dessas cartas, enviada de Houston, foi escrita em papel próprio, branco como leite e fino como seda, com um desenho do hotel preenchendo o quarto superior da folha. É fácil imaginar Barnes debruçado sobre a mesa, com o cão adormecido aos seus pés, pensando no que dizer — ele, o motivo do sentimento de perda de Lee, de sua importância cada vez menor. "Caro Lee, desde que aqui chegamos eu só ouço falar em Lee Duncan", começa a carta. "Você deve ser mais famoso que o presidente." Depois de umas poucas observações sobre o tempo e alguma frase ocasional, Barnes conclui: "Só posso lhe dizer que a expressão 'Lee Duncan e Rin Tin Tin' é simplesmente mágica."

Era a primeira vez que eu passava tanto tempo pesquisando sobre a vida de um único indivíduo. Mergulhar profundamente em sua alma e, o mais estranho de tudo, sentir, como eu às vezes sentia, que sabia mais sobre Lee do que ele poderia saber sobre si próprio e do que eu mesma poderia saber se o tivesse conhecido pessoalmente, era uma experiência inteiramente nova para mim. Antes de vasculhar o boxe de Bert e as caixas de documentos de Lee em Riverside, eu não fazia ideia de quão vívidos e excitantes podem ser os arquivos pessoais de um indivíduo. Eu sempre imaginara que arquivos eram maçantes como livros contábeis. Ao contrário, eles me deram a sensação de estar adentrando vidas em pleno curso. Estava tudo lá — minúcias e trivialidades, irrelevâncias e imprevistos, malogros e fracassos de que nunca teríamos notícia, coisas de que são feitas a nossa existência real e que não compartilhamos por parecerem desimportantes ou demasiado íntimas, mas que estão no cerne da nossa personalidade. Entrevistar Lee pessoalmente seria, eu creio, uma experiência interessante e frustrante ao mesmo tempo. Lee era um falador, mas não um sujeito ávido por se revelar. Ansiava desesperadamente que as pessoas conhecessem a lenda que sua vida parecia ser, que se interessassem por seus cães, mas era tudo.

Durante algum tempo, eu me senti frustrada por achar que quanto mais me embrenhava em seus papéis, mais ele se afastava de mim. Eu sabia o fim inevitável desse conto — afinal, estávamos em 2010 e Lee nascera em 1893, de modo que sua história logo estaria inapelavelmente consumada. Como, porém, ao longo desse ano dedicado a conhecê-lo ele voltou à vida para mim, à medida que os arquivos de Riverside iam chegando ao fim, as tardes iam ficando mais cinzentas, ainda que o edifício ardesse sob o sol inclemente do deserto.

17

O seriado, em sua quarta temporada, não ia bem das pernas. Bert sempre soubera que, a certa altura, seria necessário dar o que chamava de "um tiro no próprio braço". Foi assim que substituiu Douglas Heyes como roteirista principal e cogitou trocar Corriganville por uma locação no Oregon. Ele sabia que a configuração básica do programa tinha limites, fundamentalmente porque só podia haver um único final para todos os episódios: o triunfo sobre a adversidade, com a ajuda do cão. A repetição era inevitável. Os próprios personagens não proporcionavam demasiada variedade. Mulheres apareciam ocasionalmente como atrizes convidadas, como nos episódios "O Casamento de Boone" e "A Sobrinha de Hubert", mas nenhuma era presença constante. Todo o elenco, à exceção de Rinty, era constituído de homens, soldados e brancos.

Rin Tin Tin não era o único ícone animal a envelhecer. Para atrair novos telespectadores, *Lassie* vinha incluindo celebridades convidadas, como o jogador de beisebol Roy Campanella, do Brooklyn Dodgers. A série *The Adventures of Champion*, com o cavalo de Gene Autry, foi cancelada em 1956 depois de uma única temporada e sua substituta, *Minha Amiga Flicka*, outro seriado com cavalos, só durou até 1957. A TV não estava abrindo mão dos animais, mas os seres heroicos e oniscientes vinham dando lugar a bichos falantes, como o cavalo Mr. Ed, e absurdidades, como Arnold Ziffel, o porco de *O Fazendeiro do Asfalto*. Assim como os animais heroicos do cinema mudo haviam se tornado comediantes nos filmes falados, os animais da TV se convertiam em personagens cômicos, algo que Rin Tin Tin nunca fora.

A essa altura, Bert tinha em mente muitas outras coisas além de Rinty. Já lançara dois novos seriados, *Os Menino do Circo* e *Os Lanceiros de Bengala* e apresentara seu ambicioso projeto *Cidade Nua*, um ensimesmado drama policial para a TV com James Franciscus e John McIntire. Bert, um liberal assumido, embora não atuante politicamente, era apaixonado por *Cidade*

Nua como crítica social e incentivava seus roteiristas, Stirling Silliphant e Howard Rodman, a abordar tanto as histórias dos criminosos como as dos policiais.

Cidade Nua era um programa de autor. Bert vinha desenvolvendo, em Hollywood, a reputação de produtor de autores, sempre ao lado deles contra os estúdios, mesmo à própria custa. Parecia gostar, ainda e sempre, de insultar os executivos. "São pessoas banais", disse a um repórter da *Variety*. "O seu consenso é o clichê. Bom, para eles é aquilo que já viram antes."

Nem sempre ele vencia as batalhas. Para a primeira temporada de *Cidade Nua*, Silliphant escreveu um episódio em que o personagem de James Franciscus assistia à execução de um presidiário. A ABC ficou furiosa, mas Bert exigiu que o episódio fosse ao ar. A rede respondeu cancelando o programa. (No ano seguinte, *Cidade Nua* foi trazida de volta para mais quatro temporadas a pedido de seu maior patrocinador, a indústria de cigarros Brown & Williamson.)

Bert vinha desenvolvendo também um seriado taciturno e existencialista chamado *Rota 66*, tendo Silliphant como roteirista principal. Quase desprovido de trama, o seriado acompanhava as experiências de dois jovens pelas estradas do país em um Corvette. Para obter maior realismo, Bert queria filmar tudo *in loco*, não em sets e estúdios, coisa que nunca fora feita num programa de TV. "Os estúdios não se interessaram, achando que ninguém iria patrocinar um programa sobre dois vagabundos nas estradas", explicou ele, numa entrevista à *Variety*. "Então eu decidi fazê-lo com meu próprio dinheiro."

Rota 66 estreou com bons índices de audiência e críticas ainda melhores. A essa altura, Bert, cuja aparência era tão jovem que lhe exigiam a identidade quando pedia bebida, era um dos mais bem-sucedidos produtores de Hollywood, com três programas importantes no ar. "A TV tem poucas histórias de sucesso comparáveis à de Herbert B. Leonard, o angelical produtor e proprietário de *Cidade Nua* e *Rota 66*", registrou o *Los Angeles Examiner* em 1961. "Há sete anos, aos 30 de idade, Leonard tomou um empréstimo de 10 mil dólares para lançar o seriado *Rin Tin Tin*. (...)" Como disse certa vez o próprio Bert, "eu não sei como me tornei tão bom".

A ascensão de Bert não era, no entanto, correspondida por *As Aventuras de Rin-Tin-Tin.* Os índices de audiência vinham caindo. Com tantos novos projetos, Bert talvez já não lhe dedicasse a atenção necessária. Além do mais, o programa já não era novo. Não havia mais a excitação das primeiras temporadas. O departamento de marketing da Screen Gems decidiu, então, tentar transformar Lee Aaker num astro. "Não há nada mais moderno do que os jovens modernos", dizia um de seus comunicados de imprensa. E prosseguia:

> Eles se interessam por armas nucleares, naves espaciais e foguetes à Lua. (...) aos 11 anos de idade, Lee Aaker não é exceção. "É claro que eu curto naves espaciais e coisas desse tipo", diz Lee, "e aposto que as crianças que assistem a esses programas na TV se divertem um bocado. Agora, pode parecer antiquado, mas eu me divirto mesmo é brincando com Rinty e montando o meu cavalo". Embora atualizado como todos os garotos modernos, Lee ainda prefere as coisas que interessavam aos garotos há alguns anos, como animais, índios etc. "Eu curto muito estar no meio da tropa, cavalgando pra valer junto com os soldados", diz Lee.

O comunicado de imprensa apontava, porém, inadvertidamente, a maior deficiência do programa. Ele era antiquado, construído sobre a crença na bravura e a afeição inocente de um menino por um cão. Não bastasse, havia também um inabalável respeito pela autoridade oficial — como disse Rip Masters, em mais de um episódio: "Desafiar a autoridade do governo dos Estados Unidos não compensa!" Afinado, em seus primórdios, com o espírito da época, o seriado parecia agora um tanto fora de passo. O mundo vinha mudando. Contestar era a palavra de ordem. As crianças do *baby boom* estavam crescidas, muitas já adolescentes. À medida que mudavam de atitude e, sobretudo, que começavam a se tornar independentes de seus pais, elas se convertiam numa força renovada e poderosa, refletida pela cultura popular. Em 1956, surgiram Marlon Brando, Elvis Presley, o *American Bandstand* e *Uivo*, de Allen Ginsberg;

em 1957, *On the Road*, de Jack Kerouac, e em 1959, *Almoço Nu*, de William S. Burroughs. Em 1955, o filme *Rebelde sem Causa*, com James Dean fazendo o papel de um adolescente desajustado, fora celebrado como o retrato definitivo dos subúrbios norte-americanos, e *Sementes de Violência*, com seu elenco de jovens antissociais e a primeira trilha sonora de *rock-and-roll* da história do cinema, mostrara os adolescentes urbanos como indivíduos predatórios e cruéis. A doce promessa do pós-guerra — uma vida cômoda e abastada em comunidades-dormitório povoadas de bebês de bochechas rosadas — vinha azedando. As comunidades-dormitório afluentes eram mortalmente enfadonhas, e seus bebês, agora, adolescentes entediados. Um cão herói e uma tropa de cavalaria começaram a parecer relíquias de um passado distante.

Na primavera de 1959, foi ao ar o 164º episódio de *As Aventuras de Rin-Tin-Tin*, uma história inusitadamente triste sobre os Barker, uma família de fazendeiros pobres. No começo do episódio, o chefe da família, Manley Barker, desaparece, provocando a suspeita de ser o responsável por uma série de roubos na região. Em uma enigmática nota de despedida deixada para a sua esposa, ele diz: "Preciso encarar a realidade. Sou um fracasso. Por favor, tente entender." O banqueiro da cidade manda executar a penhora da casa dos Barker, e sua mulher, uma megera chamada Emma Crabtree, que se compraz da desgraça alheia, anuncia que os dois filhos do casal serão recolhidos a um orfanato.

Rin Tin Tin tem um papel secundário na trama, o de ajudar o tenente Rip Masters a procurar Manley Barker. Quando o encontram, fica claro que Barker não tem nada a ver com os roubos; largou a família por acreditar que é uma decepção para eles. "Eu sou mesmo um fracasso", diz, amargurado, ao tenente Masters. Mas concorda em voltar para casa, onde, apesar do nome agora limpo, nada melhorou: a família continua sem dinheiro. Emma Crabtree insiste que a casa seja tomada e as crianças, mandadas para o orfanato. Até que o banqueiro, farto das atitudes da esposa, entra em cena e declara que vai comprar o imóvel e deixar os Barker morarem nele, de graça. As crianças e seu amigo Rusty comemoram; o espectro do orfanato — um tema recorrente, explicitamente ou não, em *As Aventuras de Rin-Tin-Tin* — foi vencido na hora H.

Esse episódio de *As Aventuras de Rin-Tin-Tin*, intitulado "O Fracasso", foi o último a ser filmado. Depois de um glorioso começo e muito sucesso, o seriado chegava ao fim. A Nabisco comunicara à Screen Gems que, devido à queda nos índices de audiência, o patrocínio estava cancelado. Era o fim de um relacionamento de décadas entre a Nabisco e Rin Tin Tin. "Amante que sou da nostalgia, fico pensando nas alegrias que tivemos ao longo de nossa parceria", escreveu a Lee o gerente de marketing da Nabisco quando a decisão foi anunciada. "Vai ser bastante estranho não ver os comerciais com Duncan e Rinty, como este que tenho à minha frente dizendo: 'Dez truques para ensinar ao seu cão', por Lee Duncan. Estou certo de que sabe o quanto o senhor e Rinty significaram para todos nós da NABISCO."

A ABC começou a reprisar o programa duas vezes por semana e a CBS a exibi-lo nas manhãs de sábado. A Screen Gems registrou as boas notícias vindas das más notícias. "Como se já não tivéssemos problemas suficientes para contar a grana toda que ganhamos com Hanna-Barbera; e os shekels de Dennis, o Pimentinha", dizia um memorando intitulado Reprise de Rin-Tin-Tin a Mil!, "Tiramos a poeira de Rinty, Rusty e Rip e os soltamos na CBS Network às 11 horas da manhã de sábado. Se os índices de audiência significam alguma coisa, TODA criança dos Estados Unidos está assistindo ao seriado de RIN TIN TIN — EM DUAS FRENTES!!"

18

Durante todo esse tempo, Bert e Lee nunca deixaram de pensar no cinema. Lee, em especial, sempre quis ver a história da sua vida transformada em filme, desejo que a série de TV não aplacou. Na verdade, o fato de uma nova geração abraçar Rin Tin Tin parecia deixá-lo ainda mais determinado a explicar que seu cão era mais do que um personagem ficcional da TV. Lee queria tornar público que ele tinha uma história, uma história que até hoje o assombrava, como se a vida de Rin Tin Tin tivesse entrado na dele de surpresa.

Quando se conheceram, em 1953, Bert disse a Lee que gostaria muito de fazer um filme baseado em sua vida. Chegou a convencer a

Columbia Pictures a apoiar o projeto e a contratar Douglas Heyes para escrever o roteiro. O contrato dizia que o filme seria "estrelado pelo cão Rin Tin Tin que aparece no seriado da TV (...) ou por algum outro pastor-alemão de aparência similar". Bert queria Jimmy Stewart para o papel de Lee; caso ele não estivesse disponível, James Brown seria o escolhido. A um amigo, disse que imaginara um filme sobre "o encontro de Lee com o cão, a vida afetiva do cão, a vida afetiva de Lee e o relacionamento entre eles". Parecia tudo certo, principalmente depois que a decolagem do seriado da TV deu a Bert credenciais de produtor viável. "Seriado de TV Rin Tin Tin Motiva Filme Biográfico sobre o Famoso Cão Ator", informou o *Daily Variety*, anunciando que o filme seria lançado no início de 1955.

Mas ficou nisso. Numa carta a Bert em 1958, Lee referiu-se ao filme nos seguintes termos: "Nossa maior esperança é trabalharmos juntos para poder fazer a história de RIN TIN TIN antes que seja tarde." E foi tudo. Uma nova menção pública ao filme só apareceu um ano depois, quando a *New Yorker* publicou um artigo intitulado "Roteiro de Rin Tin Tin com Problemas". A essa altura, Stirling Silliphant, o roteirista principal de *Cidade Nua*, já substituíra Douglas Heyes como roteirista de *Rin Tin Tin and Me*, nome que levava o roteiro. Silliphant confessou ao repórter do *Times* que o projeto não ia bem. O desafio de escrever para um cão era desconcertante. "O enfoque que estou dando é o mesmo que teria um filme em que o personagem central fosse um surdo-mudo", explicou.

Depois, silêncio outra vez. Para tristeza de Lee, parecia que o filme — que não era um simples projeto a mais, mas uma espécie de consumação da sua vida — fora descartado. E que vida incomum e curiosa fora a sua, repleta de mitos, golpes de sorte, sucessos e revezes; cinematograficamente improvável. Era como se Lee precisasse não apenas de que os outros conhecessem a sua história, mas de vê-la ele próprio na tela para compreender a si mesmo. Falava sobre o filme o tempo todo, a todo mundo. Um artigo do boletim da Fred Finch, onde passara os anos mais difíceis da sua infância, observou: "Um sonho irrealizado de que Lee nos falou recentemente é a produção de um longa-metragem sobre a história de Rin Tin Tin, que há de ser a história da sua própria vida, com uma significativa participação da Fred Finch Children's Home.

19

Em 1957, quando estava em Minneapolis para uma apresentação com Rinty, Lee teve uma leve crise cardíaca. Voltou para casa e se recuperou, mas mostrava-se desanimado. Eva confidenciou a uma amiga que Lee não acreditava poder voltar à vida "ativa" — isto é, sentir-se forte o bastante para voltar a viajar de um lado para outro. Nesse mesmo ano, desenvolveu diabetes e, daí em diante, assumiu um ar meditabundo, de despedida, como se olhasse para trás desde um lugar muito distante. "Eles tornaram a minha vida realmente completa, os meus cães e os meus animais", disse a um jornal em 1958. E a outro, "É bonito ter vivido uma história de verdade".

Então, veio o enfarte. Lee sempre fora saudável — seco, forte, rijo e atlético, mesmo aos 60, uma constituição de vaqueiro que pouco se alterara desde os 20. Mas as seguidas enfermidades o subjugaram — depois do enfarte, ele ficou confinado, não saía de casa nem para ir ao canil e ao estábulo para ver seus animais; para ele, devia ser a própria morte.

Era como se agora eu conhecesse Lee Duncan tão intimamente quanto a um membro da família. E, como costuma ser o caso com os membros da família, ele era também um mistério, um homem ao mesmo tempo ingênuo e inescrutável. Sob certos aspectos, a sua vida parecia muito simples, tão simples que era difícil a gente não se perguntar se não havia coisas escondidas por debaixo. A devoção de Lee a Rin Tin Tin era tão absoluta que, ao lado dela, tudo o mais, até a sua própria identidade, parecia secundário. Devia ser muito difícil tê-lo como amigo, marido e pai, dado que uma parte dele estava o tempo todo ausente, conectada a Rin Tin Tin. No entanto, acabei me afeiçoando a Lee Duncan por sua candura, sua duradoura aflição de menino entregue pela própria mãe a um orfanato, sua capacidade de iluminar-se de alegria como quando o velho Rinty, seu troféu de uma vida inteira, saltou e pousou em seus braços em seu último cinejornal.

Por que, afinal, Rin Tin Tin era tão importante para Lee? A vaidade não seria suficiente para movê-lo nessa direção, sobretudo porque a maior parte dela pertencia a Rin Tin Tin. Todas as atenções que atraía,

Lee as defletia para o cão. Ganhar dinheiro era importante, mas nunca foi a sua grande aspiração: Lee era mau negociante, um vendedor desinteressado. E embora tenha desenvolvido, em Hollywood, um efêmero apreço por carros e roupas, viveu a maior parte da vida despretensiosamente, permitindo-se somente uns poucos luxos caipiras, como selas bonitas e animais de raça.

Lee só acreditava no que encontrara em Rin Tin Tin. Acreditava na sorte que o bafejou ao achar o filhote, no consolo e amizade que ele lhe proporcionou e na história épica que era contada por meio do cão — de bravura, lealdade, força e verdade. Lee acreditava que essas qualidades sempre prevaleceriam, insuperáveis e incognoscíveis, num épico capaz de transcender o tempo. Lee acreditava no cão, e isso era a sua vida.

Quanto mais eu o compreendia, mais de perto o acompanhava — sempre duvidando que uma coisa pudesse significar tanto, mas acreditando, o tempo todo, que Rin Tin Tin e sua história me ensinariam algo importante sobre a estranheza e a solidão da existência. Da mesma forma como Lee acreditava em Rinty, eu sou aquilo em que acredito.

Eu estava terminando de vasculhar a quase totalidade dos papéis de Lee no Museu de Riverside, começando toda manhã antes de o sol ficar quente a ponto de tornar pegajoso o piso do estacionamento e, do lado de dentro, ser preciso baixar as persianas, quando encontrei cartas de Eva cancelando planos de viagem de Lee e bilhetes de Wauhillau LaHay e outros executivos da Screen Gems perguntando pela sua saúde. Topei, em seguida, com cartas que Eva escrevera a pessoas que deviam dinheiro da compra de filhotes, perguntando, com urgência renovada, quando iriam pagar. Eu sabia encontrar-me à beira do inevitável. A visão que eu tinha não estivera, em nenhum momento, ao alcance das pessoas envolvidas: a de um pássaro que voa sobre uma estrada e vê o ponto de chegada que o viajante não enxerga. Mas por mais preparada que estivesse, não pude evitar um arquejo ao chegar à última carta, escrita por Eva em 1960 e endereçada ao American Kennel Club para informá-lo de que seu marido, Lee Duncan, falecera e ela precisava da transferência da propriedade dos cães para o seu nome.

RINTINTIN
IMPORTED

O SALTO

1

Lee dizia o tempo todo que "sempre haverá um Rin Tin Tin", mas nunca essa afirmação veio acompanhada de uma ou duas frases que respondessem às perguntas que ela própria suscitava. Para ele, a permanência de Rin Tin Tin era uma verdade absoluta que não demandava complementos. Ele nunca viu necessidade de explicar como seria adquirida essa imortalidade nem quem assumiria a custódia do cão quando ele partisse. Não me refiro à situação dos animais que viviam em El Rancho Rin Tin Tin: depois da morte de Lee, eles obviamente pertenceriam a Eva e Carolyn. O que Lee nunca estabeleceu, e que continua sendo um enigma, é quem assumiria a custódia de tudo o que o cão passara a significar — os filhotes que ele criava no sítio, o personagem do seriado da TV, o cão que ele queria ver retratado no filme sobre a sua vida e a imagem de Rin Tin Tin espalhada pelo mundo em forma de merchandising, apresentações, filmes e seriados de TV.

Em entrevistas, Lee ressaltava rotineiramente os talentos de Carolyn como treinadora e mais de uma vez disse esperar que ela, "um dia desses", assumisse Rin Tin Tin. Depois da morte de Rin Tin Tin IV, Lee concedeu-lhe a honra de escolher Rin Tin Tin V dentre os muitos filhotes criados no sítio, decisão tão importante para ele quanto poderia ser a escolha do herdeiro de um trono ou do próximo Dalai-Lama. Os publicitários da Kenyon & Eckhart sempre fizeram questão de observar que Carolyn era a única pessoa, salvo o próprio Lee, a participar do treinamento de seus cães.

A verdade, no entanto, é que Carolyn deixou de se ver como sucessora do pai no momento em que Bert pôs os pés no sítio. Sentindo-se relegada, Carolyn transferiu sua atenção dos cães para os cavalos e, logo, para o namorado, com quem se casou aos 19 anos de idade. "Meu pai ia deixar Rin Tin Tin para mim. Foi o que eu ouvi a vida inteira", disse-me ela. "Mas era tudo conversa-fiada. Ele acreditava que Bert era o seu herdeiro e deixou tudo para ele."

Lee transferiu, de fato, para Bert, os direitos do personagem cinematográfico Rin Tin Tin, mas não a criação e o treinamento de seus cães. É difícil saber o que ele achava que iria acontecer depois que morresse. Não poderia jamais esperar que Bert, um produtor de filmes, assumisse o canil. Apreciava e respeitava Frank Barnes, uma escolha lógica para assumir o canil se Carolyn não o fizesse, mas este nunca se envolveu mais do que o estritamente necessário para a realização do seriado. O fato é que não havia mais ninguém. Lee acreditava ter criado algo grande e perene, mas, estranhamente, parece nunca ter formado em sua mente uma imagem do futuro.

2

Em 1956, em meio à rotineira enxurrada de cartas de fãs e pedidos de filhotes, Lee recebeu uma carta de uma texana chamada Jannettia Propps Brodsgaard, criadora de pastores-alemães. Essa mulher dizia que passara anos tentando localizá-lo e que ansiava ter um Rin Tin Tin desde que o vira em *Where the North Begins*, em 1923. "Há dois anos, eu decidi pedir-lhe um", escreveu. "Mas recuei, com medo de que o senhor não me atendesse. Eu não sou uma dessas texanas ricas que têm por aí. Sou uma mulher simples, criada num sítio."

Tal como Lee, Brodsgaard veio de um lugar solitário. Alta e forte, de queixo longo e olhar duro, nasceu e cresceu no Matador Ranch, nas planícies do oeste do Texas, onde sua mãe era cozinheira e seu pai, peão. O sítio tinha quase 400 mil hectares de campo aberto. Quando criança, seu melhor amigo era um lobo cinzento que conseguira domesticar.

Brodsgaard só teve o seu primeiro pastor-alemão com mais de 20 anos de idade, quando ela e o marido moravam em Houston e o acharam por acaso, perdido. Apesar de seu estado precário, o pastor-alemão lembrou a Brodsgaard a sua velha mascote — e o prazer que sentiu ao ver, pela primeira vez, Rin Rin Tin no cinema. Ela o levou para casa, alimentou-o e decidiu criá-lo. Então, começou a sua busca por Rin Tin Tin.

Por uma matéria de revista, soube que Lee morava em Riverside. Como muitas pessoas que tentavam encontrá-lo, endereçou a carta simplesmente "Ao Sr. Lee Duncan, proprietário de Rin Tin Tin, Riverside, Califórnia", e a carta lhe foi entregue. Começaram a se corresponder. Compartilharam ideias a respeito dos cães: a preferência por pastores-alemães de pelagem clara, por exemplo, em lugar do manto cinza-escuro do primeiro Rin Tin Tin. Lee os preferia por acreditar que a intensa iluminação necessária para que o velho Rinty ficasse visível nos filmes danificara-lhe a visão. Brodsgaard também tinha as suas razões: "O senhor vai achar que eu sou doida", escreveu numa carta a Lee, "[mas] um cão TEM de ter uma cor determinada". Ambos haviam crescido em meio a imensos espaços e, como que para compensar a falta de aptidão para conectar-se com outras pessoas, pareciam ter a mente focada num único propósito.

Em 1957, Lee vendeu a Brodsgaard um filhote macho que considerava o melhor da ninhada disponível. Quando o filhote chegou ao Texas, Brodsgaard telegrafou dizendo que ele era perfeito e que lhe dera o nome Rinty Tin Tin Brodsgaard. O primeiro filhote de Rin Tin Tin no Texas foi um assunto público — o seriado da TV estava no auge da sua popularidade —, a ponto de o *Houston Press* mandar um repórter à casa de Brodsgaard para registrar o acontecimento.

Esse foi o primeiro dos quatro cães que Brodsgaard comprou de Lee, o fundador do que a neta de Brodsgaard, Daphne Hereford, hoje diz ser "a herança viva dos Rin Tin Tins no Texas". Daphne mandou emoldurar uma cópia da carta de Lee confirmando a venda à sua avó e colocou-a numa parede da sua casa. Eu a notei na primeira vez que fui visitá-la e, ao retornar para uma segunda conversa, fiz questão de lê-la atentamente. Lee nunca soube datilografar: ditava toda a sua correspondência ou escrevia um rascunho a mão para Eva datilografar antes de apor a sua firma araneiforme. Sua máquina tinha tipos desalinhados e a fita deixava manchas. O papel trazia o nome El Rancho Rin Tin Tin, em maiúsculas, no alto da folha, e, abaixo, um desenho a lápis da casa dos Duncan em Field Lane, tendo ao lado dois homens a cavalo. No alto da cena, olhando desde uma imensa ferradura da sorte, maior do que a casa, os cavalos e as pessoas, a formosa cabeça de Rin Tin Tin.

3

Depois que Lee morreu, Eva ficou sozinha no sítio. "Os cães são a minha salvação", escreveu ela a um amigo. "Não sei o que faria sem eles. Vou ficar com eles para sempre, pois significam muito para mim e eu quero que tudo continue a ser do jeito que Lee sempre quis." Mas com Lee morto e Carolyn longe demais para ajudar, o plano de Eva logo se mostrou impraticável. Ela nunca fora aficionada por cães. Sua paixão era a arte: passava quase todo o tempo livre tomando aulas e pintando. O sítio era de Lee, os cachorros eram de Lee e ela mal tinha um lugar nesse arranjo.

Passados alguns meses, Eva decidiu não continuar no sítio — tampouco em Riverside. Queria viajar pelo mundo com uma amiga, a cantora pop australiana Helen Reddy, e, logo que possível, mudar-se para um apartamento. Precisava, pois, desfazer-se do sítio antes de sair em viagem — empacotar tudo e encontrar lares para os animais. Conservaria para si um único cão, um jovem macho castanho a que dera o nome Vincent van Gogh.

Nessa época, restavam poucos animais em El Rancho. A Screen Gems ficou com um para dar a um fabricante de produtos Rin Tin Tin. Eva vendeu uns poucos e deu os demais, dentre eles o lutador caolho Hey You e o cavalo palomino de Lee, Deputy-Master, a uma família de nome Crawford, que morava nas cercanias de Riverside.

Teve também de dar solução ao Quarto das Recordações — todo o acervo de recortes de jornal, fotos, cartas e suvenires colecionados durante décadas e já desgastados pelo tempo, o manuseio e a lembrança.

Era o quarto privado de Lee, repositório de uma vida que Eva não dividira e que sempre a melindrara. Ainda assim, era difícil simplesmente jogar fora tudo aquilo. Ela sabia de sua importância e desejava, também, que a história de Lee fosse contada num filme — um ardente desejo de seu marido a respeito do qual inquiria Bert regularmente. Ele lhe garantira que aconteceria em breve. Tudo o que havia no Quarto das Recordações era parte disso.

No fim, o que ela fez parece expressar a sua ambiguidade para com Rin Tin Tin e tudo o que ele significou em sua vida: não esvaziou o quarto nem jogou fora o seu conteúdo, mas também não cuidou da sua proteção. Juntou tudo apressadamente e pediu aos Crawford, seus vizinhos, que guardassem o material em seu galpão, como se esperasse voltar, um dia, para buscá-lo.

Não voltou. Mudou-se para um condomínio de apartamentos ao sul de Riverside e jamais mandou buscar os papéis; não foi a Riverside para recolhê-los, tampouco deu instruções para o seu arquivamento ou outra destinação qualquer. Eles ainda estavam no galpão dos Crawford quando Eva faleceu. Ficaram lá por uma década, intocados, as fotografias se desbotando e os clipes sendo lentamente corroídos pelo ácido do papel — como se nada daquilo tivesse dono. Quando, um dia, os Crawford decidiram deixar a casa, levaram uma de suas empregadas, Freeda Carter, para ajudar na mudança. Depois de terminar a casa, Carter foi olhar o galpão para ver se algo ficara para trás e lá encontrou o que até hoje chama de "o tesouro".

Freeda falou ao Dr. Crawford sobre os documentos, mas ele disse que não se preocupasse — logo conseguiria alguém para levá-los. A ela pareceu, no entanto, que jogar fora os papéis de Duncan não era correto. "Eu cresci com Rin Tin Tin, meus filhos também", explicou, quando conversamos há algum tempo. "Eu não queria que tudo aquilo se perdesse." Pediu, então, ao Dr. Crawford para esperar e, no dia seguinte, com uma picape emprestada, levou tudo para casa.

Passou todo o ano seguinte cuidando do material — alisando os recortes de jornal e as fitas das exposições caninas e limpando a sujeira das botinhas do uniforme militar de Rin Tin Tin. Dedicou a essa tarefa não apenas a sua vida, mas também a sua casa, onde espalhou tudo, esmerando-se para restaurar e remontar o Quarto das Recordações. Não havia superfície não ocupada por uma foto ou um recorte: "Eu dizia, o tempo todo: não sente em cima disso! Isso é 1937!", contou. Acabou doando tudo ao Museu Municipal de Riverside, onde o material foi arquivado e indexado — preservado, finalmente, para sempre.

4

O significado, para Bert, de Rin Tin Tin "existir para sempre" não era o mesmo do que fora para Lee. A ambição era comum, mas em sentidos distintos. Bert era apaixonado por histórias; Lee, por seus cães. Bert não encontrou Rinty numa ruína de Flirey, não teve de se virar para trazê-lo num navio de transporte de tropas nem foi de porta em porta pela Poverty Row atrás de uma vaga para ele num filme. Não conheceu Rin Tin Tin como um cão companheiro de caminhadas pelas Sierras, só como ator e personagem — como uma história. Bert adorava histórias, a ponto de quase sufocar quando contava uma, de tão emocionado que ficava com a força da narrativa, com o seu poder de enlevar e transportar. Bert amava a história de Rin Tin Tin e fez o que estava ao seu alcance para que ela continuasse.

Os cães propriamente ditos eram descartáveis; na visão de Bert, Rin Tin Tin era agora uma meritocracia viva, não uma monarquia hereditária. No final, as preocupações de Bert e Lee eram convergentes: ambos acreditavam que o cão era imortal — que sempre haveria um Rin Tin Tin, o que quer que isso significasse. Como Bert disse a Eva numa carta de 1962, "Para todos nós, parece que Rin Tin Tin é para sempre".

El Rancho Rin Tin Tin pertencia agora a um banqueiro, e os cães de Lee se espalhavam pelo país. No Texas, Brodsgaard criava filhotes de Rin Tin Tin com a ideia de estar dando continuidade a uma estirpe, ainda que, desde a momentosa chegada de Rinty Tin Tin Brodsgaard, vários outros canis texanos tivessem adquirido filhotes a Lee Duncan. Brodsgaard não era, pois, a única criadora do Texas proprietária de herdeiros de Rin Tin Tin. Mas era, sem dúvida, tal como Duncan, a mais obstinada.

Em 1965, já em plena meia-idade, Brodsgaard tornou-se inesperadamente responsável por dois bebês — as netas que sua filha deixara aos seus cuidados. A mais nova acabou voltando à Califórnia para morar com a mãe, mas não Daphne, que tinha 5 anos ao ser deixada com a avó, em Houston, e ficou com ela em definitivo. Quando a conheci e tomei contato com a sua história, não me escapou a similaridade entre a sua infância e a de Lee Duncan.

Daphne praticamente cresceu no canil de Brodsgaard. "Cães eram tudo o que Daphne conhecia: eram a sua vida", escreveu Daphne nas memórias por ela mesma publicadas, narradas na terceira pessoa como se visse a sua história pessoal como uma espécie de saga. "Quando chegou o momento, no 5º ano do curso básico, ela só conseguiu entender as frações quando a professora comparou os pedaços de uma torta aos filhotes de uma ninhada." Daphne, que tinha afinidade com os cães, desde tenra idade sentiu por Rin Tin Tin uma paixão tão intensa quanto a de sua avó.

Em 1965, Carl e Jannettia Brodsgaard se divorciaram. Jannettia só ficou com os cães. Sem qualquer qualificação valorizada no mercado, ela teve a felicidade de ser contatada por uma construtora necessitada de cães para guardar seus canteiros de obras. Embora os cães de Brodsgaard não fossem treinados para esse tipo de tarefa, algo notável aconteceu — de acordo com o livro de Daphne: Brodsgaard entrou no canil, escolheu o cão que achava ter mais chance de passar no teste e disse-lhe, suavemente, "que se quisesse continuar a comer, teria de agir como um cão de guarda; e, por incrível que pareça, foi exatamente o que ele fez". Assim surgiu a sua bem-sucedida empresa de cães de vigilância.

É claro que não foi exatamente assim, mas na época em que conheci Daphne eu me acostumara à ideia de que tudo o que se relacionava a Rin Tin Tin era prenhe de casualidade e encantamento, golpes de sorte fulminantes e reviravoltas radicais; sem causa aparente, a vida ao redor de Rin Tin Tin parecia estar sempre emergindo das profundezas da desilusão para um mar de novas possibilidades. Coisas maravilhosas aconteciam a pessoas que, sem Rin Tin Tin, estariam talvez fadadas a viver vidas tristes e solitárias. Foi isso que a história de Rin Tin Tin se tornou em minha mente — um mito; por isso ela me atraiu, como atraiu essas pessoas. Os fatos eram todos interessantes, mas não passavam de um esqueleto; o resto era como uma antiga lenda, um prodígio, leve como um sonho, capaz de fazer levitar o mundo ao seu redor.

5

Tudo mudou para os pastores-alemães em 17 de maio de 1963, dia em que a revista *Life* publicou um ensaio fotográfico de Charles Moore intitulado "Tentando Apagar um Fogo Inextinguível", sobre a violenta repressão policial aos protestos pelos direitos civis em Birmingham, Alabama. O texto que acompanhava as fotos começava dizendo: "CÃES DE ATAQUE. Com ferozes cães de guarda, a polícia atacou os manifestantes — um crime que atrairá o apoio do mundo inteiro para os negros de Birmingham." A reportagem dizia que o comissário de polícia de Birmingham, Eugene "Bull" Connor, permitira deliberadamente a presença de espectadores brancos junto à ação policial. "Eu quero que eles vejam o trabalho dos cães", teria dito Connor. "E os negros fugindo."

Ninguém que tenha visto as fotos poderá esquecê-las com facilidade. Em tons intensos de preto e branco, elas capturam dois momentos hediondos em uma rua de Birmingham: um senhor magro, com um chapéu *porkpie*, sendo mordido por dois pastores-alemães e um policial contendo pela guia o seu cão, um pastor fulvo e negro, em pé sobre as patas traseiras e com os dentes arreganhados.

Desde os primórdios da raça, os pastores-alemães foram animais trabalhadores. Para demonstrar a sua obediência e coragem, Max von Stephanitz cedeu alguns de seus cães à polícia alemã. Durante a guerra, a sua força e inteligência fizeram deles cães militares ideais, tornando-os a raça mais comumente usada para fins policiais. Criados para pastorear gado, eles acabaram, em todo o mundo, associados à repressão.

Devido à sua semelhança com os lobos, pensou-se erroneamente que os pastores-alemães eram mais próximos deles do que os outros cães. Assim como a celebração hitleriana do pastor-alemão como "lupino", muitos dos primeiros filmes de Rin Tin Tin contribuíram para esse equívoco. Na década de 1920, uma associação de criadores de ovelhas da Austrália lançou uma campanha contra os pastores-alemães por considerá-los em parte lobos e propensos a cruzar com dingos, os cães selvagens das florestas do país. Sensibilizado, o governo australiano proibiu a importação de pastores-alemães, medida somente revogada em 1974.

Nos Estados Unidos, os pastores-alemães passaram a ser vistos como uma extensão da polícia, símbolo de ordem e autoridade. Na década de 1960, a onda de contestação a esses valores levou de roldão tudo o que lhes estava associado. Dezenas de outros fotógrafos documentaram violências policiais, mas as fotos de Charles Moore foram as mais abrasadoras por mostrarem os agentes da ordem como animais e dar à cena o aspecto de uma guerra: faziam lembrar guardas nazistas patrulhando os campos de concentração com seus furtivos pastores-alemães, associação que estava longe de ser apenas conceitual. Um artigo de um jornal de Jackson, Mississippi, de 1961, relatou que dois pastores-alemães, Happy e Rebel, vinham "deixando claro aos manifestantes raciais o sentido das ordens" do departamento de polícia. O jornalista acrescentou: "Harry Nawroth, de Springfield, ex-militar nazista que treinou dobermans assassinos para guardar os aeroportos de Hitler, é o treinador de Happy e Rebel."

De acordo com o historiador Arthur Schlesinger Jr., as fotos dos cães policiais de Bull Connor atacando os manifestantes de Birmingham "ajudaram a transformar o estado de espírito da nação e a tornar uma nova legislação não apenas necessária (...) mas também possível". Jacob Javits, ex-senador republicano pelo estado de Nova York, disse que as fotos "ajudaram a abrir caminho para a Lei dos Direitos Civis de 1964".

Essa nódoa ficou entranhada nos pastores-alemães, cuja popularidade entrou em declínio a partir de 1969 em benefício de outras raças de grande porte, como rottweilers e doberman pinschers. Havia mais cães do que nunca nos Estados Unidos, mas as raças mais populares passaram a ser os sempre felizes golden retrievers e labrador retrievers e os sempre irrequietos cocker spaniels.

Eu tinha apenas 8 anos quando as fotos de Charles Moore foram publicadas. Quando criança, eu era fã da *Life* e brigava com meu irmão e minha irmã para ser a primeira a olhar cada nova edição. Por isso vi a reportagem assim que ela saiu. Não creio que naquela idade eu soubesse o que eram direitos civis, mas isso não me impediu de perceber que havia algo terrível naquelas fotos. Por adorar cães e padecer do desejo insatisfeito de ter um, mais exatamente um pastor-alemão, aqueles cães de dentes arreganhados foram um duro golpe para mim. Mas, apesar de tudo, eu ainda amava Rin Tin Tin. Assistia às reprises do seriado todo sábado de manhã e, quando íamos visitar meus avós, eu e meus irmãos subíamos às escondidas ao escritório para ver a intocável miniatura plástica de Rinty. Ele era lindo, com sua fronte nobre e inteligente e sua pelagem ondulada, sempre vigilante entre a impressora de cheques Paymaster 8000 e a calculadora manual do meu avô.

Eis o que aconteceu. Um dia, meu avô desistiu, ou se cansou, de ver as nossas caras ávidas de Rin Tin Tin, ou quem sabe reconsiderou o seu rigor para com ele, e deixou que o levássemos para casa para brincar. Nem em sonhos imaginávamos tê-lo conosco por um dia sequer. Poder tocá-lo já era algo incrível, uma fenda na muralha invisível que protegia o mundo do meu avô. Recordo que o levamos para casa e, na excitação de uma disputa, quebramos a sua perna direita, deixando um buraco no corpo.

Não guardo imagem da reação de meu avô quando o trouxemos de volta, quebrado, mas lembro que ele não foi colocado de volta em seu lugar de costume, sobre a mesa, onde ainda poderíamos vê-lo, e sim num armário alto, com a porta bem trancada. Nunca mais o vimos. Jamais perguntei a meus irmãos se eles se recordam do incidente, ou se acham que aconteceu dessa maneira, por não estar segura de que queria saber a verdade sobre minha lembrança. Importa que essa é a história que eu sempre contei a mim mesma e que passei a acreditar que desde então estive à procura de Rin Tin Tin.

6

Eva disse, certa vez, a um amigo, que Bert "planejava dirigir o seriado da TV durante dois ou três anos e depois fazer uma série totalmente nova com Rin". Se esse era o plano de Bert, as coisas não saíram como desejado. O programa passou na CBS, em reprise, de outubro de 1959 a setembro de 1964, quando a rede considerou que ele chegara ao seu limite. Com dez anos de TV, *As Aventuras de Rin-Tin-Tin* começava a ficar obsoleto. Os programas da década de 1960 eram formalmente mais apurados, elegantes e cinematográficos do que *As Aventuras de Rin-Tin-Tin*, com seu elenco intercambiável e seus cenários de Corriganville. Além do mais, em 1964 tudo era colorido na TV.

A frase "a TV tem poucas histórias de sucesso como a do angelical produtor-diretor Herbert B. Leonard" era de um artigo jornalístico recente, mas o êxito a que ela se referia já parecia muito distante. Poucos anos depois de um início brilhante, a carreira de Bert sofrera uma desaceleração abrupta, mesmo para os padrões de Hollywood, famosa por suas ascensões meteóricas e quedas espetaculares. Seus três grandes seriados, que chegaram a estar na grade de programação ao mesmo tempo, caíram um por um. *Cidade Nua* saiu do ar em 1963, e a reprise de *As Aventuras*, assim como *Rota 66*, em 1964. Em 1958, Bert lançara um programa chamado *Rescue 8*, sobre um grupo especializado do Departamento de Bombeiros de Los Angeles, com todo os requisitos do sucesso — foi o primeiro seriado de "emergência" da TV, antecipando-se em uma década à popularidade do gênero. Mas só durou dois anos: foi suspenso em 1960.

Apesar dessa série de decepções, Bert, o lutador, o garoto dos punhos rápidos, continuou a trabalhar em novos programas. Desenvolveu uma série chamada *The Freebooters*, baseada no romance de Isaac Bashevis Singer, e o faroeste *Kingfisher's Road*, mas não conseguiu vender nenhum dos dois. Em 1967, produziu um piloto para uma comédia televisiva intitulada *Os Perigos de Paulina*. Não tendo conseguido patrocinador para a série, mesclou os três episódios e lançou o produto como filme, que passou quase despercebido.

No ano seguinte, Bert pareceu ter atingido em cheio o encouraçado com um filme de sucesso intitulado *Popi*, em que Alan Arkin fazia o papel de um viúvo porto-riquenho que tenta arranjar uma vida melhor para seus dois filhos fazendo-os passar por órfãos. O filme mereceu alguma atenção e Arkin foi elogiado por seu desempenho. Uma vez mais, Bert deve ter se sentido como o homem que fora objeto da admiração do *Los Angeles Examiner*.

Um único filme razoavelmente bem-sucedido não podia, contudo, consertar o que estava errado. Bert provavelmente gastara em excesso desde o êxito de *As Aventuras de Rin-Tin-Tin*. Tinha quatro filhas com sua terceira esposa, Jenny, e tomava conta dos filhos de seu irmão Roger, que trabalhara com ele como gerente de locações. Em 1962, Roger foi acusado de assassinato e conspiração por causa de uma chacina mafiosa num restaurante de Sherman Oaks. Essas acusações foram mais tarde retiradas, mas Roger veio a ser acusado de perjúrio contra a justiça federal. O caso não foi a julgamento porque ele morreu de derrame cerebral pouco depois de ser solto sob fiança. Não deixou nenhum dinheiro para a esposa e os quatro filhos. Bert, que se preocupava com eles — adorava a viúva, Blanca, e era particularmente apegado a sua sobrinha, Patty — comprou uma casa e um motel para que Blanca tivesse uma fonte de rendimentos e um lugar para morar.

Divorciado de Jenny, Bert passou a pagar pensão alimentícia. E a sua paixão pelo jogo era tudo, menos barata. Apesar de ter produzido três sucessos de TV em rápida sucessão, admitiu a um amigo que nunca "ganhara dinheiro de verdade". Sua situação financeira era como um cenário, uma fachada elegante apoiada em balaústres delicados, mas sem nenhuma solidez. Começou, então, a ficar inadimplente com seus advogados, seus contadores e seus cartões de crédito. Quando o fluxo de ingressos das séries de TV diminuiu, e depois cessou, Bert ficou quase na lona.

Em meio a todos esses problemas, Bert nunca deixou de pensar em Rin Tin Tin. Acreditava haver, ainda, alguma vida no personagem. A Sam Manners, disse acreditar que Rin Tin Tin era um "nome mágico, que ficaria para sempre".

Esboçou vários novos programas tendo Rin Tin Tin como astro. Num deles, Rinty era um cão-guia. A maioria dos cães-guias de cegos eram pastores-alemães e o seriado daria destaque para a sua inteligência e intuição. Chegou a pensar em detalhes. "Telefonar para o Instituto Braille. Quem ensina às pessoas recém-afetadas pela cegueira?", escreveu, num bilhete para si mesmo. "Seus professores também são cegos? Quando um cego morre, o cão pode ser utilizado por outro cego ou a família do morto o adota?" À margem desse bilhete havia uma anotação a mão, em letra minúscula, quase ilegível. Examinando-a, concluí que ele estivera calculando a quantidade de dinheiro que iria deixar, em testamento, para cada uma de suas filhas. O mesmo cálculo aparecia às margens de muitos memorandos, roteiros e até pedaços de papel em seus arquivos, como se estivesse o tempo todo medindo e reconsiderando o que deixaria para trás.

Ideias para Rin Tin Tin nunca lhe faltaram. Depois de ler um artigo sobre o comércio ilegal de espécies ameaçadas de extinção, escreveu um roteiro intitulado *Rin Tin Tin the Tracker*, em que o cão trabalhava com agentes do Departamento de Vida Marinha e Selvagem. Outra ideia foi *Rin Tin Tin the Ultimate Weapon*, versão canina do Homem-Aranha. Num bilhete para o seu agente, escreveu: "Em lugar de um estagiário de jornalismo picado por uma aranha, Rin Tin Tin tem o corpo invadido por uma horda de pulgas de um chimpanzé de laboratório que o confundem com um macaco."

Criou também *Rin Tin Tin Private Investigator*, *Rin Tin Tin the Wonder Dog* e *Rin Tin Tin, Secret Agent*, este último sobre um adolescente que sabe tudo de computadores e tem o cão mais inteligente do mundo — um pastor-alemão chamado Rin Tin Tin X. "A bisavó da bisavó de Luke gostava tanto do primeiro Rin Tin Tin, um grande cão ator da Warner Brothers, que conseguiu descobrir onde morava o seu dono e treinador, Lee Duncan", escreveu Bert. "Numa tarde de domingo de 1931 [ela] se aventurou pela estrada de Riverside para ir comprar do Sr. Duncan um filhote de Rin Tin Tin, por 75 dólares. (...)." Esse enredo me deixou particularmente intrigada: era a exata descrição da jornada de Jannettia Brodsgaard, que Bert não tinha como conhecer, em busca de Lee e Rin Tin Tin. Bert também conhecia a estrada para Riverside, mas aquilo parecia algo que acontecera muito, muito tempo antes.

7

Bert sempre flertou com a hipótese de recriar o programa original — uma ideia louca, talvez, mas que não lhe saía da cabeça. Precedente havia.

O Clube do Mickey fora lançado uma temporada antes de *As Aventuras de Rin-Tin-Tin*, na ABC, e suspenso em 1959. Em 1974, Walt Disney e um executivo da mídia chamado Stanley Moger, especializado na venda de programas a emissoras locais, acharam que era tempo de trazê-lo de volta. A essa altura, os rebentos do *baby boom* americano tinham entre 20 e 30 e poucos anos, muitos já com filhos, e poderiam estar sentindo as primeiras pontadas de nostalgia do passado. Moger saiu pelo país oferecendo o programa e teve a satisfação de descobrir que seu palpite estava certo — mais da metade das emissoras de TV do país compraram a reprise de *O Clube do Mickey* e a exibiram com enorme sucesso de audiência.

Moger é um homem intenso e loquaz, com uma cabeleira castanha já um tanto rala e uma voz tonitruante e grave como a de um locutor de rádio. Eu o visitei em seu escritório em Nova York, de paredes cobertas de fotos de si mesmo acompanhando, cumprimentando ou abraçando atores e políticos, um mosaico de rostos reluzentes de Moger e celebridades sob a chuva prateada dos flashes. A primeira coisa que ele fez quando cheguei foi apontar, sem dizer nada, para uma caixa de papelão sobre a sua mesa. Em seguida, tirou a tampa e segurou-a para que eu pudesse admirar seu conteúdo, como um garçom de restaurante chique servindo pato *à l'orange*. Dentro da caixa havia a roupa e o revólver usados por Lee Aaker em *As Aventuras de Rin-Tin-Tin*. O revólver parecia real. O uniforme-mirim da cavalaria, de um azul acinzentado pelo tempo, trazia na calça uma etiqueta sobre a qual alguém escrevera, incorretamente, "Lee Acker".

"Eu estava no hotel Beverly Hills, em 1975, quando nosso amigo Herbert B. Leonard me ligou", disse ele, recostando-se na cadeira. "Com aquela vozinha estridente que ele tinha, se disse impressionado com o que havíamos feito com *O Clube do Mickey* e propôs que fizéssemos o mesmo com Rin Tin Tin." Moger colocou a roupa e o revólver de volta na caixa, tampou-a e explicou que, depois de terem feito algumas coisas juntos, ele e Bert brigaram por causa de dinheiro. Moger pegou o uniforme — não explicou como — e o manteve refém, dizendo a Bert que não o devolveria até resolverem suas pendências. A tática não funcionou: parece que a relutância de Bert em entrar em acordo era mais forte que o seu desejo de recuperar a roupa de Rusty. Agora, Bert estava morto, e Moger ficara com o uniforme. O relacionamento terminou da mesma maneira como terminaram muitos relacionamentos de Bert — com contas a pagar e uma mescla de admiração e exasperação. "Bert era um sujeito fascinante, mas com ele sempre havia um porém", lamentou Moger. "Em Bert, a autodestruição era um hábito."

Na primeira reunião, Bert disse ter a possibilidade de tomar à Screen Gems os direitos do programa, se agisse com presteza. Interessado, Moger assistiu a alguns episódios, mas ligou em seguida para Bert dizendo ser impossível vender o programa. "Eu disse: 'Bert, isso é loucura: você tem um cão que rosna, você se refere aos índios como 'peles-vermelhas' e não tem crianças negras nem hispânicas — o seu seriado é imaculadamente branco. Como podemos vender isso no mundo de hoje?'"

As objeções de Moger eram mais focadas em aspectos secundários do seriado do que no seu conteúdo. Bert se orgulhava das "lições morais" que permeavam *As Aventuras de Rin-Tin-Tin*, reflexo de suas próprias ideias progressistas. Por exemplo, o episódio intitulado "A Lenda do Búfalo Branco" — seu favorito — é assumidamente antirracista. Ele começa com invasores brancos caçando búfalos numa reserva apache. Os índios e Rin Tin Tin os capturam e a cavalaria é chamada para mediar. Os caçadores de búfalos acham que serão libertados por serem brancos, assim como os soldados da cavalaria. Mas o tenente Masters decide prendê-los, levando um deles a desafiá-lo: "De que lado você está, soldado?"

"Do lado certo", responde Masters.

"Ele é um índio", diz o caçador. "Eu sou um homem branco! Isso me coloca do lado certo."

"O certo e o errado", diz Masters, "não estão na cor da pele de um homem".

O búfalo branco do título é um animal mítico que só aparece uma vez na vida para evitar alguma desgraça, mas somente a quem tenha um coração "valente e leal". A lenda é contada a Rusty por um velho apache, que lhe diz: "Se isso é real ou apenas um sonho, eu não sei lhe dizer."

Para se vingar, os amigos dos caçadores decidem provocar o estouro de uma manada. Milhares de búfalos se precipitam sobre Rusty e Rinty. Quando estão prestes a esmagá-los, o búfalo branco surge, como uma grande nuvem. A manada se acalma e Rusty e Rin Tin Tin são salvos.

Ao retornar ao campo, Rusty relata o estouro da manada e a aparição do búfalo branco ao jovem apache Kemali, que aceita a história tal como ela é — algo que ninguém jamais poderá entender plenamente. "Quem saberá explicar?", diz Kemali. "Quem saberá dizer?"

Consciente de que o formato e parte do conteúdo do seriado teriam de ser modificados, Bert disse a Moger que excluiria a linguagem ofensiva, as cenas obsoletas e as lutas entre cães. E propôs filmar "invólucros" — cenas curtas, de três minutos de duração, como introdução a cada episódio. Os invólucros teriam Rip Masters — James Brown — num celeiro, falando de seus dias de cavalaria e de Rin Tin Tin a um grupo de crianças de várias etnias. O programa começaria com um *fade out* indicando tratar-se das recordações de Masters e terminaria com o tenente falando às crianças. Os episódios originais seriam tingidos de sépia para dar-lhes um aspecto distante e enfatizar o seu caráter rememorativo. Bert já fizera contato com James Brown. Apesar de Bert dizer que Brown ficara "tremendamente arredio e intratável" na última fase da série original, ele concordou em fazer as novas aberturas do programa.

Para reunir os roteiristas dos primeiros tempos, Bert abriu espaço na sala de jantar de sua casa em Los Feliz. Em cima da mesa, editaram todos os episódios para eliminar o que pudesse ser considerado ofensivo. A intenção de Bert era filmar as novas cenas no Forte Apache, em Corriganville, mas o Departamento de Polícia de Los Angeles já o havia desmontado para usar a área como campo de tiro. Bert enviou, então, James Brown, o pessoal de apoio e o elenco de crianças — formado por meninas e meninos, dentre os quais um afro-americano, um judeu e um hispânico — a uma locação de filmes em Kanab, Utah, perto de onde Clint Eastwood filmava *Josey Wales — O Fora da Lei*. Eastwood emprestou a carroça em que Brown se encostava ao falar às crianças.

A SFM Entertainment, empresa de Stanley Moger, topou financiar os invólucros, orçados por Bert em 3.600 dólares cada. Mas um atraso por mau tempo em Utah e uma interrupção para que Brown se recuperasse de uma pneumonia multiplicou esse custo por dez. Com 800 mil dólares gastos na filmagem de apenas 22 invólucros, Moger decidiu que bastava.

Os episódios remanescentes foram editados e tingidos, mas não ganharam introduções atualizadas.

A versão expurgada de *As Aventuras de Rin-Tin-Tin* foi anunciada com um triunfante comunicado de imprensa: "Depois de Coca-Cola e IBM, Rin Tin Tin é, provavelmente, a marca mais amplamente conhecida e imediatamente identificável no mundo de hoje. E isso, por incrível que pareça, apesar de milhões de crianças e seus pais (talvez até seus avós) jamais terem visto o heroico cão na TV", dizia. "Essa receptividade universal só pode ser entendida tendo-se em conta que o seriado de TV e os valores que ele projeta e defende — coragem, lealdade e decência — se tornaram tão identificados com a tradição norte-americana de justiça, fraternidade e liberdade quanto o beisebol, o hambúrguer e o futebol das tardes de domingo."

A reestreia foi celebrada com um imenso coquetel de imprensa no Waldorf Astoria, em Nova York. O *New York Times* destacou, no episódio intitulado "Cão Velho, Truques Novos", o inteligente arranjo de Bert, observando que a "reapresentação de 'Rinny', o heroico pastor-alemão cujas origens remontam ao cinema mudo, envolve um árduo e inusitado esforço de reciclagem". No fim de 1976, o programa ia ao ar cinco dias por semana em mais de 85% do país.

As Aventuras de Rin-Tin-Tin já não frequentavam, no entanto, o horário nobre. As emissoras podiam passá-las no horário que mais lhes convinham. Muitas o faziam no início da manhã, quando a audiência consistia, basicamente, de crianças em idade pré-escolar. Isso aborrecia James Brown, que se queixou de seus novos telespectadores a um jornal: "Tudo o que eles sabem é 'C'chorrinho, C'chorrinho", disse. "Não distinguem um índio de um in-pin-di-pi-o-po". O fato, porém, é que eles haviam conseguido, uma vez mais, fazer de Bert Leonard um sucesso.

8

Quase 60 anos depois do nascimento do primeiro Rin Tin Tin, 50 desde que ele estrelara *The Man from Hell's River*, Rin Tin Tin ainda vivia.

Nesta encarnação, todavia, ele já não era um cão num set de filmagem aprendendo a latir na hora certa. O verdadeiro cão parecia ter se desmaterializado — desaparecera da vida real para existir somente como personagem na tela.

Os episódios editados e tingidos foram ao ar em redes locais de 1976 a 1978, quando as emissoras suspenderam a renovação dos contratos. Por mais que a edição e os invólucros ajudassem, a TV estava mudando uma vez mais. Depois de décadas monopolizando o entretenimento doméstico, a televisão em rede foi subitamente suplantada pela TV a cabo. Em 1975 foi criada a Home Box Office e, no ano seguinte, teve início o Showtime. Surgiam, também, os primeiros aparelhos de videocassete domésticos. Se em meados da década de 1970 não havia uma única videolocadora nos Estados Unidos, em 1978 contavam-se 3.500 e em 1979 elas já passavam de 10 mil. De início, os vídeos mais populares eram os filmes infantis, uma severa concorrência com os programas então no ar, que dirá com um velho seriado infantil como *As Aventuras de Rin-Tin-Tin.*

Do que parecia ser uma inesgotável fonte de ideias para prolongar a vida de Rin Tin Tin, Bert sacou uma última versão do personagem. Os invólucros e tingimentos foram acréscimos interessantes, mas não renovaram verdadeiramente o programa. Ele achava que o seriado precisava de cor — colorido total, não a pardacenta tintura de sépia que fizera, na verdade, o programa parecer ainda mais antigo, como que preservado em âmbar. A Screen Gems poderia ter gasto 5 mil dólares a mais para filmar em cores o programa original — mas não gastou. Contudo, engenheiros canadenses haviam inventado recentemente um método para inserir cor em filmes em preto e branco. Com ele, os técnicos em computação podiam corrigir o erro da Screen Gems, transformando cada fragmento de cinza dos fotogramas de *As Aventuras de Rin-Tin-Tin* em vermelho, verde, azul e amarelo.

Colorizar filmes em preto e branco custava, no entanto, uma fortuna. É difícil determinar onde Bert arranjou dinheiro, mas ele sempre fora capaz de convencer e enfeitiçar potenciais investidores com a mesma emoção que sentia pelos seus projetos As pessoas confiavam nele. Em 1978, Eva Duncan transferiu-lhe os direitos autorais de Rin Tin Tin que estavam em seu nome. "Nem por um momento eu duvidei de Bert", declarou ela num depoimento. "Foi o que eu sempre disse ao longo de todos esses anos em que estivemos com ele."

Bert deve ter seduzido um investidor ou tomado um empréstimo empenhando tudo o que tinha. Com recursos próprios ele não teria podido custear os quase 3 milhões de dólares necessários para colorizar 65 episódios do programa num laboratório da Índia. Logo que os primeiros episódios foram concluídos e enviados, ele organizou uma sessão para executivos da TV. Eles, de fato, pareciam diferentes: a colorização avivava tudo. Mas o resultado final parecia menos com um filme originalmente rodado em cor do que com uma versão de *As Aventuras de Rin-Tin-Tin* em pinte-por-números com aquarela. Ainda assim, Bert estava otimista.

Em lugar, porém, do ávido interesse que ele e Moger haviam logrado despertar com a versão modernizada do programa, *As Aventuras de Rin-Tin-Tin* colorizadas não tiveram compradores. Os programas mais populares da época eram *Mork & Mindy*, *Battlestar Galactica* e *Buck Rogers no Século XXV*. Surgira, também, a Nickelodeon, um novo canal de TV a cabo especialmente produzido para crianças. Mesmo depuradas de anacronismos e colorizadas, *As Aventuras de Rin-Tin-Tin* ainda pareciam fora de lugar. "Definitivamente, a cabeça das crianças de hoje não está no Oeste", escreveu Bert ao seu agente. "O espaço, os efeitos especiais e as perseguições motorizadas (...) estão na moda. É por isso que Rinty ainda não aconteceu." O uso, por Bert, da palavra "ainda" é particularmente significativo nesse contexto. Ele tinha certeza de que Rin Tin Tin voltaria um dia. "Quando o seriado for ao ar, a sua qualidade prevalecerá", acrescentou. "O sucesso virá da qualidade original do programa e da grandeza de seu astro Rin Tin Tin, NÃO da colorização."

9

Bert se tornara tão rígido quanto Lee na proteção da dignidade de Rin Tin Tin, custasse o que custasse. Em 1976, um produtor chamado David Picker começou a fazer um filme que parodiava os primórdios de

Hollywood e a trajetória de Rin Tin Tin. Seu título original era *Nasce um Latido*, mas Picker o rebatizou como *Won Ton Ton: O Cão que Salvou Hollywood*, oferecendo a Bert uma comissão pela permissão de basear a história no nome e no personagem Rin Tin Tin. Embora precisasse do dinheiro, Bert não apenas recusou a oferta de Picker, como o acionou na justiça por apropriação indébita do nome e do personagem. Picker e o diretor do filme, Michael Winner, acharam ridícula essa reação. Falando, antes do lançamento, a uma plateia de estudantes de cinema em Nova York, Winner disse: "É absurdo ser processado por um cão, que dirá por um que morreu há pelo menos vinte anos."

Bert perdeu a causa, mas achou que marcara um tento importante: o filme não apenas era um insulto ao personagem Rin Tin Tin, como tirava proveito de anos de trabalho seu para promovê-lo e torná-lo um nome famoso. Como me explicou seu amigo Max Kleven: "Para Bert, Rin Tin Tin era uma religião, uma coisa séria. Não estava aí para ser objeto de chacota". Ele jamais faria um filme como *Won Ton Ton*, que, de acordo com a *Variety*, não "media esforços para arrancar do público as mais desabridas gargalhadas". O filme era tão ruim que o crítico especulava se não teria sido pensado para torrar o dinheiro dos investidores visando obter isenção de impostos. Antes da disputa em torno de *Won Ton Ton*, Bert tivera reuniões de negócios com David Picker, com quem chegou a falar sobre a produção de seus filmes, incluindo aquele sobre a vida de Lee Duncan que Bert e Lee tanto queriam fazer. Picker poderia tê-lo ajudado, especialmente depois que a situação de Bert passou de problemática a insolúvel, mas *Won Ton Ton* foi algo que Bert nunca perdoou.

Em que momento a devoção se converte em cegueira? É impossível uma pessoa idolatrar algo, ou alguém, sem ter alguma capacidade de autoengano e esquecimento. Afinal, não há nada perfeito neste mundo — nada que, para continuar merecendo o amor de outrem, não exija, de vez em quando, um desvio do olhar, um ouvido seletivo ou um bem calibrado lapso de memória. Apaixonar-se por algo ou alguém requer capacidade de relevar o que pode haver de errado com o outro. Até onde, porém, é razoável relevar? Até que ponto a lealdade supõe a capacidade de esquecer, de gostar de estar apaixonado; até que ponto ela precisa da verdade? Saber graduar a nossa devoção — isto é, ter clara a diferença entre insistir em fazer de conta que não vimos e renunciar rápido demais — parece ser uma aptidão vital, um talento. Conhecer nosso limite já seria uma bênção. Parece, no entanto, que estamos condenados a pesar as coisas com um dedo na balança, ora loucos para desistir, ora entusiasmados em excesso.

Lee dedicou toda a sua vida a Rinty, a ponto de parecer incapaz de se ligar a outras coisas importantes, como família e amigos, e de não ver outro sentido em sua existência que a sua convivência com ele. No caso de Bert, houve momentos em sua vida, como esse agora, em que teria sido mais fácil, e talvez mais sensato, mudar. Ele ainda era jovem. Mas não foi o que fez. O que havia em Rin Tin Tin de tão imprescindível? O que explica que esse personagem tenha sobrevivido a tudo ao seu redor, deixando para trás Strongheart e dezenas de outros de que ninguém se lembra mais? Que tenha arregimentado gerações de admiradores? Que tenha arrastado uma pessoa atrás da outra a dedicar-lhe suas vidas? E como poderia admirar-me do que fizeram Lee, Bert e mais tarde Daphne, quando eu mesma me perfilei logo atrás, seduzida pela história deste cão ao mesmo tempo real e irreal a ponto de gastar com ela um período precioso da minha própria vida? O que poderia explicar a ironia absoluta de eu estar agora contando a história dessa história, repetindo o que Lee, Bert e Daphne haviam feito, ou seja, acrescentar-lhe um novo capítulo?

Nada perduraria se todos logo desistíssemos, ou se simplesmente desistíssemos quando seria lógico fazê-lo. Nem as ideias perdurariam, porque elas, também, se desgastam e se esgarçam quando não têm quem as defenda. A obsessão de Bert com Rin Tin Tin pode ter sido um erro pessoal terrível, mas que fez dele o autor de um episódio notável e durável além de toda expectativa. Ser abandonado e esquecido é a típica experiência humana. Tudo que logre resistir ao inevitável declínio se torna fascinante pelo simples fato de fazer o que não está ao nosso alcance: sobreviver quando tudo o mais está fadado a acabar.

Nós queremos coisas que perdurem porque, sem elas, a vida seria desconcertante, um interminável questionamento acerca do valor, da familiaridade e da mera possibilidade de nos conectarmos com o que está fora de nós. Uma coisa é duradoura porque se manteve durante muito tempo a flutuar sobre a ardente devoção de uma pessoa determinada a recordar somente o que era radioso e promissor mesmo ao custo de deixar-se submergir. Os outros, como nós, colhem o benefício — as coisas que se estendem para além de sua existência fugaz e que, por meio de momentos e emoções espalhados ao longo de nossa vida, nos propiciam a experiência do que é pleno, durável, indelével.

10

Durante todo esse tempo, Rin Tin Tins de verdade continuaram a nascer no Texas, onde Brodsgaard e Daphne criavam descendentes dos quatro cães fornecidos por Lee. Brodsgaard mantinha o seu negócio de cães de vigilância, a Bodyguard Kennels, e Daphne, que se casara com um xerife-substituto e tinha dois filhos, montara uma empresa própria chamada Super Dogs, Inc. Em 1979, porém, Brodsgaard decidiu se aposentar. Embora ainda tivesse intenção de reproduzir pastores-alemães, estava mais envolvida com seu novo hobby, a criação de pássaros exóticos. Daphne, enquanto isso, expandia a Super Dogs.

Por ter sido criada em meio aos Rintys de Brodsgaard, o interesse de Daphne por Rin Tin Tin fora quase automático. Agora, Rin Tin Tin era a sua paixão. "A maioria das pessoas dedica a vida ao lar e à família", disse-me ela certa vez. "Mas qualquer homem que estivesse comigo teria de saber que Rin Tin Tin viria sempre em primeiro lugar." Depois de dirigir a Super Dogs por alguns anos mais, Daphne optou por abandonar o negócio de cães de vigilância e abrir uma pet shop.

O local escolhido foi um espaço no Town and Country Center de Houston. "Ela projetou uma loja espetacular, decorada com motivos do Velho Oeste, pisos acarpetados e todo o conforto de uma loja cara", escreveu Daphne em suas memórias. Era, sob qualquer aspecto, uma pet shop nada convencional. Não havia animais na loja, salvo aos sábados, quando os criadores traziam seus filhotes para expor. Daphne a concebeu como ponto de referência para pessoas interessadas em cães com pedigree, cavalos e gado, que lá podiam ser vistos por meio de videotapes fornecidos pelos criadores — uma espécie de salão para contatos on-line. Daphne diz que a loja, apesar de excêntrica, foi "um tremendo sucesso" até a recessão de 1984 passar por Houston destruindo inúmeros negócios, incluindo o seu. Durante o ano em que esteve aberta, a loja chamou-se El Rancho Rin Tin Tin.

Quando me interessei pela história de Rin Tin Tin, Daphne surgiu imediatamente como mantenedora do seu legado. Bert, embora ainda vivo e trabalhando em roteiros para Rinty, já não ocupava o centro da cena. Eva Duncan falecera em 2000, e Carolyn não tinha ligações com Rin Tin Tin além das fotos em sua sala de jantar e do telefone de Bert num bloco de notas próximo à pia da cozinha. Daphne, por seu turno, registrara dez marcas Rin Tin Tin, reservando-se o uso do nome em, dentre outras coisas, "roupas, coleiras, guias, calçados para cães", revistas, folhetos, pôsteres, adesivos, o Fã-Clube Rin Tin Tin, o Rin Tin Tin Canine Ambassador Club, comida canina, filhotes e "serviços de entretenimento de natureza similar à do seriado da TV nos ramos de variedades e filmes que tenham um cão pastor-alemão como personagem vivo ou animado". Registrara, também, os domínios Rintintin.com e Rintintin.net. Quem saísse à procura de coisas relacionadas a Rin Tin Tin, toparia com Daphne.

Daphne é baixinha e robusta, com nariz empinado e cabelos crespos castanho-avermelhados, costumeiramente presos num rabo de cavalo. Sua voz só pode provir de uma vida inteira dedicada ao cigarro. Suas atitudes são as de uma pessoa ao mesmo tempo enérgica, peremptória e insinuante, mas com um jeito de quem guarda ressentimento: ela parece o tempo todo atenta à questão de se você está ou não de acordo com ela. Sua história pessoal é povoada de amizades e parcerias que acabaram desfeitas. Alguns a diriam uma pessoa controversa ou, talvez mais simplesmente, sem papas na língua. Em um de nossos encontros, eu me perguntei, em voz alta, o que significaria o *B* de "Herbert B. Leonard". Ela não perdoou: "Essa é fácil! Babaca." Na época em que nos conhecemos, ela morava em Latexo, um lugarejo minúsculo nos arredores da um pouco menos minúscula Crockett, no Texas. Àquela altura, ela era a prefeita de Latexo, que contava aproximadamente 250 habitantes. Era também a editora-chefe do jornal local *Houston County Courier* e se preparava para inaugurar, em sua garagem, o primeiro museu Rin Tin Tin da história, com 8 mil itens ligados, de alguma maneira, ao cão. Era também fundadora e diretora-executiva da ARFkids, uma organização sem fins lucrativos que fornecia pastores-alemães de companhia para crianças autistas. O nome ARFkids era acrônimo de "A Rinty for Kids".

Daphne é divorciada e tem dois filhos adultos. Quando a visitei, ela morava com seus cães Miss Piggy, Xanada, Little Rin e Old Man — Rin Tin Tin VIII — numa casa pardacenta e acanhada de uma estrada sem nada de especial. Naquele fim de semana, ela estava entregando alguns filhotes a famílias associadas à ARFkids, reunidas em sua casa para se familiarizarem com eles, e dois outros a famílias que os compraram como animais de estimação.

Era um dia abafado, tão quente e úmido que o ar parecia zunir. Havia uma grande balbúrdia na casa, com filhotes brincando e latindo e crianças autistas indo e vindo entre os pais e os cães. Excitados com todo esse movimento, os cães presos no canil a todo minuto se arrojavam violentamente sobre as portas gradeadas de seus cubículos, produzindo um intenso fragor metálico. Daphne parecia não ligar para aquele caos: cuidava de seus negócios, gritando ocasionalmente com alguém para fazer isso e aquilo, ou mandando algum cão ficar quieto, e retomava a conversa que deixara em suspenso como se nada tivesse acontecido.

Convidou-me para entrar e disse que queria mostrar-me algo a respeito de sua avó. Com animais por toda a parte e toda aquela gente andando de um lado para outro, o caos era maior dentro da casa do que no quintal. Apresentou-me a alguns de seus cães — com destaque para Old Man, um pastor-alemão imenso e vagaroso, de cabeça maciça e pelagem abundante. Old Man era o queridinho de Daphne; foi quando eu soube que ela cogitava mandar empalhá-lo quando morresse. Era óbvio que ela adorava seus cães, mas os apresentou a mim com um aceno depreciativo, dizendo: "Aqui está, o picadeiro do meu circo mambembe." Então, agarrou um dos cães pelo focinho e ralhou: "Ei, tire já essas patas de cima da pia!"

🐾 🐾 🐾

De início, a história de Rin Tin Tin pareceu-me tocante e até mesmo um pouco triste, como uma velha cantiga. Isso se deve à presença da guerra nos primeiros capítulos e às atribulações da infância de Lee e sua consequente vulnerabilidade: quanto mais eu o conhecia, mais ele parecia perdido no mundo, salvo por sua ligação com o cão. Doía-me segui-lo, vê-lo apegar-se de modo cada vez mais profundo ao velho Rin, como se acreditasse ter exorcizado o fato doloroso de que nossos cães costumam morrer antes de nós.

Eis que, de repente, a história dá uma reviravolta. Depois de passar vários anos viajando entre o Texas e Los Angeles, comecei a desconfiar que as pessoas relacionadas a Rin Tin Tin que conheci, e de que ouvi falar, eram todas um pouco doidas — em certa medida os coadjuvantes e pessoal de apoio e, seguramente, os personagens principais da narrativa. Todos apresentavam uma faceta onde reluzia um fragmento de loucura. Uma paixão singular pode nos servir de diretriz em meio ao nosso mundo caótico, mas eu passei também a acreditar que desbravar uma trilha demasiadamente fechada nos faz perder o senso de proporção e equilíbrio e nos empurra para mais perto do abismo. Não se trata de que as pessoas passionais são loucas, mas de que, por necessidade, elas trocaram sua capacidade de descortino por uma visão mais estrita e focada capaz de dar ao seu mundo um perfil peculiar. Eu lembro que, enquanto ouvia as histórias de Sam Manners sobre o elenco do seriado da TV — um dublê que foi assassinado pela esposa, outro que contratou um detetive para espionar Bert —, o tempo todo eu pensava: caramba, tudo isso começa a me parecer um pouco insano. Era como se a narrativa começasse a fazer arabescos e se transformar numa comédia amalucada.

Eu mesma comecei a achar que estava saindo dos trilhos. Entrava em polêmicas toda vez que alguém equiparava Rin Tin Tin a Lassie ou me perguntava, o que era comum, se Rin Tin Tin era um só ou por que eu dedicara tanto tempo a escrever um livro sobre um cão. Uma tarde, fui a Los Angeles entrevistar um homem que colecionava produtos de programas de TV. Seu apartamento era escuro e abafado, com praticamente todas as superfícies ocultas embaixo de lancheiras *Leave It to Beaver* e miniaturas dos Smurfs. Ele tinha uma coleção de objetos, *memorabilia* de Rin Tin Tin que eu queria muito conhecer; para ver todas aquelas garrafas térmicas e conjuntos de Forte Apache, eu deixei de fazer algo mais convencional, como ir à praia, por exemplo. Aquele velho estranho e doce vivia sozinho e sabia de cor onde e quando conseguira cada item de sua coleção. Meu primeiro pensamento foi achá-lo estranho por dedicar-se a uma faina tão peculiar. Não podia imaginar-me tão completamente vidrada no que quer que fosse. Foi quando olhei ao redor do cômodo e me dei conta de que as únicas pessoas ali presentes eram o velho e eu.

Era inevitável que, a certa altura, Herbert B. Leonard e Daphne Hereford colidissem — e foi o que de fato aconteceu. Mas não tão rápido. Durante cerca de dez anos, cada um deles manteve a sua relação de amor particular com Rin Tin Tin, mais ou menos abstraído do outro, fora de seus respectivos caminhos para todos os efeitos. Enquanto Bert garimpava um projeto em Hollywood, Daphne cuidava dos cães de carne e osso — criando-os, promovendo-os, dando vida ao nome Rin Tin Tin.

11

Em 1984, Bert editou cinco episódios colorizados de *As Aventuras de Rin-Tin-Tin* para distribuir como longa-metragem, mas não conseguiu colocá-lo em cartaz nos cinemas. Um ano depois, no entanto, um novo canal de TV a cabo, a Christian Broadcasting Network, o procurou com a ideia de refazer o seriado com o órfão, o cão e a cavalaria da história original, mas com um novo elenco. Surpreendentemente, Bert recusou. Queria ver Rin Tin Tin estrelando um programa de TV, mas, por achar que a história da cavalaria estava obsoleta, disse à CBN que preferia fazer um seriado chamado *Rin Tin Tin K-9 Cop*, sobre um policial, Hank Katts, e seu talentosíssimo pastor-alemão. Katts morava com o sobrinho Stevie, cujo pai — irmão de Katts — era também policial, mas morrera em serviço. Para dar ao filho um pai substituto, a mãe do menino fora morar com Katts.

O pastor Pat Robertson, fundador da CBN, gostou da ideia e encomendou 22 episódios. O seriado, que veio a se chamar *Katts and Dog* no Canadá e *Rin Tin Tin K-9 Cop* nos demais lugares, não seria rodado na Califórnia, mas no Canadá. Embora feliz por ter um projeto finalmente realizado, Bert tinha agora um novo problema. Ele acabara de se casar pela quarta vez, aos 59 anos de idade, com uma moça de 25, Betty, e estava tão apaixonado que não suportava ficar longe de casa. (Mais tarde ele descreveu o seu relacionamento com ela como um vício.) O fato é que decidiu permanecer em Los Angeles e deixou o programa nas mãos de seus assistentes de produção no Canadá. Aborrecidos com a sua ausência, esses começaram a tramar sua exclusão.

Surgiu, então, outro problema. No meio da primeira temporada, Pat Robertson telefonou para dizer que alguns telespectadores haviam se queixado de que o programa era "obsceno" por mostrar um homem e uma mulher solteiros vivendo juntos, ainda que o seu relacionamento fosse absolutamente platônico. Bert perguntou a Robertson o que ele queria que fosse feito. "Eliminá-la", disse-lhe Robertson. Bert argumentou que o seriado era um sucesso, mas Robertson insistiu. Bert, que nunca reagira bem à autoridade dos executivos, decretou o "fim da linha", como escreveu numa carta a um amigo. "Saí do programa antes do fim do segundo ano." A personagem da mãe *foi*, de fato, eliminada, como exigira Robertson, e o programa contou mais uma centena de episódios. Bert, porém, teve pouco ou nada a ver com ele, salvo receber algum dinheiro pelos direitos do nome Rin Tin Tin.

Bert não sabia escolher suas batalhas. "Ele nunca conseguiu enfrentar o fato de que fizera uma grande besteira", disse-me Sam Manners. "Nem olhar o programa ele conseguia. Era doloroso demais."

Bert não deixou de criar ideias para a TV, como *Lady and Jo*, sobre uma caminhoneira que leva a filha com ela na estrada, e *On the Road Again*, uma nova versão de *Rota 66*. Outras não passavam de esboços, às vezes meros títulos escritos em folhas de papel: "Nova York ou Nada", "As Olimpíadas Nazistas", "Assassinatos no Trem Noturno". Em uma de suas caixas eu encontrei páginas de um roteiro em que colaborara com o veterano Walter Bernstein, intitulado *Rin Tin Tin — The Dog Who Saved Bert Leonard*, escrito a mão em papel pautado amarelo. O título pode ter sido o resultado de uma noite divertida ao lado de Bernstein, mas o conteúdo parecia indicar que era pra valer. Dizia:

1. Noite. Menino & Cão adormecidos. Ruído. O cão sai. Enfrenta um urso-pardo. Menino & Pai c/revólveres, matam urso. Cão ferido. Cuidam dele.
2. Cidade. Carroças entram na cidade para vender trigo. Dia péssimo. Choveu. No armazém, fica sabendo da corrida do ouro na Califórnia. Termina na cena 35) quem sabe o que pode acontecer?
3. Nota final: NÃO SE PODE DESISTIR. Mensagem do filme: menino prestes a desistir, mas o cão não o permitirá.

Mesmo enquanto escrevia isso, a tentação de desistir devia ser imensa. Sem rendimentos nem fundos no banco, Bert estava vivendo de dinheiro emprestado. Para culminar, descobriu-se que um de seus empregados o roubava, mas só depois de já lhe ter dado um prejuízo de quase 100 mil dólares, dinheiro que nunca recuperou. Fizera, também, um desastroso investimento numa franquia mexicana de produtos de beleza: quando ela faliu, Bert devia uma fortuna ao seu advogado, James Tierney, que lhe emprestara o capital. Sem dinheiro, para saldar parte do débito ele cedeu a Tierney suas cotas de propriedade de *Cidade Nua* e *Rota 66*. Deve ter sido muito doloroso renunciar a coisas de que tanto se orgulhava — dois terços do fruto do trabalho que fizera dele um notável sucesso em Hollywood. Contudo, ainda lhe restara Rin Tin Tin.

Tierney, um ex-promotor federal que passara ao setor privado como advogado da área de entretenimento em Los Angeles, detinha agora o controle de *Cidade Nua* e *Rota 66*, um golpe de sorte cinematográfico que nem por isso pôde salvá-lo de seus problemas. Um ano antes, em 1992, um cliente necessitado de dinheiro o procurara. O cliente possuía quadros valiosos, dentre os quais um Monet e um Picasso, que, segundo explicou, estavam segurados contra roubo no valor de 17 milhões de dólares. Tierney topou ajudá-lo. Conforme o combinado, Tierney entrou na casa do cliente, levou os quadros e os confiou a um jovem advogado de seu escritório, que por sua vez os escondeu num armazém em Cleveland.

Para desgraça de Tierney, o jovem advogado também tinha seus problemas, dentre os quais uma frívola ex-esposa que fora a primeira policial rodoviária da Califórnia a posar para a *Playboy*, uma namorada ciumenta e o vício do crack. Não bastasse, era obviamente incapaz de manter segredo: falou sobre os quadros roubados à ex-esposa e à namorada, que, por sua vez, contaram à polícia, cada uma na expectativa de derrotar a outra na corrida pela recompensa de 250 mil dólares oferecida por informações sobre o roubo. Preso, o jovem advogado entregou imediatamente Tierney à polícia. Tierney perdeu não apenas a liberdade, mas também a licença de advogado, a casa e o casamento. Quando o entrevistei, pouco depois de sua libertação, ele se arrastava, como que à deriva, dentro de um lúgubre apartamento em Santa Mônica, a quilômetros da casa que fora sua em Beverly Hills. Sem aparentar vergonha, ele me disse que um dos jurados a votar pela sua condenação o classificara como um homem disposto a pisotear a própria avó "se isso lhe rendesse um único dólar". Até o momento da queda, Tierney não apenas representava Bert, como lhe emprestava dinheiro para as despesas.

Os rendimentos de Bert haviam se esvaído por completo e suas dívidas se multiplicado, mas ele parecia não compreender a calamidade da situação. Um estúdio independente ofereceu-lhe 400 mil dólares para produzir uma série de filmes de Rin Tin Tin de baixo orçamento, direto para DVD. O projeto, no entanto, tal como *Won Ton Ton*, não atendia à sua ideia da dignidade de Rin Tin Tin. Mesmo desesperadamente necessitado de dinheiro, ele recusou. Depois, pediu ao mesmo estúdio 25 milhões de dólares para fazer um filme de Rin Tin Tin baseado em um de seus roteiros favoritos — um western épico chamado *River of Gold*.

12

Em 1993, Daphne enviou a Bert uma correspondência. Era a primeira vez que entravam em contato. "Sua dedicação a Rin Tin Tin durante todos esses anos é elogiável", escreveu. "A minha vem de muitos anos também. (...) Estou bastante interessada na revitalização de Rin Tin Tin e gostaria de discutir com o senhor as possibilidades. Vejo que Lassie e Benji estão, atualmente, fazendo longas-metragens e creio que um filme de Rin Tin Tin atrairia um grande público." Depois de relatar o relacionamento de sua avó com Lee Duncan, Daphne disse crer que a sua era uma das duas famílias — ao lado dos Duncan — dedicadas à preservação do legado de Rin Tin Tin. Interessava-lhe a possibilidade de se associar a Bert para recomeçar a carreira de Rin Tin Tin no cinema ou na TV. Achava, também, que Old Man — Rin Tin Tin VIII — era um "espelho" do cão que aparecia em *As Aventuras de Rin-Tin-Tin* e potencial astro de cinema. Ela mesma poderia trabalhar no filme com o cão. Preencheria, assim, o vazio deixado por Lee, ocupando o lugar que não fora oferecido a Carolyn e que o falecido Frank Barnes nunca reclamara.

Interpretando a carta de Daphne como uma ameaça mais do que como uma oferta de cooperação, Bert respondeu-lhe algumas semanas depois com uma espécie de notificação extrajudicial de seis páginas, escrita e assinada por seu advogado James Tierney. O nome Rin Tin Tin, explicava Tierney, "tem um significado secundário muito forte, muito vívido e amplamente reconhecido", que pertencia a Bert como parte de seus direitos autorais. Todo uso não autorizado constituía uma violação da sua propriedade. Daphne, porém, como titular das únicas marcas Rin Tin Tin registradas e expedidas pelo Departamento de Marcas e Patentes dos Estados Unidos, achava que não tinha com que se preocupar: ante a ausência de resposta de Bert à réplica de seu advogado, ela tirou o assunto da cabeça e continuou a fazer o que achava ser seu direito e obrigação: criar os filhotes e reunir todo o material ao seu alcance para inaugurar o primeiro Museu Rin Tin Tin do mundo.

Alguns meses depois de receber a notificação, Daphne foi contatada por Lee Aaker. Um fato inusitado, considerando que Aaker raramente fora visto desde que se encerrara o ciclo de *As Aventuras de Rin-Tin-Tin*, em 1959. Aaker tinha 16 anos na época, idade embaraçosa para um ator infantil, e não tivera sorte em sua busca por papéis adultos. Depois de uma temporada trabalhando como assistente de Bert em *Rota 66*, decidiu abandonar por completo o cinema. Do dinheiro que ganhara trabalhando em *As Aventuras de Rin-Tin-Tin*, só lhe restavam 20 mil dólares. Sua mãe, quando indagada, dizia "não saber" o que acontecera com o restante. Aaker trabalhou como carpinteiro e mudou-se, mais tarde, para Mammoth Lakes, uma estação de esqui a sete horas de distância no norte da Califórnia, perto da fronteira de Nevada, onde conseguiu um emprego de instrutor de esqui de crianças com necessidades especiais.

Como costuma acontecer com os atores infantis, circularam rumores sobre as atribulações de Aaker depois da suspensão do programa. Alguns diziam que ele se tornara viciado e traficante de drogas, outros que fora internado em um sanatório depois de um colapso nervoso. É difícil saber onde estava a verdade. Uma coisa, porém, era certa: ele já não trabalhava como ator em Hollywood, embora fizesse ocasionais aparições em festivais de cinema e exposições de colecionismo. Estivera, por exemplo, no Trem das Celebridades de um rodeio em Newhall, Califórnia, e dera autógrafos numa feira de colecionadores em Memphis. Não era incomum atores aposentados se apresentarem nesse tipo de eventos, para dar autógrafos e saudar os fãs. Outros membros do elenco de Rin Tin Tin, como Rand Brooks, Joe Sawyer e James Brown, fizeram esse circuito também.

O comportamento de Aaker era às vezes estranho, embora não a ponto de se tornar motivo de espanto. Depois que crescem, muitos atores infantis mudam a ponto de ficar quase irreconhecíveis. Aaker apenas mudara um pouco mais. Não tinha boa memória para detalhes do seriado e costumava reaparecer de repente depois de sumiços prolongados. Apesar de não ter seu número na lista e de ser quase impossível de encontrar, aparecia em coisas como o *All-American Cowboy Cookbook*, para o qual contribuiu com a Costeleta de Porco de Rusty, a Salada de Repolho com Nozes de Hoss Cartwright e o Espaguete Faroeste de Clint Eastwood.

Outras vezes, fazia esforços surpreendentes para entrar em contato com os fãs. Um dia, sem mais nem menos, telefonou para um colecionador de objetos de Rin Tin Tin conhecido meu, chamado Scotland McFall, para sugerir que fossem juntos a uma exposição de antiguidades. Entre surpreso e excitado, McFall aceitou o convite. Na exposição, Aaker se ofereceu para autografar um jogo de tabuleiro Rin Tin Tin à venda num estande; o negociante imediatamente dobrou-lhe o preço e o vendeu a um felizardo que vira Aaker assiná-lo. Minutos depois, McFall e Aaker toparam com Rand Brooks, que abandonara a carreira de ator e iniciara um bem-sucedido negócio de ambulâncias em Los Angeles. Brooks e Aaker trocaram gracejos.

Aaker veio de Mammoth Lake quando James Brown morreu, em 1992. Foi dele o elogio fúnebre nessa reunião sentimental dos membros remanescentes do elenco, a despeito de Brown ter dedicado os seus últimos anos a fazer campanha contra Rin Tin Tin, dizendo, por exemplo, aos jornalistas que os cães do programa de TV eram agressivos e intratáveis e que sua atuação em *As Aventuras de Rin-Tin-Tin* o privara de papéis mais importantes. Costumava, também, dizer que o Rin Tin Tin original, com o qual jamais tivera contato, não participara de nenhum dos primeiros filmes da Warner Bros., todos feitos com um animal desconhecido do vale de San Fernando. Contudo, na época do programa, Brown fora bastante ligado a todos os membros do elenco, especialmente Aaker. A verdade é que, para todos eles, a época passada nas locações poeirentas de Corriganville, filmando um episódio atrás do outro, fora muito divertida. O discurso fúnebre de Aaker foi uma rememoração coletiva daqueles velhos e bons tempos.

O telefonema de Aaker para Daphne foi, portanto, notável, mas não excepcionalmente peculiar, dado que ele parecia perfeitamente a par do que sucedera a Rin Tin Tin. Depois de dizer que adoraria ver o atual Rin Tin Tin, confidenciou a Daphne que planejava fazer uma aparição numa próxima feira de colecionismo hollywoodiano no hotel Beverly Hilton, e sugeriu que se encontrassem lá. Encantada, Daphne convenceu um amigo a pagar-lhe uma passagem aérea do Texas a Los Angeles com dois de seus cães, Old Man e sua companheira, Joanne, e uma seleção de sua coleção de objetos de Rin Tin Tin.

Era tudo perfeito — o encontro de Rusty com Rinty — e, para Daphne, parecia demonstrar a sua legitimidade como nova guardiã do legado de Rin Tin Tin. Havia, no entanto, um senão: Lee Aaker não era Lee Aaker, mas um homem de meia-idade chamado Paul Klein, mais ou menos da mesma idade de Aaker e — apertando-se bem os olhos — vagamente parecido com ele. Klein morava em Reseda, Califórnia, frequentava um bar chamado Cowboy Palace e se fingia, ocasionalmente, de policial. Havia anos se fazia passar por Lee Aaker nos Trens das Celebridades e sessões de autógrafos — com direito a discurso fúnebre em nome dos membros do elenco no enterro de James Brown.

A fraude foi desmascarada em 1993, ano em que Klein entrou em contato com Daphne, quando o ator Paul Petersen, astro do *The Donna Reed Show* e amigo íntimo de Lee Aaker, pegou Klein fazendo-se passar por Aaker numa sessão de autógrafos. O verdadeiro Lee Aaker foi, então, a público e aceitou dar uma entrevista para o tabloide *The Globe*. Disse que fora, de fato, viciado e traficante, que sofrera de paralisantes ataques de pânico e que estava limpo desde 1980. Vivia recluso, mas, de acordo com a revista, o impostor vinha "transformando a sua vida num inferno!".

Eu li essa reportagem com olhos céticos. Seria esse o verdadeiro Lee Aaker ou um segundo impostor queixando-se do primeiro? Eu ouvira de diversas fontes que Aaker morava na Califórnia; por que o artigo dizia que ele morava no Arizona? Eu estava segura de que ele era instrutor de esqui na neve para crianças deficientes; por que o artigo o qualificava de instrutor de esqui aquático? E por que ele daria uma entrevista aparentemente tão importante a um tabloide? E se, afinal, não era esse o verdadeiro Lee Aaker, que importância isso tinha? A própria história de Rin Tin Tin era repleta de situações obscuras, a começar pelo pai de Lee Duncan, cuja identidade fora moldada para adequar-se à história que Hollywood queria contar. O cinema e o teatro repousavam sobre a assunção da identidade — o poder que tem o indivíduo de escolher uma personalidade e usá-la como uma segunda pele. Verdadeira ou não, a nova versão de Lee Aaker me interessava menos do que o fato singular de alguém ter se empenhado tanto em se passar por ele.

Num livro sobre faroestes de cinema e TV chamado *White Hats and Silver Spurs*, Aaker — presumivelmente o verdadeiro — disse ao autor, Herb Fagen, que o que mais o aborrecia no caso Paul Klein era o fato de os demais membros do elenco de Rin Tin Tin terem-no aceito como verdadeiro. "Eles me disseram não saber [que ele era um impostor], mas fiquei chateado assim mesmo", disse a Fagen. "Eu tinha um excelente relacionamento com todos eles. Prefiro crer que foram enganados também."

Numa foto que descobri, havia, dentre as celebridades presentes a um festival de filmes de faroeste em Atlanta, vários membros do elenco de *Buffalo Bill Jr.*, um do elenco de *Maverick* e, abraçados, sorrindo para a câmera, James Brown e Paul Klein. A legenda descrevia Klein como Lee Aaker. Se eu fosse Lee Aaker e visse a foto de meu ex-colega, alguém com quem trabalhara intimamente durante quatro anos e que fora para mim quase uma figura parental, abraçado a um impostor, ficaria arrasada. Aaker chegou a ser processado por fazer-se passar por si próprio e obrigado a apresentar seu contrato com a Screen Gems, contracheques e cartão do Seguro Social para provar sua identidade.

Paul Klein morreu em 2007, depois de uma cirurgia abdominal. Uma pessoa que o conhecia "bem o bastante" deixou uma postagem numa página da internet descrevendo-o como "um sujeito bom e decente", mas acrescentando: "Conheço centenas de pessoas que pensam que ele era o menino de Rin Tin Tin. O engraçado é que os dois se parecem — mas nem tanto. Por isso, eu não sei a verdadeira história." Outro ex-amigo de Klein me disse, no entanto, que ele não era um sujeito assim tão decente. Além de trapaceiro, metera-se em várias encrencas por pequenos furtos e por tentar se passar por policial.

Eu nunca consegui entender o que teria motivado Klein a se deixar levar por essa fantasia e o que ganhava com ela. Dinheiro não era, com certeza, porque a maior parte dos eventos a que comparecia era gratuita e a maior parte do valor acrescido aos objetos que autografava, como o jogo de Rin Tin Tin, só beneficiava terceiros. Tampouco fama, no sentido mais amplo e reluzente da palavra — Klein viveu sua impostura décadas depois do auge de Aaker em Hollywood, quando esse, aliás, não passava de um semiastro, famoso apenas por associação. Eterno "menino do seriado de Rin Tin Tin", ele não conseguiria atrair mais do que um pequeno grupo de fãs a qualquer sessão de autógrafos em Hollywood.

Um ex-amigo de Klein me disse que ele usava a identidade de Aaker para pegar mulheres nos bares. Essa motivação não me parece, no entanto, suficiente, porque não dá conta da sua presença em festivais de cinema, exposições de colecionismo e, sobretudo, de seu discurso no enterro de James Brown. Eu imagino que Klein gostava de ver o brilho nos olhos dos fãs quando autografava gibis de Rin Tin Tin. Talvez o poder de emocionar o fizesse sentir-se importante ou o fato de conectar-se à história de Rinty lhe desse um vislumbre da imortalidade.

Daphne viu o artigo do *Globe* depois do telefonema do falso Aaker e percebeu que quase fora enganada. Depois, o verdadeiro Aaker a contatou. Assim como o falso, o verdadeiro Lee Aaker lhe disse que planejava estar presente na exposição de colecionismo hollywoodiano de abril de 1994, no hotel Beverly Hilton, e que gostaria de encontrá-la para ver o atual Rin Tin Tin. Daphne relata que foi a Los Angeles com os cães para encontrar-se com Aaker — o verdadeiro — e que passou horas trabalhando na montagem do estande. A exposição seria inaugurada no dia seguinte. A desagradável experiência de quase ter sido ludibriada parecia a ponto de ser compensada pela satisfação de conhecer o verdadeiro Lee Aaker. Contudo, a primeira pessoa a se dirigir ao estande de Daphne foi um oficial de justiça, que a notificou da existência, na justiça federal, de um processo contra ela movido por Herbert B. Leonard por violação da propriedade de Rin Tin Tin.

O modo como Lee Aaker chegou a Daphne foi extraordinário. Segundo Bert, Aaker estava num aeroporto do Texas quando ouviu uma mulher — Daphne — dizer que era dona de descendentes de Rin Tin Tin. Sem se identificar, Aaker a abordou para perguntar-lhe a respeito dos cães. Ela lhe deu um cartão de executiva da Rin Tin Tin Incorporated e eles almoçaram. "Na verdade", disse-me Daphne recentemente, "*eu* paguei".

Aaker, que conhecia Bert de longa data, ficou tão perplexo com o fato de Daphne se dizer proprietária da dinastia Rin Tin Tin que, depois do encontro, telefonou-lhe para relatar o fato. Bert ficou furioso. Ele e Lee Duncan nunca haviam sido adeptos de papelada — faziam seus acordos à maneira de Lee, com apertos de mão —, mas seu advogado lhe garantiu que o uso continuado do personagem Rin Tin Tin era tudo o que precisava para proteger seus direitos. Decidido a levar a questão aos tribunais, Bert pediu a Aaker para telefonar a Daphne, apresentar-se como o menino de *As Aventuras de Rin-Tin-Tin* — sem admitir que a conhecera no aeroporto — e atraí-la à Califórnia para que ela recebesse a notificação dentro das fronteiras do estado. A tática funcionou. Mas apesar da desagradável surpresa logo na primeira visita ao seu estande, Daphne acabou ficando na Califórnia para expor seus cães e seus suvenires e contar aos visitantes a sua versão da história de Rin Tin Tin.

13

Durante os dois anos seguintes, o caso *Leonard vs. Hereford* "pegou fogo", como diz Daphne. A questão central tinha, é claro, a ver com dinheiro — quem investira na construção do nome de Rin Tin Tin e quem tinha o direito de lucrar com a sua celebridade —, mas havia também uma disputa moral pela custódia do legado de Rin Tin Tin. O que teria Lee, o fundador da estirpe, desejado para o cão? Tanto Eva quanto Carolyn sugeriram, em seus depoimentos, que Lee via Bert como seu herdeiro.

Bert, em seu depoimento, fervia de ódio. A gravação que encontrei em seu boxe o mostra tamborilando impacientemente na mesa, virando os olhos, como alguém que se sente abjetamente apunhalado pelas costas. A certa altura, o advogado de Daphne lhe pergunta: "Manter o nome de Rin Tin Tin em evidência para que todos os meninos e meninas pudessem amá-lo tanto quanto o senhor e Lee Duncan era, em sua opinião, uma boa ou uma má ideia?" E Bert responde:

> Eu estou tão indignado com toda essa situação que não sei lhe dizer. Tudo o que sei é que essa mulher perdeu totalmente a cabeça, que durante os últimos setenta anos eu e Lee Duncan demos boa parte da nossa vida e gastamos milhões de dólares para perpetuar (...) para criar o nome, o título, a imagem, a índole e a aparência exterior desse cão. E aí me aparece uma mulher de Peoria, Texas, arrogando-se o direito de usar o nome Rin Tin Tin (...) esse seu mercantilismo absurdo e ridículo é, pura e simplesmente, roubo. Ela deve ser parenta de Jesse James.

A altercação continuou, feroz. O advogado perguntou a Bert, uma vez mais, se ele achava que manter Rin Tin Tin "em evidência" entre os meninos e meninas era uma boa ideia, e ele respondeu: "Eu fiz isso durante quarenta anos, e Duncan durante muito tempo antes de mim."

"Então o senhor diria que é uma boa ideia?", perguntou o advogado.

"Nós adotamos essa ideia", replicou Bert.

"Por quê?"

"Porque", disse Bert, vagarosamente, "nós (...) pensávamos — eu, pessoalmente, achava que essa era uma excelente maneira de contar pequenas histórias morais. Por isso Rin Tin Tin foi um grande sucesso: durante todos esses anos, ele veiculou experiências de vida simples e positivas que expressam a mais autêntica recompensa pelas boas ações, o amor e a relação com o cão, o menino, a cavalaria e tudo o que há de positivo na vida americana. E fizemos isso não apenas... não era só uma questão de dinheiro. Eu sempre acreditei que, se você fizesse uma coisa que valesse a pena, ganharia muito dinheiro. E era esse o objetivo, fazer uma coisa maravilhosa com que as pessoas se identificassem, algo de que elas gostassem, e daí viria o sucesso e todas as demais recompensas, morais e financeiras. Foi por isso que eu adotei Rin Tin Tin".

Repassando em minha mente os muitos capítulos da história de Rin Tin Tin, eu os classifiquei por períodos — O Encontro do Filhote na Primeira Guerra Mundial, Estourando em Hollywood, A Mudança para Riverside e assim por diante. A disputa entre Daphne e Bert nos tribunais marcaria o começo do período Processos sem Fim. Na época, Bert estava acionando os produtores de *Rin Tin Tin K-9 Cop* por excluí-lo do programa. O município de Pearland, Texas, onde morava Daphne, a processara por manter um número excessivo de cães em sua propriedade. Pouco depois, Bert voltaria a acionar Daphne pelos direitos de propriedade da marca Rin Tin Tin em alimentos caninos, e a Columbia Pictures pelos mesmos direitos relativos aos "serviços de entretenimento". Por arcanas razões de direitos autorais e também pelo fato de Bert lhe dever uma fortuna, a Sony Pictures o processara por tentar lançar como filme os cinco episódios colorizados do programa de TV. Eram tantas ações que eu desisti de segui-las. Todas pareciam resumir-se a duas questões: uma, simples — quem era proprietário de Rin Tin Tin —, e outra, complicada — o que era Rin Tin Tin depois que o cão, nascido em 1918, assumira uma multiplicidade de formas?

O que era Rin Tin Tin em 1923? Em 1983? Em 2003? O que é Rin Tin Tin hoje? O que será Rin Tin Tin amanhã? Um simples cão encontrado por acaso num campo de batalha francês? O conjunto de qualidades que determinado cão tinha a capacidade de projetar como astro de cinema? A mascote do Exército na Segunda Guerra Mundial? Um personagem de histórias em quadrinhos, livros infantis e revistas para colorir? Um cão ficcional da década de 1890 que acompanhava um regimento de cavalaria? Os filhotes do cão achado no campo de batalha? Qualquer mercadoria decorada com imagens de um pastor-alemão? Um conceito abrangente, como Cão Herói ou Lealdade Personificada? Seria Rin Tin Tin, como disse Bert numa tentativa de definir o que acreditava ser sua propriedade, "o cão real, a sua aparência e quaisquer de seus talentos traduzidos em mercadorias, publicidade e subtexto do que o cão representava"? Seria Rin Tin Tin tudo isso e muito mais? Como poderia essa vasta gama de manifestações ser propriedade de alguém?

Apesar de desestimulante, essa digressão da narrativa de Rin Tin Tin pelos tribunais às vezes me parecia apropriada a um país que, nos últimos vinte anos, se tornara maníaco por litígios. Qualquer disputa que no passado poderia ser resolvida pelo senso comum, ou por critérios de ética e justiça, agora parecia demandar exércitos de advogados e chorrilhos de ações judiciais. Lee Duncan nunca teve advogado nem agente e era avesso a assinar contratos. Seu aperto de mãos era a sua palavra. Lee era um homem com um cão e uma ideia e nunca lhe passou pela cabeça que as coisas pudessem ser mais complicadas do que isso. Sob muitos aspectos, o mundo a que ele pertencia era também descomplicado.

Todavia, Rin Tin Tin se tornara uma entidade complexa, acompanhando a transformação do negócio do entretenimento em uma vasta indústria: personagens viravam marcas, filmes viravam franquias e a advocacia entrava em cena para coreografar a estrutura e o conteúdo de tudo isso, acrescentando, a algo já suficientemente emaranhado e caótico por natureza, a sua particular capacidade de confundir. Daphne parecia o tempo todo envolvida em ações judiciais; no boxe de Bert, eu encontrei caixas abarrotadas de depoimentos, resumos, moções e documentos judiciais de todo tipo. Perguntando-me, muitas vezes, como teria reagido Lee Duncan à disputa entre Daphne e Bert, eu o imaginei na sala de audiências a ouvir, boquiaberto, a definição de um advogado sobre o que estava acontecendo com Rin Tin Tin: "Vamos estipular que temos uma estipulação."

14

A primeira disputa judicial entre Bert e Daphne foi resolvida em 1996, com um curioso acordo entre as partes: Daphne cedeu a Bert os direitos à marca Fã-Clube do Rin Tin Tin. Eu não compreendo por que ele o aceitou, uma vez que não tinha interesse em dirigir um fã-clube. Talvez privá-la de pelo menos um de seus registros de marca significasse, para Bert, marcar um tento na luta pelo controle do legado.

Todavia, o efeito mais significativo da ação parece ter sido o de atrair a atenção de Bert de volta a Rin Tin Tin. Nesse mesmo ano, ele montou um extenso e detalhado projeto de investimento para "Rin Tin Tin — o Filme". Não era a história de Lee Duncan — que ainda pretendia fazer —, mas a sua obra magna *River of Gold*.

O roteiro de *River of Gold*, desenvolvido em parceria com Stephen Harrigan, era a história das lutas e aventuras de uma família de fazendeiros do fim da década de 1860 ao lado de seu cão, Rin Tin Tin. De acordo com Max Kleven, era a versão de Bert de *E o Vento Levou*. "Ele queria um filme grandioso e abrangente", disse Kleven. "Fazendeiros do Kansas, fome — algo épico."

Na cabeça de Bert, tratava-se de um filme sobre a lealdade. Rin Tin Tin fazia o papel do "grande cão herói americano (...), modelo de bravura, lealdade e coragem contra o mal sob todas as suas formas. O filme (...) abarca todos os valores humanos e morais". Ele acreditava que o filme seria capaz de restaurar a fama de Rin Tin Tin entre "*baby boomers* na faixa dos 40-50 anos, com cujos filhos e netos hão de querer compartilhar seu cão herói favorito. Não podemos permitir que o filme os decepcione".

Em 1994, os estúdios Disney lhe pagaram 100 mil dólares por uma "vista inicial" no roteiro, com a promessa de mais 1 milhão caso decidissem comprá-lo. Um estímulo e tanto. E um retorno, também, aos velhos tempos em que Bert tentava vender *As Aventuras de Rin-Tin-Tin* à Screen Gems — a mesma empolgação e os mesmos atritos. Na véspera de um de seus compromissos com a Disney, Bert rabiscou para si próprio um lembrete: "Em reuniões com a Disney para tratar da história, o tom a atitude não podem ser defensivos! Sente-se e OUÇA."Tudo parecia caminhar bem, até que, em abril daquele ano, Frank Wells, um ex-executivo da Warner Bros. que se tornara presidente da Disney e era o patrocinador do projeto, morreu num acidente de helicóptero. Assim como vários outros roteiros, *River of Gold* acabou sacrificado na disputa entre o CEO Michael Eisner e o diretor de estúdio Jeffrey Katzenberg pelo cargo de Wells. A decisão final da Disney foi simplesmente deixar vencer a sua opção sobre o roteiro.

Bert o levou, então, a Hollywood. Tal como, setenta anos antes, Duncan fizera com o seu cão, Bert ofereceu a sua história de porta em porta na esperança de que alguém enxergasse nela a eletricidade, o viço e as imensas possibilidades que ele lhe atribuía.

River of Gold foi educadamente recusado pela Warner Bros., pela Paramount e pela Fox. O recente fracasso de um longa-metragem de Lassie os fazia supor que, em 1994, havia pouco interesse por filmes de cães. "O filme de Lassie merecia morrer. Era ruim", escreveu Bert em seu projeto, à guisa de contra-argumento. Persistente, ele expôs suas razões a um investidor privado: "Não gosto de palpites, mas (...) meu instinto me diz que podemos chegar a uma cifra de milhões de dólares. Quando se pensa que Rin Tin Tin foi, tanto quanto vários de seus contemporâneos de duas pernas, um grande astro do cinema mudo e dos primeiros filmes falados, vem a pergunta: o que impede que essa história se repita?"

Um executivo da New Line Cinema achou que *River of Gold* conflitava com um roteiro em desenvolvimento chamado *Neve pra Cachorro*. Com evidente exasperação, Bert respondeu: "Os huskies de *Neve pra Cachorro* são não personalidades. *River of Gold* traz um ícone americano — e mundial: Rin Tin Tin." Investidores britânicos ficaram tentados ("Bert, o projeto nos parece maravilhoso"), alguns pequenos estúdios se interessaram ("O roteiro é uma agradável surpresa (...) daria um belo filme da Alcon"), mas o fato é que ninguém quis comprá-lo.

A certa altura, a Disney propôs a Bert comprar Rin Tin Tin — não um roteiro, mas tudo o que Bert possuía relacionado ao cão: os direitos sobre o personagem; os roteiros dos quatro filmes já escritos; também os direitos sobre o livro de James English *The Rin Tin Tin Story*, propriedade de Bert; todas as revistas em quadrinhos e livros infantis de Rin Tin Tin; os episódios de TV, em preto e branco, sépia e colorizados; a pequena participação de Bert nos 106 episódios de *Rin Tin Tin K9 Cop*, e o direito de desenvolver novos filmes e programas de TV com Rin Tin Tin.

A oferta era generosa — cerca de 5 milhões de dólares, segundo me disse seu ex-advogado, Tierney, o suficiente para Bert pagar todas as suas dívidas e seguir vivendo confortavelmente, mas não para demovê-lo. "Não estou preparado para me aposentar", disse à sua sobrinha Patty. "Ainda posso fazer um ou dois filmes e pelo menos um seriado de sucesso com a franquia Rin Tin Tin."

Enquanto os roteiros descansavam numa caixa, intocados, as dívidas se multiplicavam. Em 2003, Bert devia 600 mil dólares a um de seus advogados e 100 mil dólares a outro; a Irvin Kershner, que aceitara dirigir *River of Gold*, devia mais de 100 mil dólares emprestados para despesas correntes; a Stephen Harrigan devia 50 mil dólares pelo roteiro de *River of Gold*, e, para culminar, Max Kleven, com quem tinha uma dívida de 350 mil dólares, obtivera na justiça o prazo-limite de 1º de dezembro de 2003 para receber o pagamento. Caso Bert não o fizesse, perderia para Kleven todos os direitos sobre quaisquer projetos futuros baseados em Rin Tin Tin. Para Bert, era o fim de toda esperança. Se perder os direitos sobre projetos passados fora doloroso, perdê-los sobre os projetos futuros era simplesmente o fim. Como ele mesmo disse ao seu advogado: "Tudo o que me restou de uma vida inteira de trabalho foi Rin Tin Tin."

Bert optou, então, por ceder meia propriedade de Rin Tin Tin — uma perspectiva torturante, mas que começava a tomar o aspecto de necessidade absoluta. Voltou, pois, à Disney, na esperança de interessá-los com a oferta de 50% de tudo por 5 milhões. "Rin Tin Tin é um grande ícone americano à espera de renascer, com toda a sua glória, para as crianças e famílias do século XXI", escreveu a Michael Eisner, presidente da Disney, com a ruidosa confiança de costume. Nesse ponto, porém, ele mudou de tom, como que se despindo de toda valentia para ficar nu no meio do palco. "Rin Tin Tin é como uma relíquia de família", escreveu, "o primogênito a que não se quer renunciar, ainda que seja o momento.

Todo bom pai quer o melhor para o seu filho e é por esse motivo que lhe escrevo esta carta".

Só que a Disney não estava mais interessada. Depois de fazer contato com vinte outras empresas de mídia para oferecer os 50% da sua parte, o agente de Bert resumiu o resultado num memorando sem rodeios: "Cabe observar que, nas vinte reuniões que fizemos até agora, a opinião unânime foi a de que 5 milhões é um preço muito alto. A Classic Media" — empresa proprietária dos direitos de *Lassie* e *O Cavaleiro Solitário* e que parecia ser uma provável compradora — "considerou muito superestimado o valor do patrimônio de Rin Tin Tin, pelo qual não oferece mais do que 500 mil dólares".

Para Bert, deve ter sido um baque. O tempo estava contra ele e, talvez, contra Rin Tin Tin. Embora ainda tivesse o mesmo rosto infantil e os olhinhos apertados e sorridentes que lhe davam a aparência de um homem de 55-60 anos, a verdade é que já passara dos 70, deixando muito para trás o bem-sucedido e "angelical proprietário-produtor" recém-chegado a Hollywood. Ele e Betty tinham duas filhas pequenas, o que significava um total de seis filhas para sustentar. Acabou vendendo — abaixo do preço — a casa de Los Feliz e mudou-se com Betty e as duas filhas para Reno, um lugar mais acessível.

A mudança pode ter sido, também, uma tentativa de salvar seu casamento, um relacionamento tumultuado onde não faltavam cinzeiros ao ar e pratos ao chão. Embora se queixasse de que Betty era menos apegada a ele do que aos seus jovens amigos, Bert continuava inapelavelmente apaixonado por ela. No projeto do filme de Rin Tin Tin ele incluiu, entre centenas de planilhas e projeções financeiras, uma página inteira com fotos do casal abraçadinho, o seu cabelo louro esbranquiçado pelo reflexo da câmera. Eles acabaram se divorciando, mas por pouco tempo: casaram-se novamente depois. Como nada mudou, separaram-se outra vez. Betty ficou com a casa em Reno. Não podendo arcar com o custo de um lugar para si, Bert foi obrigado a morar em casas de amigos e parentes. Depois de alguns dias abusando da hospitalidade de um sofá, ele enfiava as roupas e caixas de documentos em seu Mazda duas portas e se mudava para a casa seguinte.

15

Por coincidência, nessa mesma ocasião, Daphne também estava na rua. Depois de sair de Pearland, a cidade que se queixara do excesso de cães em sua propriedade, ela se mudou para a fazenda de um amigo, criador de animais de raça, de onde acabou saindo depois de uma altercação causada, segundo suas próprias palavras, por uma "diferença de opiniões a respeito da importância do legado de Rin Tin Tin".

Tendo um El Dorado conversível, todo o tempo do mundo e, acima de tudo, a inabalável ambição de chamar a atenção para os seus Rin Tin Tins, Daphne decidiu viajar pelo país com seu gato e seus três cães favoritos — Rin Tin Tin VIII, Joanne e Gayle — em uma turnê de dez meses por exposições caninas, lojas de animais, hospitais infantis, desfiles e quaisquer outros lugares onde houvesse interesse por Rin Tin Tin.

Quem fosse capaz de abarcar num relance toda a história de Rin Tin Tin veria que, nesse momento, Daphne, Bert e Lee finalmente dançavam a mesma música, uma harmonia fortuita que começara em 1922 e ainda pulsava mais de sete décadas depois. Cada um deles se assumira como um mensageiro encarregado de transmitir a mesma história — quer fosse batendo de porta em porta em Hollywood com o cão agachado ao seu lado, trabalhando num Mazda duas portas para trazê-lo à vida num roteiro, ou viajando num El Dorado conversível com ele esparramado no banco de trás.

Todo mundo gostava de Bert — foi o que ouvi inúmeras vezes. Nas palavras de Tierney, ele transmitia "a melhor primeira impressão que se podia ter de uma pessoa". Um parceiro de negócios o considerava "um admirável tratante" e "um homem imensamente convincente; não havia no mundo quem não gostasse dele". Apesar de tê-lo conhecido somente por meio de lembranças de terceiros e de resíduos materiais deixados nas pilhas de caixas do boxe 3482, eu passei a gostar dele também. Bert era impetuoso e engraçado; até a sua beligerância tinha certa dignidade. Adorava roteiristas e detestava burocratas. Trapaceava por dinheiro, devia a Deus e o mundo, mas não fazia nada por mal — estava o tempo todo a um fio de cabelo da oportunidade seguinte, que resolveria todos os seus problemas e lhe permitiria pagar todas as suas dívidas. Acreditava em princípios. Almejava o sucesso, mas queria fazer a diferença. Queria que Rin Tin Tin contasse contos morais que divertissem as crianças e lhes ensinassem, ao mesmo tempo, algo importante sobre a vida. Usou *Cidade Nua* para examinar pessoas comuns que se haviam afastado da sociedade e *Rota 66* para capturar o autêntico sentimento norte-americano da década de 1960, não a sua versão cinematográfica. Não teve medo de fazer um programa de TV com um núcleo descentrado e itinerante que retratava, com sua ausência de propósito, coisas verdadeiras acerca dos jovens da época. Bert não gostava tanto dos cães quanto das ideias e histórias que Rin Tin Tin trazia dentro de si.

Continuava trabalhando, mesmo na humilhante situação de sem-teto. Ainda em 1986, associara-se ao roteirista Chris Canaan para escrever um roteiro intitulado *Calexico*, que o diretor Bob Fosse cogitava transformar em filme na época em que morreu. O protagonista de *Calexico* era Sam Maclaine, "um homem vibrante, mas alquebrado" que descera ao fundo do poço em Hollywood, mas tentava de tudo para se reerguer. "Não me chame de história, garoto!", grita Maclaine em uma cena. "Mortos são história!" Mais adiante, ele diz: "Escuta aqui, otário, eu fui parar na privada porque jovens cretinos e sem nenhum talento como você abriram fábricas de merda por toda Hollywood."

Parte do fascínio de Bert provinha desse otimismo belicoso que alentava o seu ímpeto e a sua convicção de que tudo o que tocava era, por definição, excelente. "Há sessenta anos eu sobrevivo no mundo do cinema e da TV; já passei por muitas épocas de seca", escreveu ao seu advogado em 2002, dando a entender que a seca de então era apenas uma fase ruim que logo iria superar, mesmo vivendo de dinheiro emprestado para a comida e a gasolina. Sua terceira esposa, Jenny Cobb, "veio me resgatar", como ele mesmo disse, oferecendo-lhe um lugar para ficar durante algum tempo a cada vez. Havia, porém, momentos em que não conseguia se reanimar, em que começava a soar anormalmente derrotado. "Para um homem que já foi muito rico e bem-sucedido, não é nada fácil", escreveu, uma vez mais, ao seu advogado. "É difícil consegui emprego aos 79 anos; na minha profissão, eu diria que é impossível. A lamentável verdade é que estou quebrado. Renda zero. Um grande talento num corpo velho. Pode ser que eu ainda dê a volta por cima, pode ser que não."

16

Bert não esquecera a promessa feita a Eva de levar às telas a história de Lee. Numa das últimas cartas que lhe enviou, escreveu: "Eu tenho tentado vender a história de Rin Tin Tin. (...) Ainda não consegui, mas sinceramente creio que existem possibilidades." Valia-se de sofás e cafeterias para dar sequência a *Rin Tin Tin and Me*, um texto em que trabalhava havia cinco anos. O texto, a ser posteriormente transformado em roteiro, partia do vínculo entre o homem e o cão, "tecido com a simplicidade e a solidão das primeiras experiências de Duncan", para explicar como a "sua carreira, que subira como um foguete ao pináculo da fama, chegara a um infame desenlace".

A história tinha contornos similares aos da vida de Lee, embora o personagem não fosse, na verdade, Lee. Aqui, o personagem era mais ousado e arrogante do que fora o verdadeiro Lee, mas também, nas palavras de Bert, "incrivelmente fraco e impressionável com as mulheres, sobretudo as bonitas". Era como se Bert estivesse enxertando parte da sua personalidade em sua versão cinematográfica de Lee Duncan, para satisfazer o mesmo tipo de ambição — dar à sua vida um ordenamento lógico, fazer dela uma história e levá-la às telas para que adquirisse a amplitude e o fulgor de um mito. Era a sua versão do Quarto das Recordações — na forma de um filme, onde sempre se sentira mais à vontade.

Um dos rascunhos dizia: "Em 1921, Lee Duncan era um veterano da Primeira Guerra desempregado, sem nenhuma experiência em treinamento de cães. Mas tinha sonhos e tinha Rin Tin Tin. E tinha imaginação. Começamos, pois, com uma fábula (...)."

No fim de 2002, numa consulta dentária de rotina, Bert soube que tinha um corpo estranho na garganta. Um exame mais detalhado revelou tratar-se de um tumor maligno. O primeiro médico consultado julgou que não havia nada a fazer e que só lhe restavam alguns meses de vida. O segundo, no entanto, tinha uma opinião mais de acordo com o seu sentimento de que não estava pronto para morrer. Feita a cirurgia e a quimioterapia, Bert pareceu curado. Ainda convalescente, quis voltar a trabalhar em *River of Gold* e *Rin Tin Tin and Me*. Passava muitas horas com sua sobrinha Patty e seu amigo Rob Stone tentando imaginar algo que pudesse criar com base nos direitos de Rin Tin Tin que lhe restavam. Queria trabalhar, montar um projeto, mas parecia também um homem em busca do balanço final. "Eu cometi muitos erros", disse a Stone. "Mas fui muito bem." Ative-me aos princípios. Eu quero tudo, mas ainda quero fazer o que quero fazer. Não me dou por vencido. Não tenho queixas do mundo. Sou um sujeito de sorte, fiz as coisas em que acreditava. Tomei, é verdade, algumas decisões absolutamente estúpidas, mas, bem, eu era um bocado divertido, sabe?"

Em 2005, o câncer reapareceu. Dessa vez, a cirurgia previa a remoção da laringe. Ele escreveu um bilhete a Patty dizendo: "Eu sou durão, mas tenho 83 anos. Estou apavorado." Foi morar por um tempo com Max Kleven. Mesmo fraco e esquelético, pesando apenas 62 quilos, seguia trabalhando em seus roteiros: imaginá-los como filmes realizados o mantinha vivo.

À noite, Kleven lia para ele, em voz alta, trechos de *River of Gold* e *Rin Tin Tin and Me*. As lágrimas lhe rolavam pela face. Patty contratou uma enfermeira, Maria Briseno, para ficar na casa de Kleven cuidando de Bert. Em bilhetes às suas filhas, Bert dizia que Briseno era o seu anjo e que não poderia mais viver sem ela. Uma tarde, Patty foi à casa de Kleven para uma visita-surpresa e, ao entrar na sala, deu com Bert e Maria dançando de rosto colado ao som de Frank Sinatra.

Sobreveio uma piora, que o obrigou a deixar a casa de Kleven para ir morar com a filha, Victoria. Ainda trabalhava em seus roteiros e reeditava episódios de *As Aventuras de Rin-Tin-Tin*, indicando, por meio de gestos e bilhetes, o que queria que fosse mudado. Um amigo que tinha acesso a uma sala de edição o ajudou. Concluído o trabalho, levou o resultado para Bert assistir.

Bert morreu em 14 de outubro de 2006, na sala de estar da casa em que moravam sua ex-esposa Jenny e sua filha Gina. Quase todas as filhas estavam lá. Sam Manners esperava encontrar milhares de pessoas no enterro: afinal, Bert Leonard fora uma figura célebre na cidade. Pouca gente, no entanto, compareceu. Os presentes receberam um cartão com uma foto do jovem Bert, em pé, na frente de um avião. Muitos dos que o haviam conhecido em sua época de Midas hollywoodiano morreram antes dele, voltaram-se contra ele ou simplesmente o esqueceram. Mas a sua obra era maior do que isso. Milhões de pessoas em todo o mundo foram tocadas pela história do menino e do cão por ele concebida durante um intervalo de almoço em Corriganville.

Em seu testamento, Bert deixou dinheiro para as filhas e a ex-esposa Jenny, e uma determinação para que 10% de seu patrimônio fosse destinado à família Duncan e outra pequena porção a Douglas Heyes, autor da maioria dos episódios de *As Aventuras de Rin-Tin-Tin*. Só que não havia dinheiro. Em sua conta bancária não havia sequer o suficiente para as despesas do enterro. O gesto foi puramente simbólico: Bert sabia perfeitamente o que tinha e o que não tinha, quanto devia e a quem, pois o deixara registrado às margens de inúmeros documentos e anotações. Mas jamais perdeu a esperança de que tudo se acertasse com uma virada da sorte. O testamento foi, quem sabe, um último aceno aos dois homens que estiveram ao seu lado quando tudo estava em seu lugar, quando o mundo inteiro ouvia a história que ele estava contando.

"Não parece um conto de fadas?", perguntou Bert a Rob Stone numa longa conversa que tiveram pouco antes da cirurgia que levou embora a sua voz. "Mas é tudo verdade. A minha vida foi construída com algo mais do que dinheiro. Eu acho... que ela foi construída com sonhos. Eles eram importantes para mim. Tudo foi importante para mim."

17

No dia em que fui à casa de Daphne, saí com as famílias da ARFkids e os compradores de filhotes e fomos todos juntos, em carros lotados, à feira agropecuária local para assistir a uma exibição de agilidade de dois cães. A arena era uma construção aberta, com vigas altas e teto íngreme que propiciam aos pássaros todo o conforto de um condomínio residencial, de modo que havia sobre as nossas cabeças uma grande algazarra de chilreios, bater de asas e alisar de penas. Sobre as arquibancadas, uma placa lembrava que a arena era "O Lugar de Descanso de Wimpy — O Garanhão Campeão de 1941 da Exposição do Sudoeste e Feira do Boi Gordo de Fort Worth". Além de esclarecer que Wimpy tinha bom temperamento, resistência e inteligência, a placa parecia indicar que ele estava enterrado no terreno à nossa frente — uma ideia desconcertante, mas que não consegui interpretar de outra maneira. Na arena, os cães saltavam obstáculos e obedeciam a comandos de buscar objetos, sem tirar os olhos de seus treinadores. As crianças da ARFkids — algumas silenciosas e retraídas, outras, dentre as quais duas gêmeas de cabelos claros que rodavam como piões — ora observavam os cães enquanto pulavam e se remexiam, ora os deixavam de lado para apontar os pássaros encarapitados nas vigas e outros se esfregando na poeira debaixo dos estandes.

O homem sentado ao meu lado era um dos compradores dos filhotes de Daphne. Seu nome era Herbert Molina. Morava na Flórida, mas nascera e crescera no Peru, vendo *As Aventuras de Rin-Tin-Tin* na TV. Na planilha das vendas internacionais do seriado que tive a oportunidade de consultar, o Peru estava perto do topo. Molina tinha mais ou menos a minha idade e eu percebi que a única coisa que a nossa infância tinha em comum — a dele em Lima, a minha em Cleveland — eram as muitas horas passadas diante da TV assistindo a *As Aventuras de Rin-Tin-Tin*. Molina vestia camisa social, que desabotoou enquanto conversávamos para me mostrar a camiseta de pastor-alemão que trazia por baixo. Disse que, depois de passar a vida inteira esperando para ter um Rin Tin Tin, mal podia acreditar que estava levando um para casa. "Eu acho", disse ele, erguendo as sobrancelhas, "que fui um pastor-alemão em outra encarnação".

A reencarnação e a transubstanciação estavam em toda parte ao meu redor ou pelo menos assim me parecia. Durante o depoimento de Eva Duncan no caso *Leonard vs. Hereford*, perguntaram-lhe se ela conhecia possuidores de grandes coleções de objetos de Rin Tin Tin. "Sim, eu conheci uma moça, mas não recordo o nome", respondeu Eva. "Ela dizia que o seu cão era — como é que se diz? — um reencarnado, uma reencarnação de Rin Tin Tin."

"Então o Rin Tin Tin original reencarnou no cão?", perguntou o advogado de Daphne.

"Sim, no cão dela", respondeu Eva. "Ela nos escrevia pilhas de cartas falando dele. E colecionava todos os objetos de Rin Tin Tin que encontrava pela frente."

"Nossa mãe!", disse o advogado. "Então já não estamos falando de linhagem. Estamos falando de outra coisa. Estaríamos falando de sucessão espiritual?"

"Sim, de reencarnação", disse Eva. E acrescentou, depois de um momento: "Tem muita gente tola nesse negócio."

Durante os anos em que estive em contato com Daphne, houve momentos em que ela pareceu apreciar o meu interesse em preservar e estender, à minha maneira, o legado de Rin Tin Tin. Mas houve também momentos em que sofri o mesmo que sofreram muitas pessoas ao seu redor, a saber, a sua indignação e revolta contra algo que eu teria feito ou dito que lhe soava como uma ameaça ao seu domínio sobre Rin Tin Tin. Em um desses períodos de raiva, ela me escreveu uma carta censurando-me por algo que eu dissera a uma pessoa. Num acesso de cólera, a carta terminava com a eletrizante declaração: "Eu sou Rin Tin Tin."

Por ocasião da minha visita, estávamos de bem. De modo que, depois da demonstração de obediência, retornamos à sua casa para a inauguração do museu. Parte do acervo eram coisas que Daphne colecionara, parte provinha da coleção de Edythe Shepard e seu marido, Shep, um casal que começou a juntar miniaturas de pastores-alemães depois de ver uma estátua num brechó de garagem. Após uma breve cerimônia no gramado, Daphne abriu as portas do museu e todos entraram. Havia várias prateleiras de pastores-alemães de porcelana, cerâmica, ferro, bronze e vidro, pastores de pelúcia de todos os tamanhos, cerâmicas e porcelanas decoradas, livros, fotos e pôsteres de Rin Tin Tin, além de quadros a óleo, retratos, bordados e certificados de pedigree. Percorri todo o lugar, parando a cada passo para examinar uma versão de Rin Tin Tin totalmente nova para mim.

Num canto escuro da garagem, localizei, sobre uma prateleira, algo que me parecia familiar. Fui correndo ver. No fundo da prateleira, encostada à parede, havia um exemplar do Rin Tin Tin da Breyer, com sua pelagem ondulada e postura vigilante — o Rin Tin Tin do meu avô, objeto do meu enlevo e da minha frustração, vítima de um fim trágico. Hesitei em olhá-lo de perto, consciente de que na vida real ele não poderia ser tão grande, maravilhoso e desejável quanto na minha lembrança, de que só uma coisa lembrada pode permanecer intacta, perfeita, vívida e pujante.

Reconsiderei, porém. Algumas semanas depois de retornar do Texas, achei pela internet um Rin Tin Tin da Breyer e o comprei — para colocá-lo em minha mesa de trabalho, onde está até hoje. Tê-lo conseguido foi um tanto gratificante, mas decepcionante também: se por um lado solucionou uma equação aberta em minha vida, por outro transformou uma lembrança persistente e melancólica em uma insignificante miniatura plástica. Estou feliz por tê-la, mas às vezes sinto falta do sabor agridoce daquelas lembranças — a escrivaninha do meu avô, as dores e prazeres da infância, o mistério que envolvia a minha família e a ânsia por um brinquedo que me levou a passar anos de minha vida pesquisando a história de Rin Tin Tin.

Houve momentos, como o dia em que recebi o Rinty da Breyer, em que comecei a me perguntar se o legado de Rin Tin Tin estaria finalmente se contraindo — a sua odisseia particular, a sua fama mundial e a sua proeminência secular agora reduzidas ao catálogo do eBay. Nas reiteradas consultas que fiz desde que comecei a pesquisar a história de Rin Tin Tin, os itens a ele relacionados contavam-se às centenas: pacotes de slides View-Master por 10 dólares, jogos de habilidade por 2 dólares, kits Forte Apache por 149 dólares e assim por diante. Com o seriado de TV fora do ar, os direitos sobre os filmes encalacrados na Justiça e Lee e Bert inapelavelmente mortos, era como se a promessa de Lee de que sempre haveria um Rin Tin Tin estivesse reduzida ao mercado de seus brinquedos e gibis — uma espécie de versão compacta do que foi Rin Tin Tin. Uma visão mais otimista diria que, nos dias de hoje, viver para sempre significa ter tido no mundo presença material suficiente para ganhar um lugar cativo no eBay. Mas Rin Tin Tin me parecia maior do que isso — ou assim eu queria crer.

Todo o museu Rin Tin Tin de Daphne acabou no eBay não mais de dois anos após a sua solene inauguração. Eu o encontrei, quando pesquisava brindes e gorros de Rin Tin Tin, ao preço mínimo de 75 mil dólares, com uma oferta "Compre Agora" por 100 mil dólares — o acervo completo do único museu Rin Tin Tin do mundo, "uma oportunidade de ouro para o felizardo que der o lance". O anúncio dizia que o museu "está avaliado, por baixo, entre 100 e 200 mil dólares, mas, devido a circunstâncias além de nosso controle, SOMOS OBRIGADOS a negociá-lo. Já!". Parece que nos dois anos decorridos desde a inauguração do museu, as despesas legais de Daphne não cessaram. Max Kleven, agora proprietário de muitos dos direitos relativos a qualquer novo projeto envolvendo Rin Tin Tin, acionara Daphne na questão das marcas registradas. Daphne, por sua vez, movera uma ação contra a First Look Studios, companhia produtora que comprara a cota dos direitos pertencente a James Tierney, quando esta anunciou o projeto de fazer um filme baseado na "verdadeira história de Rin Tin Tin". Embora Daphne alegasse que o filme violaria os seus direitos sobre a marca, a First Look começou a produzi-lo ainda antes de julgada a ação. Seu presidente anunciou: "Estamos muito empolgados com a perspectiva de obter essa propriedade." O filme foi rodado na Bulgária, com um elenco búlgaro. Um jovem ator disse a um repórter: "Na verdade, eu nunca estudei inglês. A maior parte do que sei, aprendi vendo o Cartoon Network."

Daphne se envolvera em outras ações, por violações reais ou imaginárias, e sua saúde começara a declinar. Vender o museu pareceu-lhe, então, a decisão mais sensata, pois não queria dá-lo ao filho nem à filha. "Meus filhos não terão nada de mim e eles sabem disso", declarou. Por muito que Daphne e Bert Leonard se odiassem, naquela circunstância não lhes faltaria assunto para conversar: ambos viveram a dor de se separar de coisas que acreditavam não ter preço e, ironicamente, para cobrir o custo de protegê-las; ambos professaram uma crença persistente e fundamental em Rin Tin Tin, ainda que ela ameaçasse arruiná-los. "Eu costumava dizer, de brincadeira, que Bert e eu devíamos ter nos casado", disse-me Daphne recentemente. "Afinal, nós tínhamos muito em comum."

A oferta do museu no eBay não teve interessados, mas Daphne acabou vendendo-o a Debra Hnath, uma entusiasta dos pastores-alemães de Oklahoma. O Rin Tin Tin oficial atual, o XI, em cujo pedigree aparece o nome curiosamente repetitivo Rin Tin Tins Rin-Tin-Tin, foi também morar com Hnath em Oklahoma para dar prosseguimento à linhagem. O acordo entre Hnath e Daphne acabou, porém, gerando não apenas uma áspera controvérsia, como uma nova ação judicial, litígio que pode ter mudado o pensamento de Daphne a respeito da escolha de um herdeiro natural. Talvez a família tenha adquirido uma renovada importância em sua vida, porque recentemente ela me disse que, quando se aposentar, quer que seu filho e sua filha assumam em parceria a presidência executiva da Rin Tin Tin Incorporated.

No fim daquele dia calorento na casa de Daphne, depois de encerrada a solenidade de inauguração do museu e entregues os filhotes às suas novas famílias, quando eu me preparava para retornar ao aeroporto de Houston, onde me aguardava o voo de volta a Boston, minha cidade, notei um filhote — uma fêmea pequenina, escura e de olhos grandes — deitada no gramado com a cabeça descansando sobre as patas. Ela fora vendida a uma família de Boston e seria embarcada no dia seguinte. Ao dar-se conta de que eu estava indo para Boston, Daphne perguntou-me se eu poderia levá-la como bagagem de mão, poupando-lhe, assim, o custo do transporte.

Eu amei a ideia. Apesar da carinha assustada e do olhar apreensivo, a cadelinha era uma graça, com a fronte enrugada, o rabo comprido como um chicote e patas quais duas pazinhas negras. Fez toda a viagem de Crockett à Houston sentada no banco de trás, lançando olhares furtivos para a paisagem lá fora. Provavelmente, nunca viajara de automóvel. Depois de uns 50 quilômetros, percebendo-a meio murchinha, eu parei para deixá-la caminhar um pouco por um pequeno gramado atrás de uma lanchonete. Ela vomitou e, logo, adormeceu.

Veio deitada aos meus pés durante o voo. Quando não estava dormindo, lançava-me olhares derretidos que me fizeram desejar que seu comprador mudasse de ideia e a deixasse comigo. Assim, o pastor-alemão com que eu sonhava desde criança, o cão que eu quis ter desde o início dos tempos, acabaria, afinal, sendo meu.

Ao chegarmos, porém, à área de retirada das bagagens, a família inteira, como não poderia deixar de ser, já estava lá. Quando me viram — quando a viram, melhor dizendo — vieram todos correndo, aos berros, e a arrancaram dos meus braços. Em um minuto tinham ido todos embora — a cadelinha havia partido e eu fiquei lá, sozinha, à espera das minhas malas. Não era lícito lamentar, mas não pude evitá-lo. Por um instante, pelo menos, depois de uma vida inteira sonhando com aquilo, a cadelinha assustada e apreensiva, terna, heroica, corajosa, leal e gentil fora minha.

18

Para mim, o mais extraordinário na história de Rin Tin Tin é a força para vencer o tempo. Rin Tin Tin é uma dessas raridades que resistem quando tudo o mais passa num instante; um ritornelo na nossa memória, a linha que desce e sobe sem se partir. É a continuidade de uma ideia a indicar que a vida segue um padrão harmonioso, inteligível e indelével, em que uma coisa leva a outra, como as contas de um rosário, que não se derramam pelo chão enquanto não se partir a linha que as atravessa e as mantêm unidas.

Eu penso que sempre haverá um Rin Tin Tin porque sempre haverá histórias. Rin Tin Tin começou como um conto sobre a surpresa e o milagre, um golpe da fortuna numa época desafortunada, continuou como realização de uma promessa de amizade perfeita e culminou como portador de histórias sublimes que perduraram anos. Ele completou as pessoas. Eu, que iniciara a minha narrativa tomando Lee, Bert e Daphne como espécimes humanos no mínimo curiosos por sua obstinada devoção a Rin Tin Tin, acabei percebendo que intrometer-me no coro de narradores para dar novo fôlego à sua lenda, para tornar-me parte do significado de "sempre", não me credenciava a um juízo diferente.

Eu também tinha a ambição de ser lembrada. Eu também queria criar algo duradouro em minha vida — uma prova de que tudo tem a sua importância, de que o trabalho é importante, de que os sentimentos são importantes, de que a tristeza e a perda são importantes porque tudo faz parte de algo que permanece. Por outro lado, passei também a admitir que nem tudo precisa ser tão durável. Uma revigorante lição que ainda temos a aprender com os cães é que nos aquietarmos em relação ao passado e ao futuro não nos limita; ao contrário, nos liberta. Rin Tin Tin não precisava ser lembrado para ser feliz: bastavam-lhe as ocasiões de deitar-se ao sol, de ir buscar a bolinha, de morder a boneca de apito — momentos em si mesmos completos, puros e suficientes.

A última cena do esboço de Bert para *Rin Tin Tin and Me* se dá num set de filmagem em Corriganville, onde um filme com Rin Tin Tin está sendo rodado. Lee e Eva observam a atuação do cão na cena de ação decisiva. Estão todos lá: o cão verdadeiro, companheiro adorado; o cão do filme, figura inspiradora; o solitário Lee, finalmente conectado à sua família; o anônimo produtor que faz tudo acontecer, tal como Bert retratava a si próprio: todos juntos num filme e numa história sobre um filme, o círculo sem fim que sempre foi a história de Rin Tin Tin. Nessa versão, todos estão felizes. Tudo, finalmente, completo. Antes de começar a cena, o produtor pergunta a Lee se lhe interessaria ver, algum dia, Rin Tin Tin como astro de um seriado da TV — a mesma pergunta que, muito tempo atrás, Bert fizera a Lee na vida real. Lee balança a cabeça e diz que depois desse filme deixará o negócio do entretenimento porque tudo o que poderia querer, ou precisar, já tem em casa, El Rancho Rin Tin Tin.

"Além do mais", diz ele ao produtor, "eu não sei nada de televisão".

Com um sorriso, o produtor responde: "Dessa parte cuido eu."

O diretor comanda todos aos seus lugares. A tomada que ele quer fazer é um desafio: Rin Tin Tin tem de entrar correndo no forte, subir um lance de escadas, correr por uma sacada e saltar para o telhado de uma construção vizinha. Todos tomam seus lugares. Lee diz que o cão está pronto e a câmera começa a rodar.

A primeira tomada não agrada: o cão corre e sobe ao telhado, mas hesita antes de saltar. O diretor detém a câmera e pergunta a Lee se gostaria de ensaiar novamente. Lee diz que não, que o cão se sairá bem dessa vez, dando um leve toque com a mão em sua cabeça. Olha para Eva e diz que ele está pronto. O diretor pede ação. O cão começa. Entra correndo no forte, sobe a escada, corre pela sacada e, dessa vez, sem hesitação, salta sobre o vazio, desafiando o tempo e a gravidade.

"Este cão é brilhante", escreveu Bert no fim da história que tantas vezes tentou contar. "Como nos velhos tempos, Lee tem os olhos marejados." E acrescentou um último verso: "Ao sentir um leve puxão na perna da calça, Lee dá com a carinha suja de um dos muitos meninos da vizinhança que vêm ver as filmagens. O menino, de uns 5 anos, então pergunta-lhe: "Qual é o nome do seu cachorro?" Lee responde: "Rin-Tin-Tin, filho."

"A câmera reinicia. Ouve-se a voz do diretor: 'OK, venham com a câmera até aqui.' Eva está ao lado de Lee; Rin-Tin-Tin também. Os operadores se movem e a câmera mostra a cena inteira. Fim."

AGRADECIMENTOS

Devo agradecer a muita gente — e a muitos, muitos cães — por terem ajudado a tirar este livro da minha cabeça e colocá-lo no mundo.

Acima de tudo, devo agradecer à família Duncan, especialmente Carolyn McHenry e Kimberlee Duncan Demers, à família Leonard, especialmente Gina Leonard, Patty Leonard e Victoria Leonard, e a Daphne Hereford, que generosamente cederam-me suas histórias e seu tempo e me aguentaram durante os anos em que este livro foi escrito. Devo boa parte dele ao Museu Metropolitano de Riverside, a minha casa longe de casa que, durante meses, deu-me acesso ilimitado ao acervo Lee Duncan. Kevin Hallaran foi meu incansável guia. Obrigada, Kevin, por me ajudar muito mais do que era a sua obrigação. Allan Shields e Ann Elwood, autores de livros maravilhosos sobre Rin Tin Tin, foram incrivelmente generosos ajudando-me a produzir a minha própria versão da história. Obrigada, Ashley van Buren, pela pesquisa, pelo incentivo e pela produção da versão eletrônica do livro. Obrigada, Rob Stone, por me dar tantas ideias a respeito de Bert Leonard. Alice Truax trabalhou sobre estas páginas desde o começo e ajudou, com seus olhos e ouvidos extraordinários, a transformá-las num produto acabado. Foi uma sorte poder ter tido as suas sugestões e a sua amizade.

A equipe da Simon & Schuster foi extraordinária. Minha editora, Jofie Ferrari-Adler, é notável sob todos os aspectos, no papel e em pessoa. Obrigada, Jofie. Jackie Seow faz jus a muitos elogios pela capa, linda, absolutamente perfeita.* Alexis Welby garantiu que as coisas funcionassem com a imprensa. E que maravilha é poder estar outra vez ao lado de Jon Karp, meu maravilhoso publisher.

* Capa da edição capa-dura, onde Rinty aparece de costas, observando o horizonte.

Obrigada, Richard Pine, por ter estado ao meu lado desde que comecei a pensar que um dia talvez escrevesse um livro.

Meu eterno agradecimento a Ravi Mirchandani, meu amigo e editor britânico de longa data.

Obrigada, agora e sempre, a David Remnick e Virginia Cannon, da *New Yorker*, pela inspiração, pelo incentivo e pela paciência.

À Nieman Foundation for Journalism, da Universidade de Harvard, à Corporation of Yaddo e à MacDowell Colony — lugares onde deslanchei partes importantes do trabalho e, em alguns casos, aperfeiçoei o meu pingue-pongue — agradeço a chance de ter podido mergulhar neste projeto. Não sei se teria conseguido concluí-lo sem essas residências.

Agradeço também aos bibliotecários, auxiliares de pesquisa e assessores de imprensa, em especial Lauren Buisson, da UCLA, e Lisa Peterson, da AKC, sempre entusiasmados, generosos e afáveis.

Meus amigos e minha família torceram por mim e tiveram a gentileza de não ficarem perguntando o tempo todo quando é que *finalmente* eu iria terminá-lo. É gente demais para agradecer, mas quero citar Jeff Conti, Sally Sampson, Janet Tashjian, Lisa Klausner, Karen Brooks, Richard McCann, Chip McGrath, Celia e Henry McGee, Tricia e Foster Reed, Patricia Marx, Emma Daly, Santiago Lyon, Gail Gregg, Annette Osher, Ann Leary, Susan Casey, Jenny Martinez, Larry Riff e Deb Thompson. Ann Patchett, você é dez. David e Steffie Orlean, Debra Orlean e Dave Gross, muito obrigada. Bill e Nez Gillespie, obrigada também. Jay Gillespie, muitíssimo obrigada! Mãe, eu te amo. Pai, eu queria muito que você estivesse aqui para ver o livro — acho que teria gostado dele, ainda que não tenha resistido, quando comecei, à inevitável pergunta: por que escrever um livro sobre um cão? (A resposta está entre as páginas 1-285).

Um pouco de modernidade: quero agradecer aos meus seguidores no Twitter, que me deram a maior força naqueles intermináveis dias de trabalho em que eu postava meu contador de palavras e falava em adiamentos e que urraram quando anunciei que terminara. Obrigada, a cada um de vocês, por ajudar-me a terminar #RTT.

Meu maridão, John Gillespie, leu cada frase, segurou a minha mão e me fez sentir que valia a pena, mesmo quando lhe custava muito. Palavras não bastam para expressar-lhe o meu amor e a minha gratidão.

Meu filho Austin, que era apenas um sonho quando pensei em escrever este livro e que hoje é capaz de lê-lo para mim, disse-me um dia que sempre sonhara em ter um pastor-alemão igualzinho a Rin Tin Tin: Austin, você é a história mais importante da minha vida.

SOBRE AS FONTES

Nos quase dez anos que precisei para escrever este livro, que abarca quase um século, recorri a múltiplas e variadas fontes, de velhos exemplares de arquivo da revista *Physical Culture* a minuciosos inventários sobre a presença de animais no cinema. Segue-se uma lista de fontes selecionadas, à qual se somam uma imensa quantidade de jornais de todo o país, incontáveis websites e blogs, pedaços de papel, folhetos de propaganda, panfletos e brochuras.

Livros

Baker, Steve. *The Postmodern Animal.* Londres: Reaktion Books, 2000.

Basinger, Janine. *Silent Stars.* Middletown, Connecticut: Wesleyan University Press, 2000.

Berger, John. *About Looking.* Nova York: Vintage Books, 1980.

Boone, J. Allen. *Kinship with All Life* São Francisco: Harper, 1954.

_____. *Letters to Strongheart.* Harrington Park, Nova Jersey: Robert H. Sommer, 1977.

Brownlow, Kevin. *The Parade's Gone By...* Berkeley, Los Angeles: University of California Press, 1968.

Burt Jonathan. *Animals in Film.* Londres: Reaktion Books, 2002.

Canaan, Christopher. "Calexico", roteiro não filmado, por Herbert Leonard e Christopher Canaan.

Derr, Mark. *A Dog's History of America: How Our Best Friend Explored, Conquered, and Settled a Continent.* Nova York: North Point Press, 2004.

Dodge, Geraldine e Rine, Josephine. *The German Shepherd Dog in America.* Nova York: Orange Judd, 1956.

Duncan, Lee. "Mr. Duncan Notes", manuscrito inédito (21 de junho de 1933). Coleção Rin Tin Tin/Lee Duncan [A719]. Cortesia do Museu Metropolitano de Riverside, Riverside, Califórnia.

_____. *The Rin Tin Tin Book of Dog Care*. Englewood Cliffs, Nova Jersey: Prentice-Hall, 1958.

Elwood, Ann. *Rin-Tin-Tin: The Movie Star. Copyright* Ann Elwood, 2010.

English, James W. *The Rin Tin Tin Story*. Nova York: Dodd, Mead & Company, 1950.

Fagen, Herb. *White Hats and Silver Spurs: Interviews with 24 Stars of Film and Television Westerns of the Thirties Through Sixties*. Nova York: McFarland & Co., 1996.

Fetherling, Dale e Doug (eds.). *Carl Sandburg at the Movies: A Poet in the Silent Era 1920-1927*. Metuchen, Nova Jersey e Londres: The Scarecrow Press, 1985.

Foglesong, Clara M. *Peter*. Hollywood, Califórnia: Myne Publishing Co., 1945.

Frank, Anne. *Anne Frank: The Diary of a Young Girl*. Nova York: Doubleday, 1967.

Franklin, Jon. *The Wolf in the Parlor: The Eternal Connection Between Humans and Dogs*. Nova York: Henry Holt, 2009.

Grier, Katherine. *Pets in America: A History*. Chapel Hill: University of North Carolina Press, 2006.

Hereford, Daphne. *Rin Tin Tin's Legacy*. Daphne Hereford, Publisher, 1998.

Kete, Kathleen. *The Beast in the Boudoir: Petkeeping in Nineteenth-Century Paris*. Berkeley, Los Angeles: University of California Press, 1994.

Lee, Raymond. *Not So Dumb: Animals in the Movies*. Nova York: Castle Books, 1970.

Lemish, Michael G. *War Dogs: A History of Loyalty and Heroism*. Washington, D.C.: Brassey's, 1996.

Little Folks's Story of Rin-Tin-Tin. Racine, Wisconsin: Whitman Publishing Company, 1927.

MacDonald, J. Fred. *Who Shot the Sheriff? The Rise and Fall of the Television Western*. Nova York: Praeger, 1987.

Mitman, Greg. *Reel Nature: America's Romance with Wildlife on Film*. Cambridge, Massachusetts: Harvard University Press, 1999.

Paietta, Ann C. e Kauppila, Jean. *Animals on Screen and Radio: An Annotated Sourcebook*. Metuchen, Nova Jersey: The Scarecrow Press, 1994.

Rothel, David. *The Great Show Business Animals*. San Diego, Nova York: A.S. Barnes & Co., 1980.

Rothfels, Nigel, ed. *Representing Animals*. Bloomington e Indianápolis: Indiana University Press, 2002.

Sax, Boria. *Animals in the Third Reich: Pets, Scapegoats, and the Holocaust*. Nova York: Continuum International Publishing, 2000.

Shields, Allan. *The Spirit of Rin-Tin-Tin. Copyright* Allan Shields, 2001.

Simmon, Scott e Marks, Martin. *More Treasures from American Film Archives 1894-1931*. São Francisco: National Film Preservation Foundation, 2004.

Stuart, Reginald Ray e Dell Stuart, Grace. *A History of the Fred Finch Children's Home: Oldest Methodist Home for Children in California, 1891-1955*. Oakland, Califórnia: Fred Finch Children's Home, 1955.

Taylor, Jordan. *Wonder Dogs: 101 German Shepherd Dog Films*. Bainbridge Island, Washington: Reel Dogs Press, 2009.

Tuska, Jon. *The Vanishing Legion: A History of Mascot Pictures 1927-1935*. Jefferson, Carolina do Norte, e Londres: McFarland & Company, Publishers, 1982.

Von Stephanitz, Max. *The German Shepherd Dog in Word and Picture*. Jena, Alemanha: Anton Kämpfe, 1925.

Wallmann, Jeffrey. *The Western: Parables of the American Dream*. Lubbock: Texas Tech University Press, 1999.

Warner Sperling, Cass e Miller, Cork, com Jack Warner Jr. *Hollywood Be Thy Name: The Warner Brothers Story*. Lexington: The University Press of Kentucky, 1998.

Weatherwax, Rudd e Rothwell, John. *The Story of LASSIE: His Discovery and Training from Puppyhood to Stardom*. Nova York: Duell, Sloan and Pearce, 1950.

Willis, Malcolm B. *The German Shepherd Dog: Its History, Development and Genetics*. Nova York: Arco Publishing Company, 1977.

Arquivos e Bibliotecas

Academia de Artes e Ciências Cinematográficas, Biblioteca Margaret Herrick, Los Angeles, Califórnia.

American Kennel Club, Nova York, Nova York.

Coleção de Roteiros e Materiais de Produção para o Cinema e a TV de Herbert Leonard (Coleção 29). Performing Arts Special Collections, University Research Library, Universidade da Califórnia, Los Angeles.

Imperial War Museum, Londres, Reino Unido.

Centro de Mídia Paley, Nova York, Nova York.

Coleção Rin Tin Tin/Lee Duncan [A719]. Cortesia do Museu Metropolitano de Riverside, Riverside, Califórnia.

Universidade do Sul da Califórnia, Escola de Artes Cinematográficas, Warner Bros. Archives

Internet

Condon, Dan: http://home.metrocast.net/~buggartt/bugga/

www.angelfire.com/film/horsefame/saddlebag2.html

www.pedigreedatabase.com

www.olive-drab.com

Hereford, Daphne: www.rintintin.com

U.S. Army Quartermaster Foundation: www.qmfound.com/War_Dogs.htm

www.uswardogs.org

www.silentera.com

www.lassiecomehome.info

www.b-westerns.com/corvlle.htm

www.tv.com

www.silent-movies.com

www.firstworldwar.com

www.london.iwm.org.uk

www.naiaonline.org

www.poodlehistory.org

www.imdb.com

Papel: Pólen Soft 70g
Tipo: Bembo
www.editoravalentina.com.br